BURbig
rizzoli

Sergio Rizzo
Gian Antonio Stella

LA CASTA

Così i politici italiani sono diventati intoccabili

BURbig
rizzoli

ISBN 978-88-17-02791-5

Prima edizione Rizzoli maggio 2007
Prima edizione BUR Big novembre 2008

Fotocomposizione: Studio Editoriale Littera, Rescaldina (MI)

A colpi di libro contro i Padreterni

Storia di un best-seller nato dalla indignazione di tanti cittadini

«Ristampiamo cinquemila.» Cominciò così l'avventura de *La Casta*. Con una telefonata nel tardo pomeriggio del 2 maggio 2007. Il libro, preceduto da tre puntate in anteprima sul «Corriere della Sera» dedicate al Quirinale, alle Comunità montane e ai finanziamenti privati ai partiti, era uscito nelle librerie soltanto da poche ore e le trentacinquemila copie che erano state tirate in tipografia apparivano già insufficienti.

La mattina dopo, giovedì, altra telefonata: «Più cinquemila». Al pomeriggio, di nuovo: «Più cinquemila». La mattina del venerdì si accelerò: «Più diecimila». Al sabato venne dato ancora gas: «Più ventimila». La domenica, le librerie aperte anche nei giorni di festa si ritrovarono in fretta senza una copia. E il lunedì, con un rilancio di cinquantamila copie, il primo di tanti e tanti altri, era già tutto chiaro. Stava succedendo qualcosa di assolutamente inatteso. E travolgente.

«Ve l'aspettavate?» ci avrebbero poi chiesto tutti, per mesi e mesi, intervista dopo intervista. Ovvio: no. E chi mai avrebbe potuto immaginare una cosa simile? Gli italiani che leggono almeno un libro all'anno sono il 38 per cento, quelli che non aprono mai neppure una guida turistica sono uno su due. La tiratura media di un volume è in continuo ribasso e ormai non supera le cinquemila copie (il che significa che se Harry Potter arriva a mezzo milione ci sono altri 499 libri che non arrivano a mille) e quelli di saggistica, quando riescono a passare le diecimila, sono considerati un successo. Magari non stappi la bottiglia, però...

Per questo, leggendo e sentendo certi politici volgarotti starnazzare la loro assoluta certezza che *La Casta* fosse stato scritto «per fare soldi» (si sa: tante squillo sono convinte che tutte le donne siano un po' sgualdrine...), ci è sempre scappato da ridere. E chi mai poteva pensare che il libro avrebbe sfondato il milione di copie arrivando a 1.260.000 per un totale di 31 ristampe?

Trentacinquemila copie vendute e saremmo stati contenti: questa è la verità. Perché a spingerci era stata una sola molla: l'indignazione. La stessa che ci aveva spinto a unire le forze e a scrivere insieme, pur conservando gelosamente ciascuno i propri spazi sia al «Corriere» sia in libreria, diversi articoli su diversi temi che avevano alcuni minimi comuni denominatori. L'arroganza di quelli che Einaudi chiamava i Padreterni. La loro indifferenza (se non proprio il disprezzo) per l'opinione pubblica. Il loro fastidio per ogni argine al dilagare di lussi e privilegi.

C'erano Romano Prodi e l'Unione al governo, quando il libro uscì. E tanto bastò a tirarci addosso da sinistra e da destra (ma soprattutto da sinistra) l'accusa di qualunquismo. Come se lo sconcerto perché il presidente del Parlamento va a una festa privata a Parigi con un «volo blu» fosse legittima e sana collera per un cittadino inglese ma demagogia da «partito della bistecca» in Italia. Come se la scoperta-choc che la presidenza della Repubblica costa il quadruplo della monarchia britannica e otto volte più di quella tedesca fosse un attacco quasi eversivo alla massima istituzione di rappresentanza e di garanzia del Paese. Come se la denuncia della crescente bulimia dei partiti, sempre più insaziabili nelle loro pretese di nuovi contributi pubblici, fosse una ferita inferta all'idea stessa della democrazia, che i nostri partiti pensano di rappresentare nella sua interezza.

«Ho *La Casta* sul comodino» diceva da destra Silvio Berlusconi. «Bisogna tornare a una politica di sobrietà» gli faceva sponda da sinistra Walter Veltroni. E fu tutto un affannoso accorrere, dall'una e dall'altra parte, di chi voleva mostrarsi più spietato nell'autocritica, più radicale nei tagli dei privilegi, più deciso a una svolta. Un dato per tutti: la frase «costi della politica» era stata citata nell'archivio Ansa 482 volte in ventisette anni dal 1980 al maggio 2007: poco più di una volta al mese. Da allora alla fine di settembre 2008 è stata al centro di 1931 notizie d'agenzia. Più di tre al giorno.

In un anno e mezzo è cambiato tutto, apparentemente. Rifondazione comunista, i Verdi, i Comunisti italiani, i socialisti e La Destra sono stati spazzati via. L'opposizione bastonata fatica a rialzare la testa, la maggioranza trionfante fatica a trovare il senso della misura. Ma cosa è cambiato, davvero, sul fronte della Casta? Questa nuova edizione esce anche per questo. Non solo per riproporre in edizione economica un libro che ha avuto la ventura, meritata o no, di finire sui giornali di tutto il mondo e di lasciare una tacca nella storia di questi anni. Ma anche per rimettere a fuoco una realtà rimasta sostanzialmente intatta. Con un nuovo capitolo finale che mette a fuoco quello che è successo «dopo» nel tentativo di rispondere a un dubbio. Vuoi vedere che ancora una volta ha avuto ragione Tancredi, il nipote di don Fabrizio ne *Il gattopardo* di Giuseppe Tomasi di Lampedusa? «Se vogliamo che tutto rimanga com'è, bisogna che tutto cambi.»

Un dubbio fastidioso. Silvio Berlusconi che prende un elicottero di Stato per andare a farsi massaggiare alla beauty farm di Mességué in Umbria... Gli assessori della Regione siciliana che si aumentano ancora lo stipendio... Gianfranco Fini che si fa portare da una barca dei vigili del fuoco a fare le immersioni in acque proibite...

Ma ripartiamo dall'inizio.

ottobre 2008

La Casta

A Leone e Sofia,
nella speranza che crescano
appassionandosi alla politica.
Diversa, però.

Una oligarchia di insaziabili bramini

Da Tocqueville a De Gregorio: la deriva della classe politica

La pianeggiante Comunità montana di Palagiano è unica al mondo: non ha salite, non ha discese e svetta a 39 (trentanove) metri sul mare. Con un cucuzzolo, ai margini del territorio comunale, che troneggia himalaiano a quota 86. Cioè 12 metri meno del campanile di San Marco. Vi chiederete: cosa ci fa una Comunità montana adagiata nella campagna di Taranto piatta come un biliardo?

Detta alla bocconiana, l'ente pubblico pugliese ha due *mission*. Una è dimostrare che gli amministratori italiani, che già s'erano inventati in Calabria un lago inesistente a Piano della Lacina e un'immensa tenuta di ulivi secolari nel mare (catastale) di Gioia Tauro, possono rivaleggiare in fantasia con l'abate Balthazard che si inventò l'«Isola dei filosofi» dove non esisteva un governo perché i suoi abitanti non riuscivano a decidere insieme quale fosse «il sistema meno oppressivo e più illuminato». L'altra è distribuire un po' di poltrone. Obiettivo assai più concreto della salvaguardia di un borgo alpino o della sistemazione di una mulattiera appenninica.

Certo, le Comunità montane sono solo un pezzetto della grande torta. Ma possono aiutare forse meglio di ogni altra cosa a capire come una certa politica, o meglio la sua caricatura obesa, ingorda e autoreferenziale, sia diventata una Casta e abbia invaso l'intera società italiana. Ponendosi sempre meno l'obiettivo del bene comune e della sana amministrazione per perseguire piuttosto quello di alimentare se stessa. Obiettivo sempre più disperato e irraggiungibile via via che la bulimia ha contagiato tutti: deputati, assessori regionali, sindaci, consiglieri circoscrizionali, assistenti parlamentari, portaborse e reggipanza. Fino a dilagare, nel tentativo di strappare metro per metro nuovi spazi, nelle aziende sanitarie, nelle municipalizzate, nelle società miste, nelle fondazioni, nei giornali, nei festival di canzonette e nei tornei di calcio rionali... Una spirale che non solo fa torto alle migliaia di persone perbene, a destra e a sinistra, che si dedicano alla politica in modo serio e pulito. Ma che è suicida: più potere per fare più soldi, più soldi per prendere più potere e ancora più potere per fare più soldi...

Sia chiaro: la montagna, che copre oltre la metà dell'Italia, è una cosa seria. E spezza il cuore vedere gli sterpi inghiottire certe contrade costruite dall'uomo a prezzo di sacrifici immensi, dalla piemontese Bugliaga all'abruzzese Frattura, dalla romagnola Castiglioncello ai tanti borghi calabresi svuotati dall'emigrazione. Come la povera Roghudi, raccontata mezzo secolo fa da Tommaso Besozzi, dove c'erano «tanti grossi chiodi conficcati nei muri e le donne vi assicuravano le cordicelle che avevano legato attorno alle caviglie dei bambini più piccoli, perché non precipitassero nel burrone. Infatti, da qualunque parte si guardino, le case appaiono costruite sopra un torrione che scende a picco, da ogni lato».

Ma proprio perché la montagna vera ha bisogno di essere aiutata, spicca l'indecenza della montagna finta. Artificiale. Clientelare. Costruita a tavolino per dispensare posti di sottogoverno. Divoratrice di risorse sottratte ai paesi che vengono sommersi davvero dalla neve o non vedono davvero il sole per mesi e mesi come succedeva a Viganella, sopra Domodossola, prima che piazzassero uno specchio di 40 metri quadrati che cattura i raggi e li riflette sulla piazza del villaggio.

Basti dire che della Comunità montana Murgia Tarantina alla quale appartiene Palagiano (che si adagia in parte a zero metri sul livello dello Jonio lì a due passi), i comuni riconosciuti come solo «parzialmente montani» nel loro stesso sito internet sono 4 e quelli «non montani» 5. E montani? Manco uno. Tanto che l'altitudine media dei 9 municipi è di 213 metri. Una sessantina in meno dell'altitudine del Montestella, la collinetta creata alla periferia di Milano con i detriti. Ma quanto bastava a fondare una struttura con un presidente, 6 assessori, 27 consiglieri, un segretario generale... Pagati rispettivamente, visto che tutti insieme i paesi passano i 100.000 abitanti, quanto il sindaco, gli assessori e i consiglieri d'una città grande come Padova.

Chi vuol capire come funziona faccia un salto a Mottola, dov'è la sede, e giri una per una le stanze vuote fino a trovare qualcuno. «Cosa fate, esattamente?» «Cosa vuole che facciamo... Abbiamo pochissimi soldi. Non è che ci sono margini per fare tante cose.» «Quindi?» «Qualcosa qua e là... Poca roba.» «Ma il bilancio 2006 di quanto è stato?» «Non so... Intorno ai 400.000 euro. Togli gli stipendi, togli le spese...» «Il presidente, per esempio, che fa?» «Gira.» «Gira?» «Gira, si dà da fare per cercare di avere dei finanziamenti.» «E ne raccoglie?» «Mah...»

Tutto merito d'una leggina regionale pugliese del 1999. Che interpretando a modo suo una sentenza della Corte costituzionale si era inventata la possibilità di inserire nelle Comunità anche comuni che non erano montani ma «contermini». Concetto che, di contermine in contermine, potrebbe dilatare una comunità montana dall'Adamello al Polesine. E infatti consentì a quelle pugliesi di sdoppiarsi e ampliarsi fino a diventare 6 per un totale di 63 comuni pur essendo la loro la più piatta delle regioni italiane. Benedetta da contributi erariali che, in rapporto agli ettari di montagna, come dimostra la tabella in Appendice, sono quattordici volte più alti di quelli del Piemonte.

Eppure non è solo la Puglia ad aver giocato al piccolo montanaro. L'ha fatto la Campania, che con poco più della metà degli ettari montagnosi della Lombardia ha quasi il doppio dei dipendenti e quasi il triplo dei contributi pro capite. L'ha fatto la Sardegna, che era arrivata ad avere 25 Comunità, alcune delle quali bizzarre. Come quella di Arci Grighine, con paesi definiti nelle carte «totalmente montuosi» come Santa Giusta, che, a parte un pezzo del territorio che si innalza all'interno, è sulle rive di uno stagno nella piana di Arborea, da 0 a 10 metri sul livello del mare. O quella di Olbia (Olbia!) che fino alla primavera del 2007 portava un nome assolutamente strepitoso, per una «Comunità montana»: Riviera di Gallura.

Portava. Dopo un braccio di ferro con mille interessi locali, riottosi alla chiusura di un rubinetto da 11 milioni di euro,

Renato Soru è riuscito a far passar infatti un drastico ridimensionamento: da 25 Comunità a un massimo di 8. Con l'invito ai comuni, semmai, a consorziarsi su alcuni interessi specifici. Una scelta i cui effetti sul risparmio e sulle clientele saranno tutti da vedere. Ma indispensabile. Lo stesso Enrico Borghi, presidente dell'Unione nazionale Comuni, Comunità, Enti montani, sorride: «La definizione di "montagna legale" che ai tempi di Fanfani voleva tutelare i paesi che magari stavano in pianura ma erano poveri come quelli alpini o appenninici, va rivista. Ha presente quei prelati che al venerdì, avendo solo carne, la benedivano dicendo: "Ego te baptizo piscem"? Ecco, da noi c'è chi ha detto: "Ego te baptizo montagnam". Troppi abusi. Col risultato che i 2 miliardi di euro che tra una cosa e l'altra vanno alla montagna sono dispersi spesso dove non ha senso. Diciamolo: almeno un terzo delle Comunità andrebbe chiuso».

Viva l'onestà. Ma vale per un mucchio di altri bubboni, grandi e piccoli, gonfiati dalla cattiva politica. Come i consigli circoscrizionali di Palermo, dove i presidenti, contrariamente a centinaia di colleghi di tutta la Penisola che lavorano per rimborsi modestissimi, prendono 4750 euro al mese e hanno l'autoblu. Come certe società miste istituite anche per piazzare amici e trombati quale l'Imast, un consorzio parapubblico fondato dalla Regione Campania, Cnr ed Enea e qualche privato, con 25 consiglieri di amministrazione e un solo dipendente, e successivamente fuso, allo scoppio delle polemiche, con il Campec, un altro ente misto che di consiglieri ne aveva 11 e di dipendenti 8. Come l'Unità operativa nucleo barberia di Palazzo Madama dove c'è un figaro (le senatrici hanno un bonus per farsi la messa in piega da coiffeur esterni) ogni 36 senatori, il che, dati i ritmi dei lavori parlamentari, fa pensare a sforbiciate più rare e costose delle uova imperiali di Fabergé.

E così andrebbero chiuse almeno un po' di megalomani «ambasciate» regionali in America o nei Paesi più improbabili del mondo. E come minimo una parte delle 218 sedi (il quadruplo di quelle venete) della Regione Sicilia. E certe strutture interne che potrebbero benissimo essere delegate all'esterno e sono arrivate a includere un manipolo di tappezzieri a Montecitorio e addirittura, stando a un rapporto di Sabino Cassese, una pattuglia di sei rammendatrici di arazzi al Quirinale. E poi una delle due squadre che per la Camera e per il Senato compongono ogni mattina, con rare varianti, la stessa identica rassegna stampa per i parlamentari e dell'uno e dell'altro ramo. E insomma tutta una serie di cose che a far la lista non si finirebbe più.

Conosciamo l'obiezione: occhio alla demagogia. Giusto. Non ha senso l'invettiva di Giosue Carducci contro i politici: «Voi... piccoletti ladruncoli bastardi...». Ma occhio anche a non dare per scontate e «normali» cose che nei Paesi seri scatenerebbero l'iradiddio. Esempio: è normale che il senatore Pierluigi Mantini mandi una lettera a tutti i suoi colleghi ricordando che «in vista dei Campionati europei parlamentari di tennis è opportuno riprendere un programma di incontri e di allenamenti per i quali sono disponibili i maestri presso il Circolo Montecitorio»? Cosa c'entra con le legittime prerogative parlamentari il maestro gratuito di volée? Ed è normale che l'indennità di deputati e senatori non sia mai pignorabile, neppure se sono stati condannati per un reato comune tipo l'emissione di assegni a vuoto?

Altro esempio: è normale che il ministro della Giustizia, come chiese un'interrogazione parlamentare del diessino Francesco Carboni, possa andare in vacanza in uno dei posti più belli del mondo, nel villaggio-vacanze nell'area della colonia penale di Is Arenas, in Sardegna, costruito coi soldi trattenuti sugli stipendi delle guardie carcerarie che ne fruiscono a rotazione? Roberto Castelli, accusato di averci portato anche il parentado e gli amici, rispose piccatissimo che il suo comportamento era stato ritenuto corretto dalla Corte dei Conti. Vero. Ma i giudici contabili dovevano rispondere solo a una domanda: se il guardasigilli avesse rispettato la legge pagando il dovuto. Stop. Lo scandalo era un altro. E stava nella fattura presentata dal senatore leghista al processo per diffamazione contro «l'Unità». Fattura pagata due settimane dopo (dopo!) che il giornale aveva denunciato la sua villeggiatura. Tre camere matrimoniali: 19,37 euro l'una. Ventiquattro camere singole: 11,82 euro l'una. Meno che in una topaia sulla costa marocchina.

Quello era il dovuto. Fissato per agenti carcerari che però hanno già versato i soldi per la costruzione e guadagnano un decimo di un senatore. Un decimo.

C'è chi dirà: non è vero. E citerà il sito di Palazzo Madama dove sta scritto che nel 2007 l'importo mensile della indennità «è pari a 5486,58 euro (prima del "taglio" della Finanziaria 2006 era pari a 5941,91 euro), al netto della ritenuta fiscale (€ 3899,75), nonché delle quote contributive per l'assegno vitalizio (€ 1006,51), per l'assegno di solidarietà (€ 784,14) e per l'assistenza sanitaria (€ 526,66). Nel caso in cui il senatore versi anche la quota aggiuntiva per la reversibilità dell'assegno vitalizio (2,15% pari a € 251,63), l'importo netto dell'indennità scende a 5234,95 euro». Insomma, uno stipendio buono ma non eccezionale.

Non è così. L'indennità è infatti solo una parte della paga vera e propria, come la considera qualunque cittadino. E che comprende ogni mese un sacco di altre voci. Quali la diaria: 4003 euro, meno 258 per ogni giorno di assenza ma solo «dalle sedute dell'Assemblea in cui si svolgono votazioni qualificate» e solo se il senatore manca per più del 70% delle votazioni nell'arco della giornata. Più il rimborso forfettario delle spese di viaggio: 554 euro per chi risiede a Roma, da 1108 a 1331 per chi abita fuori a seconda se sta a meno o a più di 100 chilometri dall'aeroporto o dalla stazione più vicini. L'aereo e il treno sono gratis.

Più 258 euro di «spese per viaggi internazionali d'aggiornamento». Più 346 euro per «spese telefoniche». Più un «rimborso forfettario per le spese sostenute per retribuire i propri collaboratori e per quelle necessarie a svolgere, anche nel collegio elettorale, il mandato»: 4678 euro, in parte (1638) dati direttamente al senatore medesimo e in parte (3040) al suo gruppo parlamentare. Fatti i conti, un senatore che vive a Roma e partecipa con regolarità ai lavori incassa ogni mese 12.032 euro netti. Uno che vive a Potenza o a Sondrio, coi rimborsi più alti, 12.809.

Sui dettagli e la differenza con la busta paga dei deputati e quella dei parlamentari europei vi rimandiamo alle tabelle in

Appendice: se n'è scritto e discusso così tanto che non vale la pena di indugiare sul tema. I numeri dicono tutto. Giudichi il lettore. Ricordiamo, in breve, solo quattro punti.

Il primo: tra i grandi Paesi occidentali l'Italia è quello col numero più alto di parlamentari eletti. Senza contare i senatori a vita (come non contiamo i Lords, la cui assemblea non ha i poteri della Camera dei Comuni ed è composta ancora in larghissima parte da gente nominata) abbiamo un parlamentare ogni 60.371 abitanti contro ogni 66.554 in Francia, ogni 91.824 in Gran Bretagna, ogni 112.502 in Germania, per non dire degli Stati Uniti: uno ogni 560.747.

Il secondo: lo stipendio di un deputato è cresciuto dal 1948 a oggi, in termini reali e cioè tolta l'inflazione, di quasi sei volte: era di 1964 euro allora (987 + 977 di diaria) ed è di 11.703 oggi. E non basta dire: «Ah! Altri tempi!».

Terzo punto: nessuno si avvicina ai 149.215 euro di stipendio base dei nostri deputati europei. Non solo prendono oltre 44.000 euro più degli austriaci ma incassano quasi il doppio dei tedeschi e degli inglesi, il triplo dei portoghesi, il quadruplo degli spagnoli... E la lista, spiegano i senatori diessini Cesare Salvi e Massimo Villone nel libro *Il costo della democrazia*, non tiene conto delle integrazioni, a partire dal rimborso delle spese di viaggio per l'europarlamentare e i suoi collaboratori, «calcolato a forfait sul biglietto aereo più costoso, senza vincolo di documentazione». Più «la rilevante indennità aggiuntiva per i collaboratori, di cui non solo non occorre documentare la retribuzione, ma neppure l'esistenza». Più «indennità e benefit vari». Cioè: «3785 euro mensili come indennità di spese generali; 571 euro come rimborso forfettario per le spese di viaggio ogni settimana di seduta; 3736 euro annui per indennità di viaggio per motivi di lavoro; 268 euro giornalieri come indennità di soggiorno; 14.865 euro mensili di indennità per gli assistenti parlamentari». Insomma, chiudono i due autori: «Il calcolo di 30-35.000 euro al mese a testa (tenendo conto delle variabili indicate) è quindi probabilmente approssimato più per difetto che per eccesso».

Quarto punto: l'insofferenza di molti parlamentari verso chi calcola nel loro stipendio anche i soldi per il collaboratore è spesso ipocrita fino all'indecenza. Lo dimostra il sereno distacco con cui i senatori hanno accolto ai primi di ottobre del 2006, votando svogliatamente il suo ordine del giorno ricco di buone intenzioni ma privo di ogni efficacia, la denuncia in aula di una matricola di Alleanza nazionale, Antonio Paravia: «Nei primi mesi di presenza a Roma ho avuto modo di parlare con circa trenta giovani, diplomati, laureati, alcuni anche con un doppio titolo di laurea, che hanno svolto, mi hanno detto, alcuni per pochi anni, altri anche per un decennio e passa, la loro prestazione professionale sia per parlamentari di Camera e Senato sia per il raggruppamento di centrodestra e di centrosinistra. Bene, questi giovani hanno confessato candidamente di non avere nessun anno di contribuzione previdenziale e assicurativa perché hanno sempre percepito tra i 500 e i 1500 euro al mese, ma senza contribuzione, cioè in nero».

Ma come, direte, fanno le prediche e poi pagano sottobanco i collaboratori per i quali, come abbiamo visto, prendono al Senato 4678 euro e alla Camera 4190 al mese? Esatto. Il povero Paravia era sconvolto: come è possibile far lavorare in nero una persona che «svolge la sua attività munito di badge identificativo rilasciato dagli uffici di questura dei due rami del Parlamento» e con quello entra nei Palazzi della Camera e del Senato e usa «in una sorta di comodato gratuito, uffici, arredi, strumenti, reti»?

Si era rivolto al ministero del Lavoro (del Lavoro!) ricevendo la risposta che «c'è l'assenza di una qualificazione normativa, cioè il parlamentare che vuole comportarsi correttamente ha difficoltà a trovare uno strumento normativo di riferimento chiaro e preciso». L'aveva chiesto ai colleghi senatori (senatori!) che gli facevano sorrisetti di cortese comprensione. L'aveva chiesto al segretario generale (il segretario generale!) di Palazzo Madama, il cavaliere di Gran Croce (lo specifica perfino nella pianta organica, oibò) Antonio Malaschini. Il quale gli aveva precisato che «il contributo per il supporto di attività e compiti degli onorevoli senatori connessi con lo svolgimento del mandato parlamentare, erogato mensilmente, non ha alcun vincolo di destinazione rispetto a eventuali prestazioni lavorative rese da terzi o a possibili configurazioni contrattuali». Per capirci: caro senatore, ne faccia quel che le pare.

Una vergogna. Ingigantita dall'improvvisa e ipocrita «presa di coscienza» seguita a un servizio tivù delle *Iene* che a metà marzo del 2007 smascherava il giochetto dimostrando che alla Camera su 629 collaboratori ufficiali quelli regolarmente assunti erano solo 54: tutti gli altri erano pagati in nero. Quanto? «Il mio riccamente» rispondeva spigliata la margheritina Cinzia Dato prima di sprofondare in un confuso balbettio alla richiesta di maggiore precisione: «Ma... No... Chieda a lui...». «La politica ha dei grossi costi. Quindi ognuno s'arangia» spiegava romanescamente il nazional-alleato Carlo Ciccioli. «Quanto paga i portaborse?» «Quattro o cinquecento euro ar mese pe' fa 'na cosa. Quattro o cinquecento pe' fanne 'n'antra...»

E il compagno Fausto Bertinotti? «Non lo sapevo.» Ma dài! «Non lo sapevo.» Cinque mesi dopo la segnalazione in aula del senatore Paravia, se non lo avesse informato la tivù, sarebbe rimasto ignaro: «Di fronte alla denuncia siamo intervenuti immediatamente». Come? D'ora in avanti sarebbero entrati nei palazzi solo i collaboratori a contratto. Però... «Però serve una leggina» rispondeva Franco Marini. Quando? «Subito. Appena possibile.» Bene, bravi, bis. Peccato che lo stesso identico problema, dopo un'altra denuncia pubblica, fosse stato affrontato esattamente allo stesso modo dalla Camera già il 17 luglio del 2003. Quando i questori avevano intimato ai deputati: «I rapporti di collaborazione a titolo oneroso dovranno essere attestati, al momento della richiesta di accredito, mediante la consegna agli uffici di copia del relativo contratto». Chiacchiere. Solo chiacchiere in attesa che si calmassero le acque.

Dei bramini, ecco cosa sono diventati i politici italiani. Partoriti non da Brahma («Davvero grandi sono gli dei nati da Brahma» dice la genesi dell'*Atharvaveda*, una delle opere sacre dell'induismo), ma da un sistema partitocratico malato di elefantiasi. Non tutti, si capisce. Camere, Regioni, Province, Comuni ospitano anche molte persone a posto che provano un sincero disagio per i privilegi di cui godono. E cercano di approfittarne con sobrietà. Tutti insieme, però, sono una casta.

Che si sente al di sopra della società della quale si proclama al servizio. Tanto che i più attenti, quelli che non vivono «solo» di politica e magari scrivono anche romanzi o biografie sofferte di musicisti tragici, come Walter Veltroni, non si sognano di bollare le critiche come demagogiche: «Quando i partiti si fanno casta di professionisti, la principale campagna antipartiti viene dai partiti stessi».

Per carità, non siamo nel regno di Tonga del re Tupou IV detto «re Ciccia» perché arrivò a pesare 201 chili. Da noi il Parlamento e i ministri non vengono scelti dalla corte. Ma come ricordò un giorno Eugenio Scalfari citando l'amatissimo Alexis de Tocqueville, l'oligarchia è «un sistema dove il potere è fortemente centralizzato e i corpi intermedi sono stati dissolti o indeboliti nelle loro autonomie. Al vertice i poteri costituzionali, anziché distinti e bilanciati, si sono fittamente intrecciati tra loro. Chi li gestisce fa parte dell'oligarchia; ciascuno degli oligarchi ha una sua area esclusiva di potere, che gli altri sono impegnati a garantirgli in perpetuo, a condizione naturalmente di godere del diritto di reciprocità».

Questo «non significa necessariamente che il popolo non possa votare, ma che i meccanismi elettorali sono costruiti in modo da confermare invariabilmente l'oligarchia». Eppure, proseguiva il fondatore della «Repubblica», quando scriveva *La democrazia in America* Tocqueville «non conosceva ancora i regimi di massa, i mezzi di comunicazione di massa, i modi per manipolare il consenso di massa». Né tantomeno, aggiungiamo noi, la legge elettorale del 2006, la «porcata» di Roberto Calderoli che ha chiuso ogni spiraglio alle candidature non decise dai leader. Una legge che, per dirla con Ilvo Diamanti, «ha alimentato ulteriormente il frazionismo partigiano. Riducendo gran parte dei partiti a oligarchie di potere».

«Io non conosco questa cosa, questa politica, che viene fatta dai cittadini e non dalla politica» disse anni fa Massimo D'Alema sbertucciando i critici: «La politica è un ramo specialistico delle professioni intellettuali». Una tesi che Diamanti ha bacchettato più volte: «Fa sorridere amaro, questa rinascita della Repubblica dei Partiti. Che non si può giustificare con la nostalgia. Della "vecchia" Dc, del "vecchio" Pci. E degli altri: socialisti, liberali, repubblicani. Perché i "nuovi" partiti non somigliano a quelli della Prima Repubblica. Sia detto con assoluta convinzione, ma senza alcuna nostalgia: sono peggio, questi partiti. Con qualche eccezione, non hanno una vita democratica. Non promuovono la partecipazione. Sono oligarchie. Partiti personali. Senza società e senza territorio. A loro agio nei salotti tivù. A chi vuole (ri)proporre una democrazia proporzionale, per restituire lo scettro ai partiti, per questo chiediamo: restituiteci, prima, i partiti».

Quelli veri, non quelli fondati dal commercialista. Sapete com'è nato il partitino Italiani nel Mondo di proprietà di Sergio De Gregorio, che grazie alla micidiale parità tra destra e sinistra si è ritrovato nel 2006 a essere l'ago della bilancia che poteva salvare o affossare Prodi? C'era una volta un'impresa in via Terracina 431, a Fuorigrotta, aperta nel giugno del 2002 da un «amico benefattore» e dedita, diceva la ragione sociale, alla «distribuzione e commercializzazione all'ingrosso e al dettaglio di prodotti tessili». Era iscritta col nome Italiani nel Mondo. Un nome magico, che qualche mese dopo l'«amico» (un certo Claudio Mele) registrò all'ufficio brevetti delle Attività produttive dichiarando di occuparsi di «apparecchi scientifici e per la registrazione e riproduzione del suono», «cuoio e sue imitazioni, bauli, valigie, ombrelli, ombrelloni e bastoni da passeggio», «articoli di abbigliamento, scarpe e cappelleria» ed «educazione, formazione, divertimenti, attività sportive e culturali».

Parallelamente, secondo il sito internet www.Napolionthe-road.it, spunta sotto il Vesuvio un'«associazione culturale Italiani nel Mondo» che, «ideata nel giugno del 2001 dal giornalista Sergio De Gregorio... intende promuovere il marchio e l'immagine del "Made in Italy" al di fuori dei confini nazionali attraverso un proficuo interscambio commerciale, economico e culturale con l'estero» e per questo ha aperto «cinque sedi operative localizzate a Napoli, Roma, Nizza, New York e Zurigo, a cui presto si aggiungeranno altre strutture a Buenos Aires, Sofia, Londra, Parigi e Berlino». Un obiettivo «consacrato» nella competizione musicale Italiani nel Mondo Festival trasmessa da una tivù locale. E destinato a essere sviluppato «aprendo nuove sedi in Australia (Melbourne), in Estremo Oriente (Tokyo e Hong Kong), in Russia (Mosca) e ad Atene». Per dirla alla napoletana: «'nu nettuorche» planetario!

E chi è questo ambizioso Sergione fondatore del network planetario? Un giornalista di seconda fila che nel '97 è spuntato dal nulla per «salvare», come direttore editoriale, il defunto «Avanti!» e risulta autore di due scoop finiti nell'archivio dell'Ansa. Un'intervista all'imputata poi assolta del celebre omicidio di Anna Parlato Grimaldi, la cronista del «Mattino» Elena Massa (che lei nega d'avere concesso) e un'intervista a bordo della nave *Monterey* al più celebre dei pentiti mondiali, Tommaso Buscetta, che lui nega di avere concesso. Lamentando anzi di essere stato tradito («con quelle foto hanno messo in pericolo mia moglie e mio figlio») da chi sapeva della crociera e cioè, pare di capire, da qualche spione infedele dei «servizi».

Ma adesso occhio alle date. Nell'ottobre del 2004 il nostro futuro senatore e Angelo Tramontano, un deputato regionale di Forza Italia, fondano dal notaio la «Italiani nel Mondo Radio e Tivù Srl». È il primo mattone di un piccolo impero: «Italiani nel Mondo Channel», «Italiani nel Mondo Immobiliare», «Italiani nel Mondo Servizi Immobiliari»... Tutte in pugno a Sergio De Gregorio e tutte piazzate nella stessa brutta palazzina di colore incerto di Fuorigrotta, in via Terracina 431, dove ha sede già la prima società costituita dall'«amico» Mele per commerciare prodotti tessili, ombrelli e cuoio. Un piccolo impero di carta in cui non manca una società per bambini: la «Italiani nel Mondo Junior», che «ha lo scopo fondamentale di aiutare i componenti a diventare Cittadini Italiani inseriti nel Mondo» e in cambio chiede ovviamente ai cari piccolini «il versamento di una quota fissa decisa a livello nazionale e di una quota aggiuntiva, decisa dal raggruppamento territoriale».

Cosa se ne fa, di tutte queste società? La risposta è nella storia di «Italiani nel Mondo Channel», che nasce il 10 giugno del 2005 con un capitale sparagnino di 10.000 euro ma la settimana dopo ingloba il marchio «Italiani nel Mondo» (quello dei prodotti tessili e del cuoio) e aumenta il capitale di 2 milioni. Miracolo! E da dove vengono tutte quelle banconote? Niente banconote: il «capitale» è un documento. La perizia giurata firmata pochi giorni prima da un giovane «tributarista», Andrea Vetromile, miracolosamente individuato dal nostro futuro senatore nonostante non sia sull'elenco telefonico e malgrado figuri non come commercialista ma come «consulente del lavoro». Perizia secondo la quale il prodigioso marchio «Italiani nel Mondo» (sempre quello dei prodotti tessili e del cuoio) vale appunto quella cifra enorme. Direte: ma non apparteneva a Claudio Mele? Boh... Certo è che il giorno dopo sboccia un documento in cui Mele, indifferente al fatto che il suo marchio valga ora 4 miliardi di vecchie lire, dona generosamente tutto a De Gregorio. Che a questo punto comincia a vendere in giro quote della magica società incassando in pochi giorni 100.000 euro di qua, 29.000 di là, 250.000 di là ancora... Averne, di «amici» così...

Un giochino finanziario meraviglioso. Al punto che in autunno, cioè sei mesi prima di candidarsi con l'implacabile moralizzatore Antonio Di Pietro, il nostro lo rifà. Stavolta fondando con altri 10.000 euro la «Italiani nel Mondo Reti Televisive» arricchita all'istante dal «costosissimo» marchio «Italiani nel Mondo Channel». Stesso «tributarista» (strana figura di indipendente se all'assemblea della società, con De Gregorio già senatore, esulterà «ponendo l'enfasi sul risultato positivo raggiunto»), stesso tipo di perizia, stessa dichiarazione giurata sull'immenso valore di quel marchio planetario, stesso aumento di capitale ma stavolta ancora più grosso (3 milioni di euro!), stessa vendita immediata di quote: 20.000 di qua, 30.000 di là... Fino alla donazione dell'ultima fetta di torta societaria, come la prima volta, a una gentile signorina non ancora trentenne, Maria Palma. Il consiglio di amministrazione, dice il verbale steso dopo le Politiche, fa «i complimenti per il successo elettorale».

Complimenti, va detto, meritatissimi. Dove lo trovate un altro che abbia chiesto il voto ai nostri emigrati in Europa con una lista nata da una società di cuoio e tessili? Che si sia candidato con l'«eroe» di Mani Pulite dopo aver rifatto l'«Avanti!» (primo numero: una lettera di Craxi e *Il crepuscolo di Antonio Di Pietro*) ed essere stato forzista e neodemocristiano? Che si sia fatto eleggere a capo della Commissione Difesa senza che gli chiedessero conto di queste società-partito che aumentano di capitale con perizie giurate di un «consulente del lavoro»? Che sia riuscito ad avere i salamalecchi della destra («È un uomo di grande spessore» dice il neodemocristiano Gianfranco Rotondi) senza rossori di imbarazzo per la catena di assegni a vuoto per centinaia di migliaia di euro emessi negli anni, come ha scritto sul «Sole 24 Ore» Claudio Gatti, da un mucchio di società a lui collegate, dalla «Broadcast Video Press» alla «Aria Nagel»? Misteri.

Misteri però tutti dentro un sistema profondamente marcio. Dove il bramino sa che, una volta varcato l'ingresso del Palazzo della Casta, è a posto. In eterno. Perché troverà sempre qualcuno, davanti a qualsiasi grattacapo, pronto a difenderlo in cambio di un voto. Come è successo a Pietro Fuda, che, passato dalla destra alla sinistra per fare il senatore, firmò quel celebre emendamento alla Finanziaria 2007 che, tagliando i tempi della prescrizione, permetteva agli amministratori incapaci, folli o criminali di scampare al rischio di rimborsare i soldi di scelte sventurate. Emendamento passato tra mille polemiche e subito abolito con un decreto ad hoc.

Tutti a chiedersi: perché l'avrà fatto? In nome di chi? Con quali obiettivi? Lui bacchettava i magistrati contabili che «dovrebbero operare in modo diverso, guidare gli amministratori locali, non aspettarli al varco dopo che hanno sbagliato» e chiedeva: «La Corte dei Conti, scusate, la paghiamo noi, sono stipendiati oppure no? Devono fare un servizio utile per lo Stato». Come lui: una vita «al servizio». Prima come dirigente della Cassa del Mezzogiorno e della Regione Calabria, poi come presidente della Provincia di Reggio e insieme amministratore unico dell'aeroporto reggino, carica mantenuta (ovvio: spartisce coi tre del collegio sindacale 162 mila euro) anche dopo l'elezione a Roma e ottenuta col parere favorevole non solo della Regione ma anche (pensa te) della Provincia di cui era a capo.

Bene: di quand'era l'emendamento? Dell'inizio di dicembre. E cosa era successo, senza clamori, un paio di settimane prima? Coincidenza! La Corte dei Conti calabrese aveva steso una relazione durissima sull'aeroporto, chiedendosi come avesse fatto a sommare nel 2005 «perdite pari al 53,86% dell'intero patrimonio netto, circostanza che denota una quantomeno insoddisfacente gestione della società». Tesi che il nostro Fuda non condivideva affatto. Anzi, il buco del 2004 di 1.392.000 euro su 1.648.000 di fatturato (buco coperto dai soldi pubblici, dei cittadini) l'aveva liquidato sbuffando: «Irrisorio». Mica erano soldi suoi.

Intoccabile come il Gran Khan, che nel *Milione* di Marco Polo beve vino e latte e altre buone bevande da coppe che «per opera degli incantatori» si sollevano e «vanno a presentarsi» alla bocca del sovrano «senza che nessuno le tocchi», un parlamentare italiano sembra davvero potersi permettere di tutto. Anche di restare a Montecitorio senza essere stato eletto, come è accaduto nella legislatura berlusconiana a Luciano Sardelli, che per un errore materiale del presidente di un seggio brindisino che aveva subito ammesso la svista («ero stanchissimo, stavo malissimo») si era ritrovato i voti dell'avversario, Cosimo Faggiano, al quale venne finalmente data ragione un mese prima delle nuove elezioni, quando ormai era troppo tardi.

Per non dire di Luigi Martini, «l'Uomo che visse tre volte». Nella prima vita, durante la quale conquistò anche uno scudetto, era un calciatore della Lazio. Nella seconda un pilota dell'Alitalia. Nella terza un deputato di An. Sulla carta, una volta eletto, doveva andare in aspettativa. Macché: la direzione della compagnia di bandiera pensò che sarebbe stato «diseconomico». Al suo rientro in azienda sarebbe stato infatti necessario un lungo e costoso periodo di riaddestramento. Meglio continuare a pagargli lo stipendio: minimo contrattuale più un tot per ogni volo. Per 10 anni, deciso a mantenere «attivo» il brevetto di pilota (minimo stabilito dall'Enac: 3 decolli e 3 atterraggi ogni 90 giorni), continuò quindi a volare una volta al mese: «L'onorevole pilota Luigi Martini vi dà il benvenuto a bordo...». E l'Alitalia continuò a mandargli a casa la busta paga. Finché non è andato in pensione: 300.000 euro di liquidazione da sommare al vitalizio da deputato e a una mancia finale di 150.000 euro di buonuscita.

Soldi pubblici. Soldi dei cittadini. Che si chiedono come sia possibile che le spese correnti della Camera (la tabella è in Appendice) siano passate negli ultimi tre lustri, tolta l'inflazione, da 636 a 1004 milioni di euro. O che Palazzo Madama nei cinque anni della legislatura berlusconiana sia costato 2202 milioni di euro, quanto i 900 chilometri del nuovo gasdotto Italia-Algeria. Eppure, ed è questo che cercheremo di dimostrare, il cumulo dei privilegi dei parlamentari e le divise dei commessi del Senato pagate nel 2006 ben 1815 euro a testa e la montagna di denaro speso nei palazzi romani sono solo una parte del costo enorme della politica. Che va dalle indennità al presidente della Repubblica ai gettoni dei consiglieri circoscrizionali per un totale di 179.485 persone interessate. Più gli stipendi del personale delle varie amministrazioni, dal Viminale alle Comunità montane. Più quelli degli autisti, dei portaborse, dei collaboratori esterni. Più i quattrini dati a quasi 150.000 consulenti. Più le prebende ai vertici delle oltre 6000 società pubbliche e parapubbliche, usate spesso per piazzare gli amici e i trombati.

Tutti soldi che sarebbe scorretto contare come «costi della politica» se dalla politica non fossero stati gonfiati in modo abnorme. E se le istituzioni non fossero state piegate agli interessi di partito, di fazione, di famiglia. Da Palazzo Chigi fino a certi paesini siciliani come la catanese Roccafiorita dove ci sono un sindaco, un vicesindaco, 2 assessori effettivi, 2 assessori non consiglieri, un presidente del consiglio comunale e 11 consiglieri per 254 abitanti.

Fino al capolavoro di Militello Rosmarino, un paese sui Nebrodi. Dove dal 2003 è sindaco Concetta Maria Papa per investitura («Concettina, molla un momento la 'ncasciata che devo farti fare 'a sindaca...») del marito Vincenzo, che già fu sindaco dopo papà Calogero e zio Vincenzo, e che del borgo è il monarca: «Voglio bene alla gente e la gente vuol bene a me. Se uno mi domanda di trovargli un ricovero a Milano gli devo dire di no? Se mi chiede una mano per fare assumere il figlio gli devo dire di no? Perciò mi amano. Vi pare che con tutte le grane giudiziarie che ho avuto avrei potuto resistere sennò?».

Laureato in medicina, primario di ginecologia, sindaco dici

per una vita salvo i periodi in cui lasciava la carica a suo cognato Biagio, don Vincenzo è l'erede di una dinastia rimasta sul trono di Militello quasi più dei Savoia su quello d'Italia, fin dai tempi in cui il bisnonno entrò in consiglio comunale a metà Ottocento. Disprezzato da mezzo paese per la distribuzione dei posti e delle prebende, è venerato dall'altra metà per gli stessi motivi. Il meglio lo diede come presidente dell'Usl quando, lasciata la poltrona di sindaco al fidato Sante Russo, si guadagnò la fama d'essere una specie di Padre Pio all'incontrario. Dove lui posava la mano, lì germogliava una sclerosi a placche, una angina pectoris, un'insufficienza cerebrovascolare, un'osteoporosi... I nemici lo irridevano acclamando: «Don Vince': facci la grazia! Don Vince': dacci una pustola!». E via via la sua fama messianica aveva valicato i Nebrodi e le Madonie e chiamato folle da tutte le contrade.

Finché era intervenuta la magistratura accusando lui e altri di avere distribuito 180 assegni d'accompagnamento e 500 pensioni a monchi, tisici, ciechi, sciancati spesso falsi. Come Carmelo Femminella, che per «gonartrosi bilaterale, osteoporosi diffusa, discopatia cervicale e lombare» risultava semiparalizzato ma girava in motorino. Tale era l'aspettativa, scrisse il magistrato, che i carabinieri avevano notato «verso il comune di Militello un fenomeno migratorio anomalo». A casa di don Vince' risultarono 15 nuovi residenti.

Pareva finito, don Vincenzo, dopo quella grana. Sepolto sotto lo scandalo, i debiti del Comune, l'ondata di indignazione morale. Lui fece spallucce: «Ho solo distribuito a un po' di poveracci un milionesimo dei soldi regalati alle industrie del Nord!». Quindi, per mostrare quanto l'inchiesta non l'avesse indebolito, si candidò a sindaco di Sant'Agata di Militello. E vinse. Poi candidò il figlio Calogero a Militello Rosmarino. E vinse ancora. Pronto a candidare la volta dopo Concettina. E vincere ancora. Fedele sempre a quel cognome incredibilmente adatto a uno come lui che simboleggia un certo modo di far politica all'italiana: Lo Re.

1

E pensare che dormivano in convento

Dai paltò in prestito di De Gasperi agli sfarzi hollywoodiani

Il leggendario Matteo Tonengo, col tesserino parlamentare, voleva andare gratis anche al casino. Era un robusto contadino, veniva da Chivasso, aveva fatto la Resistenza ed era noto, racconta nel libro *Al Viminale con il morto* Ugo Zatterin, «soprattutto per le sue licenze alcoliche». Democristiano, si era guadagnato l'elezione distribuendo in tutto il Piemonte, scrive Guido Quaranta nel suo *Scusatemi, ho il paté d'animo*, due volantini indimenticabili. Il primo diceva: «Questa notte mi è apparso in sogno don Bosco che mi raccomandava: "Vai a Roma, Tonengo. Vai a Roma e difendi gli interessi dei piccoli e medi coltivatori"». Il secondo: «Contadini, votate Tonengo: feconderà i vostri campi».

Questa idea che il parlamentare avesse diritto anche a trombare gratis nei lupanari capitolini frequentati, secondo Gioachino Belli, pure dai peccatori in tonaca («Entrato er brigattiere in ner bordello / je se fa avanti serio serio un prete») la dice lunga sul modo in cui, fin dall'inizio, qualcuno intendesse i privilegi del ruolo. La richiesta della marchetta gratuita, sottoposta allora addirittura ai questori della Camera, non deve però trarre in inganno. I parlamentari dell'epoca in realtà, rispetto a quelli di oggi, conducevano una vita assai più sobria e avevano decisamente meno pretese.

Certo, era un'Italia diversa. Nel secondo dopoguerra il reddito pro capite nel Mezzogiorno e nelle aree più povere del Nord era inferiore a quello iugoslavo. Un mezzadro polesano o un solfataro siciliano dovevano lavorare undici ore per comperare una dozzina di uova, così care che la madre dello scrittore Gesualdo Bufalino si vide togliere il saluto da una vicina di casa che l'accusava di averle restituito un uovo più piccolo di quello che aveva avuto in prestito. I giornali pubblicavano l'immagine di un uovo con corona reale, sigaro, monocolo e anello di diamanti sopra uno slogan che diceva: «Il signor uovo è diventato ricco a forza di essere caro e vi guarda dall'alto in basso. Abolite le uova e provate l'Ovocrema che sostituisce otto rossi d'uovo e costa poche lire».

La gente continuava a canticchiare, facendo il verso a Beniamino Gigli, la parodia di *Mamma* che già aveva sbeffeggiato la grandeur fascista: «Paaaasta, / sessanta grammi e poi ti dico basta, / riiiiso, quando ti mangio sembra un paradiso. / Io mangio sempre zuppa / di cavoli e di verdura / la vita è troppo dura / così non si può andaaar!». Il Piano Marshall veniva esaltato dai cinegiornali che mostravano «il treno dell'amicizia» mentre girava per l'America a raccogliere fondi «per alleviare la carestia in Italia»: «A ogni stazione si aggiungono nuovi vagoni: zucchero, grano, calorie per il nostro inverno. Cowboy e sceriffi rivaleggiano in un western dell'umana solidarietà!». Un pellerossa diceva: «Anch'io aiutare visi pallidi Italia!». La mucca Pazzarella muggiva ansiosa di donare il suo latte agli «Italians friends». E la sigla finale tuonava: «Grazie, Joe!».

I bambini recitavano: «Dal lontano continente / è arrivata la farina. / Ce la porta la Marina / di un Paese assai potente. / Burro, latte, marmellata / per i bimbi e gli ammalati: / siamo tanto fortunati, / ci son uova di covata. / Benedetti dal Signore / questi aiuti mai finiti, / vengon dagli Stati Uniti / sono il dono dell'amore». Giornali come «La Settimana Incom Illustrata» dedicavano alle donne immerse nelle risaie titoli così: *Le mondine sognano la polenta.* E sui muri di Roma, nel giugno 1946, affiggevano manifesti come questo: «Mentre i bambini diventano sempre più gracili e mancano gli alimenti necessari, le pasticcerie vendono pasticcini. Questo è un insulto per chi ha fame! Madri romane, protestate contro questa vendita: non permettete che degli incoscienti si arricchiscano speculando sulla fame dei vostri figli!».

La povertà era tale da spingere al varo di una commissione parlamentare sulla miseria che nel 1951, sei anni dopo la fine della guerra, avrebbe detto che quattro milioni di italiani non consumavano mai nell'arco di un intero anno, manco a Natale, carne, vino o zucchero. Che una famiglia su quattro viveva in «case sovraffollate, tuguri o grotte». Che in zone disperate del Nord come Comacchio le abitazioni con la latrina (non col bagno: con la latrina) erano 5 su 100. Che alla borgata Gordiani di Roma c'era un gabinetto ogni 200 persone.

A farla corta: era così dura la vita, in quell'Italia, che i politici non avrebbero avuto neppure la possibilità di trattarsi troppo bene. Ne *Lo stomaco della Repubblica* Filippo Ceccarelli ricorda la testimonianza di Maria Romana De Gasperi, figlia e biografa di Alcide: «A Salerno, ai tempi del gabinetto Bonomi, quando l'intero governo si riuniva per cena nella villa dell'ambasciatore Guariglia a Vietri, nell'atto di servire le polpette il cameriere in livrea si abbassava all'orecchio di ciascuno e con rispetto, ma con altrettanta fermezza, suggeriva: "Due, signor ministro"». Cinghia stretta per tutti. Ma è fuori discussione che i padri costituenti conducessero anche per formazione mentale una vita assai sobria.

Certo, il principio che la politica fosse un servizio da rendere gratuitamente come prevedeva un tempo l'articolo 50 dello Statuto Albertino («Le funzioni di senatore e di deputato non danno luogo ad alcuna retribuzione») era stato abbandonato da un pezzo. Già nel 1913 i deputati si erano auto-attribuiti una modesta indennità, ma solo a titolo di rimborso spese. Indennità confermata e aumentata nel 1925 dal regime fascista. Ancora come «rimborso spese».

L'idea che il pubblico denaro dovesse essere «rispettato», tuttavia, era diffusa. Con qualche punta addirittura di ascetismo morale. Come quello di Enrico De Nicola che, eletto capo provvisorio dello Stato il 28 giugno del 1946 al primo scrutinio, prese così sul serio la «provvisorietà» del suo ruolo che non solo non si insediò al Quirinale (anche per scaramanzia, pare, data la fine fatta dai Savoia «dopo aver regnato nell'edificio lasciato da Pio IX») ma, come scrive in *Quelli del palazzo* Guido Quaranta, «non utilizzò mai gli 11 milioni annui previsti per il suo appannaggio e fece il presidente pagando di tasca sua».

Per non dire degli ospiti della cosiddetta «Comunità del Porcellino». Come avesse preso quel nome non è chiarissimo. C'è chi lo fa risalire al giorno in cui l'allora presidente delle Acli, Vittorino Veronese, si presentò reggendo in una borsa un porcellino farcito, che in quegli anni di magra sembrò un'apparizione. Chi, come Telemaco Tuzi, nipote delle padrone di casa, le celeberrime sorelle Portoghesi, offre una versione diversa: «Il nome Comunità del Porcellino nacque dall'intercalare che Laura Bianchini (in casa chiamata Laurona per distinguerla da Laurina o Laura piccola che era zia Laura, molto più minuta) era solita utilizzare. Laurona, carattere forte da "vecchio alpino", come a lei piaceva definirsi, quando perdeva la pazienza etichettava i suoi interlocutori, e specialmente i nostri commensali, con l'epiteto "tu sei un porco". L'11 giugno del 1947 alle ore 21, nel salotto rosso fu convocata la Comunità e altri amici e nello spirito fucino che li distingueva, fu redatto su una pergamena firmata dai vari membri e controfirmata in qualità di notaio da padre Caresana, un atto ufficiale di costituzione (che purtroppo è andato smarrito)».

Ciò che è sicuro, è che il primo emblema della Comunità fu «un porcellino di vetro appeso con un nastro tricolore al lampadario della sala da pranzo». E che da quel momento tutti coloro che facevano visita alla casa, un grande appartamento su due piani (uno con le stanze da letto e il salotto, l'altro con la cucina, la sala da pranzo, le terrazze e la soffitta) in via della Chiesa Nuova 14, si sentì in dovere di portare porcellini di ogni forma e materiale via via recuperati sulle bancarelle di tutta Italia. Ogni tanto, gli ospiti goliardi tenevano nota degli avvenimenti: «Uniti al comune trogolo rinnovato a porquet a onorare la Gran Porca nel suo 58° del lattonzolato i sottoscritti riconfermano il loro amore di Troia e dei suoi destini e auspicano le più gran porcherie a tutti gli idealisti».

Chi erano quei «goliardi» che affollavano il mitico appartamento delle Portoghesi? Alcuni dei massimi rappresentanti del cattolicesimo politico italiano. C'era Giuseppe Dossetti, che in attesa di ritirarsi dalla politica per farsi prete, era deputato alla Costituente e vicesegretario della Dc. C'era Giuseppe Lazzati, che con Dossetti spartiva una stanza nella quale era stata tirata su una piccola parete divisoria di legno e dopo essere sopravvissuto alla prigionia nei lager nazisti era entrato lui pure tra i costituenti prima di dedicarsi all'Università Cattolica di cui sarebbe diventato il celeberrimo rettore. C'era Giorgio La Pira, il futuro sindaco di Firenze anche lui deputato alla Costituente e uomo del dialogo quando dall'altra parte non c'era Piero Fassino ma comunisti dal profilo feroce quale Iosif Stalin.

Amintore Fanfani era già ministro eppure si adattò per un pezzo a vivere con moglie e figli lì, in quella specie di «comune» cattolica dove tutti mangiavano insieme la pasta e fagioli messa in tavola dalla Iolandina, un'emiliana sulla cinquantina convinta a trasferirsi a Roma dalla madre di Dossetti. Una vita spartana. Di pasti frugali e abiti dimessi. In cui non solo la sobrietà ma la povertà, ricorda oggi sospirando l'ex presidente dei Popolari Giovanni Bianchi, «veniva addirittura teorizzata».

Lazzati si concedeva l'unico lusso della pennichella accomiatandosi dai commensali con un sorriso su se stesso e il sonnellino: «Por Pepìn inscì bon e inscì disgrasià, andem a fà un sugnett». Dossetti si stava via via così estraniando dalla politica che il giorno in cui De Gasperi gli mandò un'amica ambasciatrice per convincerlo a entrare nel governo, la poveretta restò a lungo a battere al portone (il citofono non c'era) con «zia Laura che dalla finestra ripeteva che lui non era in casa». E avevano tutti un tale spirito di adattamento che per anni i due appartamenti, sopra e sotto, ebbero un solo bagno e quando finalmente le sorelle Portoghesi si decisero a farne un altro, questo secondo cesso fu inaugurato in pompa magna dal ministro Fanfani con tanto di taglio del nastro tricolore. Per non dire di La Pira, così indifferente alle cose materiali che infilava sulla porta il primo cappotto che gli capitava sottomano finché un giorno, dopo essere uscito con quello di Lazzati, tornò indossando un pastrano bisunto e rattoppato e così pieno di pulci («L'ho scambiato con un poveretto più infreddolito di me») che «zia Laura e Iolanda furono costrette a bruciarlo in terrazza».

Il cappotto, in quella Roma che firmava accordi con Bruxelles oggi impensabili («Per ogni scaglione di 1000 operai italiani che lavoreranno nelle miniere, il Belgio esporterà in Italia tonnellate 2500 mensili di carbone...») è qualcosa di più che un capo di vestiario. È il simbolo di un'epoca. Alcide De Gasperi, che in un'altra occasione si vedrà regalare da una ditta anche due valigie per non far sfigurare l'Italia, vola in America nel '47 con il cappotto che gli aveva prestato Attilio Piccioni. Pietro Nenni, scrive Ceccarelli, «ha un solo vestito e un solo cappotto: "e pure lercio" annota Vittorio Gorresio ne *I moribondi di Montecitorio*. Solo al momento di diventare ministro degli Esteri compra finalmente due vestiti scuri e un cappello a falde larghe con il quale, ironizza ancora Gorresio, pare un piantatore americano». E anche nella vita di Rosetta Russo Iervolino c'è un paltò: «Mia mamma si riscaldava con una coperta ricavata dal cappotto scucito di sua madre, la nonna Santa, dignitosissima baronessa de Unterrichter, che pur di far stare calda la figlia a Roma per alcuni inverni girò per le gelide strade di Trento senza cappotto sostenendo che non aveva affatto freddo».

Quella della famiglia Iervolino è una storia esemplare, per capire come vivevano i politici di allora. Il padre, Angelo Raffaele Iervolino, un avvocato antifascista salvato da papa Pio XII che gli aveva offerto rifugio in Vaticano e ministro nel governo Badoglio, era uno dei democristiani più in vista della Costituente. E anche la madre, Maria de Unterrichter, era deputata. Ma, avrebbe raccontato anni dopo Rosetta a «Gente» in un memoriale, «non era facile trovare un posto dove abitare: le case mancavano e i miei non erano certamente ricchi. Alla fine fu trovata una soluzione che doveva essere temporanea e durò invece ben nove anni. Io con mia madre e mio fratello fummo ospitati presso il convento delle Madri Pie di via Bonifacio VIII, mentre papà andò a stare in viale delle Mura Aureliane, presso i frati francescani. La famiglia si riuniva solo il sabato e la domenica quando, tutti insieme, tornavamo a Napoli nella vecchia casa sul porto. (...)

«La mamma dormiva in un vero letto posto in un angolo, mentre sulla parete opposta c'erano due poltrone-letto per me e per mio fratello. Sul lato della finestra trovava posto un tavolino verde che aveva funzioni di scrittoio per mamma, di scrivania per noi quando facevamo i compiti e di tavolo da pranzo quando arrivava l'ora dei pasti».

Pranzi e cene da convento postbellico: «Spesso la minestra delle suore non riusciva a saziare il nostro appetito. Allora mamma apriva il primo tiretto del cassettone, che aveva anche funzioni di dispensa. Il pasto veniva rinforzato con qualche fetta di soppressata o qualche tarallo che zia Concetta ci faceva portare da Napoli». Lui stava al governo, lei alla Camera. Eppure, c'è da sorriderne davanti alle autoblu di oggi, i due s'incontravano la mattina «al capolinea del bus 64 per andare insieme a Montecitorio».

Nove anni dopo (nove anni!), quando Rosetta è già in terza liceo, gli Iervolino hanno finalmente una casa loro: «Ci fu infatti consegnato l'appartamento della cooperativa edilizia tra parlamentari a cui mamma si era iscritta dal 1948. Lasciare il convento per tornare finalmente a una vera vita in famiglia ci sembrò, ed era, una grande conquista. Avevamo tre stanze da letto, saloncino e servizi (...). Al piano terra vennero ad abitare gli Almirante e i Mancini, al primo piano Pietro Amendola, dirimpetto Fiorentino Sullo, di fronte all'ingresso Velio e Nadia Spano, sul mio stesso piano i Micheli. Spesso mi son sentita chiedere: "Ma come mai hai dei rapporti così buoni con l'opposizione?". Semplice: con l'opposizione ho diviso quotidianamente quasi quarant'anni di vita, gioie e dolori, nascite e lutti».

Il potentissimo Palmiro Togliatti viveva, sorvegliato notte e giorno da Pietro Secchia che stava al piano di sopra, in un villotto di largo Arbe, a Montesacro, all'estrema periferia della città d'allora. Il futuro presidente della Repubblica Oscar Luigi Scalfaro sarebbe rimasto tutta la vita, salvo gli anni sul Colle, in un «appartamento qualunque di un quartiere qualunque» dalle parti di Forte Bravetta. E altri due futuri inquilini del Quirinale, Giovanni Leone e Sandro Pertini, furono tra i soci di una cooperativa simile a quella degli Iervolino, che tirò su due edifici bruttissimi in piazzale dei Navigatori, lungo lo stradone che porta all'Eur.

«Quando ci consegnarono le case era il 1956» ricorda Renzo Foa, che ci andò a vivere da ragazzo col papà e il nonno senatore «la palazzina dei deputati era coperta da un orribile mosaico verdognolo, quella dei senatori da non meno sconce mattonelle giallognole. L'Eur, che Mussolini aveva cominciato a costruire per farci l'Esposizione universale del 1942, era ancora disabitato e dietro i nostri condomini c'era l'aperta campagna. Baracche. Orti. Marrane. Sotto casa non erano parcheggiate auto di lusso, ma utilitarie. Nenni aveva una 1100 con cui la domenica si rifugiava in una villetta a Formia, Pertini una 500 di colore più o meno rosso ruggine. Walter Audisio andava in Parlamento in autobus. Aveva ammazzato lui Mussolini, o almeno così si diceva. Ma se ne andava in giro da solo. Tranquillo. Senza scorta. Le classi dirigenti dell'una e dell'altra parte non si detestavano come adesso. C'era rispetto reciproco.»

Case dignitose, ricorderà sul «Foglio» Gabriella Mecucci, ma niente di lussuoso. «Appartamenti da 140 metri quadrati: tre camere, soggiorno, tinello e servizi. Appartamenti pieni di figli e di librerie, che si vedevano dall'esterno attraverso le grandi finestre sulla Colombo, e nei quali tardarono parecchio a entrare gli apparecchi televisivi.» Dalle abitazioni ai piani più alti, come quella di Concetto Marchesi, «la vista arrivava sino alla tomba di Cecilia Metella».

Autoblu? Rarissime. Per anni. Nonostante tra gli inquilini ci fossero appunto Pietro Nenni e Giovanni Leone, Ugo La Malfa e Giorgio Amendola, Sandro Pertini e Ferruccio Parri. Finché «Leone fu nominato presidente del Consiglio, nel primo "governo balneare" della storia della Repubblica». Era il 1963: «Non era ancora stata votata la fiducia, che nella guardiola di Arnaldo apparvero dei tecnici che installarono rapidamente una linea telefonica speciale per un poliziotto messo di guardia ventiquattr'ore su ventiquattro». Uno solo, però. «E in borghese.»

Quanto «pesassero» gli stipendi dei parlamentari, nel secondo dopoguerra, non è facile da ricostruire. Francesco Cossiga, eletto la prima volta deputato nel 1958, giura che poteva permettersi «di mangiare ogni giorno nei migliori ristoranti». Il comunista Ado Guido Di Mauro al contrario (ma forse era gravoso il versamento mensile obbligatorio al Pci) spiega a Guido

Quaranta di aver deciso nel 1972 di tornare a fare il medico dopo due legislature per motivi economici: «L'indennità parlamentare non mi consentiva di mantenere i miei due figli all'università». Fatto sta che per risparmiare i soldi dell'albergo, racconta Filippo Ceccarelli, il comunista Renato Degli Esposti, che di professione era ferroviere, andava su e giù ancora negli anni Sessanta facendo «in modo di passare la notte in treno. Per le stesse ragioni parecchi dicì dormivano nei conventi, negli ostelli del pellegrino, dalle suore. I deputati laici no, ma quando nei primi anni Ottanta furono inaugurati gli uffici di vicolo Valdina, alcuni di loro si ritrovavano la mattina presto davanti all'unico bagno del piano, belli stropicciati, asciugamano e spazzolino da denti, dopo una notte sul divano accanto alla scrivania».

Certo alla fine degli anni Cinquanta le cose vanno già meglio se, scrive scandalizzato Luciano Cirri in *Stupidario parlamentare* edito dal Borghese, la busta paga di un deputato arriva al lordo, tra una cosa e l'altra, a «350.000 lire mensili, con il diritto alla pensione e i periodici "anticipi" graziosamente concessi dall'amministrazione delle due Camere». C'è da fidarsi della testimonianza? Sì e no, in anni in cui la polemica sui «forchettoni» aveva portato nel 1953 alla nascita perfino del partito della bistecca, fondato da Corrado Tedeschi («per essere veramente tale la bistecca deve pesare almeno 450 grammi. Se pesa un chilo, tanto meglio. Ma non meno di 450 grammi, perché altrimenti diventa cotoletta») al grido di «La vita è una vitella!».

Comunque, un direttore generale ministeriale guadagna allora 320.000 lire al mese, un commesso della pubblica amministrazione 68.000, un tranviere romano 75.000. Un biglietto aereo Milano-Roma costa 16.500 lire, uno per New York 172.200, una notte in un albergo a 3 stelle 1600, una «telefonata minima» intercontinentale da almeno 8500 lire in su. Insomma, uno stipendio coi fiocchi, rispetto agli altri. Meno rispetto al costo della vita, se è vero che servono tre mesi di stipendio netto per comprare (625.000 lire) una Fiat 600 berlina.

Due decenni scarsi più tardi, nel 1977, nel libro *Tutti gli uomini del Parlamento*, Guido Quaranta dà i nuovi numeri nei dettagli: ogni parlamentare, tra indennità (1.114.686 lire) e diaria (270.000) prende 1.384.686 lire, per 12 mensilità. Per capirci: un commesso di un negozio romano guadagna in media (dati Istat) 365.509 lire lorde, un tranviere 558.059, un usciere statale 279.000.

Eppure, spiega al grande cronista Michele Zolla un deputato dicì di Novara che diventerà il fedelissimo di Scalfaro sul Colle, non bastano, non bastano, non bastano. Perché lui deve «spendere 180.000 lire per 12 giorni al mese trascorsi a Roma, mangiando al self-service di Montecitorio e pernottando in un albergo di seconda categoria; 150.000 di spese postali, telegrafiche e telefoniche; 180.000 per girare il collegio, con una media di 1500 chilometri, su una Fiat 124; 50.000 per acquistare libri, riviste e quotidiani; 30.000 di cancelleria; 50.000 di rappresentanza, fra cui sottoscrizioni varie delle Pro-loco; 150.000 per una dattilografa (5 giorni alla settimana per quattro ore giornaliere); 50.000 per contributi al comitato provinciale della Dc. Totale, 840.000 lire».

«Se non avessi il gusto della politica» rincara il repubblicano Oscar Mammì «ritornerei al Banco di Napoli e, con la qualifica di funzionario direttivo, guadagnerei 800.000 lire nette e avrei 16 mensilità.»

L'indennità dei deputati, spiega Quaranta che pure non è mai stato tenero con gli uomini di potere, «non è solo sensibilmente inferiore alle entrate di un qualsiasi professionista affermato ma è addirittura sproporzionata rispetto ai minimi degli stipendi dei dipendenti della Camera: un funzionario direttivo guadagna 766.000 lire al mese, un impiegato di concetto 602, un impiegato esecutivo 485, una stenodattilografa 443, un dattilografo 422, un commesso 414». Per capirci: la paga di un parlamentare sta tra il doppio e il triplo di un lavoratore medio. Fate voi il parallelo con oggi.

Certo è che alcuni parlamentari, ancora negli anni Settanta, riducono «la permanenza a Roma unicamente al giovedì (il solo giorno in cui in aula o nelle commissioni sono previste votazioni) partendo la sera del mercoledì dal loro collegio e rientrandovi la mattina del venerdì, dopo aver trascorso in treno un'altra notte: "Una corvè. Ma è l'unico modo per limitare le spese del soggiorno nella capitale a due pasti e a qualche corsa in taxi". Altri hanno rinunciato alla stanza con bagno e, per fare la doccia, ricorrono a quelle della Camera (orario 8-13 e 16-19, sabato chiuso)».

Già allora, però, verso la fine degli anni Settanta, si notano le prime avvisaglie di quell'andazzo che si affermerà trionfante a partire dagli anni Ottanta. Quelli passati nell'immaginario collettivo come gli anni «ramazzottimisti» della «Milano da bere». Quelli in cui una classe politica grintosissima, spregiudicata e nuovissima, assai diversa (non in meglio) da quella dei padri costituenti, comincia a sentirsi in diritto di prendersi lussi un tempo impensabili.

Ed ecco il matrimonio napo-hollywoodiano di Angelo Gava, figlio di «don Antonio Fetenzìa» (copyright di Giorgio Bocca), che raduna a Ischia, sotto gli occhi ironici di Laura Laurenzi della «Repubblica», 800 invitati che sciamano vocianti intorno alla piscina dell'albergo nella quale galleggia una maestosa composizione floreale, coi muretti a secco che traboccano di rame cariche di limoni e aranci appesi col fil di ferro e una torta larga come un letto matrimoniale con due grandi cuori rossi nella panna.

Ecco le mega-feste nelle acque della Costa Smeralda con venti barche intorno allo yacht *Zeus* dell'onorevole dicì Pino Leccisi dove, come scriverà Denise Pardo ripresa ne *Lo stomaco della Repubblica* da Ceccarelli, «si andavano friggendo chili di pesciolini, olive, patate, zucchine e melanzane. A bordo, in coperta, salivano i politici respirando salsedine, ma anche un fumo da friggitoria cinese» e dopo un po' di tempo «sull'imbarcazione del festeggiato non ci si riusciva più a muovere, tanti erano gli ospiti, molti dei quali era previsto che tornassero sui loro yacht per mangiare. A questo punto, come in una sequenza cinematografica, scattava un passavivande generale. Di mano in mano, di barca in barca, scorrevano enormi zuppiere di pasta e fagioli, orecchiette pugliesi, melanzane alla parmigiana, insalate di riso, insalate di pasta, cannolicchi alla checca, purè di favetta, sartù di vongole e di cozze, lasagne fatte in casa».

Ecco il «finanziere» Giuseppe Ciarrapico inventare su suggerimento di Giulio Andreotti il Premio Fiuggi che coi suoi 500 milioni (commento degli amici ciociari: «me cojoni!») si propone di stracciare il Nobel coi suoi miserabili 230.000 dollari. E le cene faraoniche date a Capri da Francesco De Lorenzo con 400 invitati. E le vacanze ad Hammamet di tutta la corte di Bettino Craxi che, nelle memorie di Marina Ripa di Meana, «a ogni negozietto di cianfrusaglie si fermava. Entrava, afferrava con le mani braccialetti d'ottone orribili, statuine di peltro, ninnoli di legno e ne faceva omaggio alle signore. Pagava tirando fuori rotoli di banconote». E l'appartamento di 303 metri quadrati a pochi passi da Castel Sant'Angelo dato in affitto per la miseria di 259.000 lire al mese a Luca Danese, nipote giovane ma scafato di Giulio Andreotti. E il conto di 490 milioni presentato a Gianni De Michelis per gli ultimi 29 mesi di soggiorno al Plaza, dove il ministro regalava a Natale e a Ferragosto al portiere Luigino Esposito un paio di mance «da un milione».

Per non dire delle ostentazioni di un'improvvisa ricchezza di personaggi anche di secondo piano quali il democristiano poi forzista Angelo Sanza, che vive in uno stupendo casale ristrutturato a cinque minuti a piedi da piazza del Popolo. Una villa dotata, oltre che di un ascensore interno, di una sala fitness, un campo da tennis, una vasca in mosaico tardo pompeiano a forma di mezzaluna turca proprio accanto al letto, di uno sfizio hollywoodiano. Dal tunnel che porta al garage il nostro arriva sotto la piscina, guarda in alto e, scrive Denise Pardo, «s'illumina vedendo nuotare nell'oblò, come una sirena, la sua Aurora». Il tutto di proprietà del demanio. E avuto in «comodo d'uso» per 19 anni.

Chissà cosa avrebbe detto, il vecchio Alcide De Gasperi...

2

Un palazzo di quarantasei palazzi

Spese impazzite nell'infinita moltiplicazione delle sedi

Che i parlamentari siano generosi solo con se stessi è falso: sanno esserlo anche con gli altri. A volte. Al costruttore romano Sergio Scarpellini, che ricambia con affettuosi finanziamenti ai partiti senza fare lo schizzinoso sul loro colore, hanno fatto fare ad esempio un affare fantastico. Scelti quattro palazzi nel cuore della capitale, il cosiddetto «complesso Marini», invece che comprarli direttamente hanno deciso di entrarci come inquilini. Garantendo un affitto così alto, per 9 anni più altri 9, da permettere al nostro di pagare comodamente, senza affanni, le rate dei mutui accesi per acquistare gli edifici in questione. Uno sposalizio alla fine del quale la Camera si ritroverà ad aver pagato complessivamente in 18 anni, al valore della moneta attuale, per la sola locazione, la bellezza di 444 milioni e mezzo di euro senza esser diventata proprietaria di un solo mattone. E il fortunato locatore, estinto il mutuo, si ritroverà padrone dell'intero complesso.

Un capolavoro finanziario. Perfezionato da un dettaglio. I lavori di ristrutturazione di due dei quattro palazzi, che hanno l'ingresso principale in piazza San Silvestro e ospitano gli uffici di gran parte dei deputati, sono stati finanziati nel 1999 con un sostanzioso contributo (1.913.970 euro) del Comune di Roma. Benevolenza non ricambiata: la società scarpelliniana «Milano 90», intestataria dei contratti per il complesso Marini, aveva infatti alla fine del 2005 niente meno che 1.708.389 euro di debiti col municipio capitolino (quasi quanti quelli avuti per fare i lavori) per non aver pagato l'Ici. L'amministrazione di Walter Veltroni, però, non se l'è presa troppo per la mancata riconoscenza. E ha permesso al nostro, sia pure con un sovraccarico complessivo di 328.803 euro, di diluire il pagamento degli arretrati entro il settembre del 2009.

Ma questa è solo una parte della storia. Oltre all'ospitalità nei palazzi di San Silvestro, per i quali accese mutui con Capitalia e altre due banche per una tale montagna di denaro che alla fine del 2005 doveva ancora rendere 352 milioni di euro (sei volte il fatturato), Sergio Scarpellini concordò infatti nel 1997 la fornitura d'un pacchetto «tutto compreso». Avrebbe messo a disposizione dei deputati, con personale proprio, una serie di servizi accessori: sorveglianza, informazioni al pubblico, distribuzione della posta interna ed esterna (portano a Montecitorio le lettere che arrivano lì), pulizia, caffetteria e servizio ai piani. Il tutto, affitti e servizi, per un totale generale, nel 2006, di 36.261.318,24 euro. Il che, per una società con 57 milioni di fatturato annuo, rappresenta gran parte della polpa.

Appassionati di ippica, «sor Sergio» e il figlio Andrea sono padroni di una delle maggiori scuderie italiane, la Nuova Sbarra. «Hanno i cavalli nella pelle!» ha scritto di loro un cronista innamorato. Ne avevano, alla fine del 2005, ben 288, per un valore totale messo a bilancio di 8 milioni di euro. Quelli da allevamento erano 135, quelli da corsa 153. Soddisfazioni sì, ne danno: in un solo anno hanno vinto qualcosa come 2.300.000 euro di premi, soprattutto per merito del fenomeno di casa, che si chiama Giovane Imperatore. Peccato che i bilanci siano inesorabilmente in rosso. Ma così è il mondo degli ippodromi: non si sa mai come va a finire. Basti ricordare il caso di Cigar, che in pista era stato il miglior cavallo da corsa americano ma quando fu messo a fare il produttore di puledri, fallì la monta con trentuno femmine diverse.

Padre e figlio, però, non se ne sono fatti un cruccio. E hanno fuso l'una nell'altra la scuderia e l'immobiliare. Risultato: ora i purosangue perdenti sono mantenuti dai deputati e i deputati sono inquilini della scuderia. A un canone diverso, s'intende, da quello d'una stalla: 547 euro al metro quadrato l'anno. Come se un appartamento di 100 metri fosse affittato a 55.000 euro. Averne, di inquilini così!

Va da sé che i fortunati immobiliaristi, che sui cavalli politici non fanno mai cilecca, hanno messo a punto un contratto simile con Palazzo Madama, affittandogli a 3 milioni l'anno (per ospitare un po' di uffici di senatori) l'ex Hotel Bologna. In più, gestiscono il ristorante e due bar nel complesso Marini, la buvette del Quirinale, la buvette e il ristorante sulla terrazza di palazzo San Macuto, di proprietà della Camera. Ricavando annualmente da questi punti di ristoro quasi 2 milioni e mezzo di euro.

Fatto sta che a un certo punto, nel settembre del 2006, lo stesso questore forzista della Camera, Francesco Colucci, metteva a verbale che la questione dei contratti del «complesso immobiliare che si affaccia su piazza San Silvestro» era stata «oggetto di un approfondito esame da parte dell'Ufficio di Presidenza», che aveva concluso sulla «opportunità di privilegiare l'acquisizione degli immobili piuttosto che la locazione». «Era ora!» esclamò il leghista Giacomo Stucchi. Le perplessità su «chi» guadagnava nell'affare, però, erano già state avanzate all'epoca del lussuoso contratto, alla fine degli anni Novanta, sotto la presidenza di Luciano Violante. L'allora segretario generale di Montecitorio, Mauro Zampini, proprio non riusciva a capire: «Che senso ha?». E molte perplessità sollevò anche, a nome della Lega, Mimmo Pagliarini.

Sergio Scarpellini, britannicamente, non se la prese. Al punto che anni dopo avrebbe versato alla Lega 75.000 euro di contributi contro i 68.000 regalati ai diessini. Generosità apprezzata? Chissà. Certo è che nel maggio del 2005, quando si trattò di decidere se disdire o meno il contratto per il complesso Marini, anche la Lega superò le ostilità iniziali. Adagiandosi finalmente nel solco tracciato anni prima da Angelo Muzio, il questore anziano della Camera (già Pci, poi rifondarolo e infine dilibertiano...) che davanti a chi storceva il naso disse: «Non sono molti i proprietari di immobili nei dintorni della Camera. Che dovevamo fare? Una gara europea per affittare qualche immobile?».

Ma si figuri, caro onorevole! E così fu tutto deciso a trattativa privata. A un canone complessivo annuo che nel 2006 è salito, come dicevamo, a oltre 36 milioni. Risultato: la scelta di «affittare qualche immobile» (i «Marini» hanno 45.074 metri quadrati) per meno di un ventennio, al canone attuale, ci costerà alla fine un totale di 652.703.728,32 euro. Di cui, appunto, 444 milioni e rotti di sola locazione. Una cifra che, dice il Borsino Immobiliare Confedilizia, avrebbe consentito nel 2006 di comprare nel pieno centro di Roma edifici per oltre 63.000 metri quadrati ristrutturati. O, per fare un paragone, una volta e mezzo ciò che lo Stato italiano e la Ue hanno investito per la più costosa operazione di recupero degli ultimi decenni in Europa, la ristrutturazione (dalle scuderie ai dipinti) della reggia di Venaria Reale, che era ridotta a un rudere ed è più grande di Versailles.

Scriveva nel libro *Tutti gli uomini del Parlamento* Guido Quaranta: «Parecchi senatori rilevano che Fanfani, quando fu per la prima volta presidente dell'assemblea, dal 1968 al 1973, fece mettere una statua di Emilio Greco nel cortile d'onore e un arazzo di Corrado Cagli nel suo studio, ma non trovò indecoroso che molti tavoli per scrivere fossero, addirittura, sparpagliati nei corridoi. Tutti protestano di non avere dattilografe a cui dettare il testo dei loro discorsi (alla Camera sono 5 in tutto quelle a disposizione e possono battere solo le comunicazioni ufficiali) e di non avere nessuno che li aiuti nelle ricerche in biblioteca. "Possiamo contare soltanto sulla buvette e sul ristorante. Il nostro provveditorato ci assegna ogni mese 800 fogli e 800 buste, senza penne e matite", commentano alcuni deputati, amareggiati dal confronto con i 179 colleghi danesi che dispongono di 150 uffici, con quelli belgi, 212, a cui è assicurato un servizio di segreteria per ciascuno, e con i 496 parlamentari della Germania Federale che hanno anche un "assistente", a carico del Bundestag».

Era il 1978. E quei deputati non avevano torto: era difficile far bene il proprio lavoro dovendo cercare un po' di spazio tra i gomiti degli altri intorno a qualche tavolo dove posare il faldone di carte da studiare. Il confronto segnato dall'invidia coi colleghi stranieri, però, oggi fa sorridere. Calcolando soltanto il complesso Marini, che secondo il bilancio della Camera ospita 551 uffici personali, i parlamentari hanno oggi a disposizione oltre 80 metri quadrati pro capite.

Quanto all'assistente, abbiamo già visto qual è l'andazzo.

I bilanci dei palazzi del Palazzo, ecco il punto, sono la prova di come la politica, sia coi governi di destra sia con quelli di sinistra, abbia continuato negli anni a divorare soldi alla faccia delle quotidiane denunce di conti in rosso e dei quotidiani appelli ai cittadini perché tirino la cinghia. Per cominciare, questi palazzi del Palazzo, come fossero stati costruiti con mattoni transgenici, continuano a crescere e si moltiplicano e si sdoppiano e dilagano nel centro di Roma. La mappa aggiornata con nuove bandierine sugli edifici via via «conquistati» dice tutto: Camera e Senato nel 1948 occupavano quattro edifici. Oggi ne hanno una trentina. Vorremmo essere più precisi ma è impossibile: spesso un palazzo, l'abbiamo visto col complesso Marini ma vale anche per quelli di vicolo Valdina, ne ha inglobato un altro e un altro ancora. E il totale ormai, con ogni probabilità, non lo conosce più neanche il Catasto.

Sono talmente tanti che i soli traslochi dall'uno all'altro (ogni volta che un gruppo parlamentare, una commissione o un singolo senatore cambia stanza) sono costati per «facchinaggio» 1.275.000 euro nel 2006, con un «ritocco» di 45.000 euro rispetto al 2005. Come mai l'aumento? Risposta: «Si è dovuta tenere in giusta considerazione la spesa aggiuntiva» dovuta alle «esigenze inevitabili nel corso del cambio di una legislatura». Ovvio. Ma allora perché la Camera, che ha il doppio dei parlamentari, spende per facchinaggio e traslochi meno del Senato (1.255.000 euro) e soprattutto ha fatto segnare un aumento (+20.000 euro) dimezzato? Non hanno cambiato, lì, legislatura?

Misteri. Sui quali non può mettere il naso nessuno. Neppure la Corte dei Conti. Il Parlamento, sensato o spendaccione, è sovrano. Al punto che ogni anno comunica al Tesoro quanto vuole e il Tesoro, anche se la cifra è spropositata, non può che chiedere amichevolmente un po' di sobrietà. Fine. Né può metter becco sui bilanci la dirigenza amministrativa dei due Palazzi. A decidere sono, di fatto, solo deputati e senatori nominati dai partiti (con scelte molto oculate), questori di Camera e Senato. Questori cui è riservato non solo un appartamento ciascuno (non un ufficio: un appartamento) per vivere più agiatamente la loro missione, ma anche l'ultima e insindacabile parola su tutto. Al punto che Mauro Zampini, il segretario generale di Montecitorio, contrario, come dicevamo, alla scelta fatta sul complesso Marini, si rifiutò per anni di partecipare alle riunioni dove avrebbe fatto la parte del due di coppe con briscola a spade.

Eppure, le cose sulle quali la pubblica opinione avrebbe diritto di conoscere i dettagli, sono tante. A partire proprio dagli appartamenti privati dati in dotazione, che per consuetudine spettano non solo ai 2 presidenti (anche se, per esempio, Franco Marini nel suo al Senato non ha dormito mai), ma anche agli 8 vicepresidenti delle due aule parlamentari. Va da sé che uno, alla lunga, ci si adagia. Al punto di predisporre finché è in carica, come Carlo V predispose nei dettagli i propri funerali, anche la futura sistemazione da ex, come ha fatto Pier Ferdinando Casini, che dopo aver lasciato lo scranno più alto di Montecitorio si è sistemato nel punto più panoramico del palazzo, una specie di superattico extralusso.

Dài e dài, però, gli spazi non bastano mai. E così, per uscire dalle ristrettezze dei pochi ettari pro capite, la Camera ha continuato a espandersi e ha speso nel 2006 (oltre ai denari per il complesso Marini) altri 8 milioni in affitti vari. Destinati a salire nel 2007 almeno di 1.300.000 euro. Una somma enorme, alla quale vanno sommati i soldi spesi per le manutenzioni ordinarie: 13 milioni e mezzo. Quanto al Senato, che riesce a spendere in canoni 5.750.000 euro nonostante occupi un sacco di palazzi (dal «Madama» al «Carpegna», dal «Giustiniani» al «Cenci») avuti in uso gratuito dal demanio, era così affamato di metri quadrati che pochi anni fa ha comprato un paio di proprietà, in largo Toniolo e in via dei Chiavari, per 21.692.000 euro. Un affarone, dicono. Fatto sta che Prodi, appena arrivato a Palazzo Chigi, si è ritrovato un conto in più da pagare: una delibera del Cipe (il Comitato interministeriale per la programmazione economica) del 29 marzo (dieci giorni prima del voto che avrebbe sfrattato Silvio Berlusconi) stanziava 69.668.000 euro per i restauri di alcuni palazzi.

Carucci? Ma no, ma no... E poi, se servono davvero, i parlamentari i soldi riescono sempre a trovarli. Al punto che, dopo che la destra aveva rosicchiato un mucchio di euro perfino dall'8 per mille destinato ai poveri del mondo per tappare tra l'altro un buco del «fondo volo» dei piloti Alitalia (!), la maggioranza di sinistra ha fatto un piano triennale per la Camera che prevedeva di spendere 2.520.000 euro per «rinnovamento ascensori», 6 milioni per «rifacimento impianti di condizionamento», 870.000 euro per «smaltimento dei rifiuti speciali» (ulteriore conferma che a Montecitorio c'è talora qualcosa di tossico), 180.000 euro per «dispositivi di protezione individuale» (cioè? Boh...), 3 milioni e passa per la «riqualificazione degli ambienti delle commissioni parlamentari e del palazzo dei Gruppi». Dulcis in fundo: 750.000 euro per la «sostituzione di arredi non ergonomici». Una spesa che in questi tempi di magra, converrete, era assolutamente in-dis-pen-sa-bi-le.

Rossori di imbarazzo? Mai. Quanto alle retromarce, sono rarissime. E solo nei casi in cui, scusate il bisticcio, il troppo è troppo troppo. Come nel caso del tunnel che avrebbe dovuto unire Montecitorio a una delle sue numerose dépendance, il Palazzo Theodoli-Bianchelli su via del Corso. Progetto abolito, non senza sbuffi di esasperazione verso i giornalisti impiccioni, soltanto dopo che era stato svergognato sul «Corriere». Da un palazzo all'altro saranno, a esagerare, cinque passi. Lo stanziamento previsto era di 5.220.000 euro. Un milione di euro a passo. Quasi il triplo di quanto costò a metro l'Eurotunnel sotto la Manica. Che prezzi fanno oggi i muratori, signora mia...

Per non dire degli arredatori. Come quello di fiducia di Berlusconi, Giorgio Pes. Lo adora, il Cavaliere, quel suo devoto servitor d'arredi. Al punto da omaggiarlo nella prefazione del libro *Atmosfere e arredamenti*, con parole che vanno oltre la stima: «Desidero presentarvi l'amico Giorgio Pes che oltre a essere un valentissimo architetto è anche una persona leale, sincera e un gran lavoratore, meticoloso e colto». Lo incrociò la prima volta nei dintorni di Bettino Craxi, ad Hammamet, dove Pes aveva una villa nella Medina affacciata sul mare: «Tra le idee architettoniche, i raffinati oggetti orientali e i reperti romani mi resi subito conto del suo talento e del suo gusto». Ne ritrovò le tracce, racconta, in una villa sul lago di Como, di Marcello Dell'Utri: «Ne rimasi colpito. Erano gli anni Ottanta. Da allora il mio dialogo con lui non si è mai interrotto in un susseguirsi di scambi amicali e culturali». Va da sé che quando diventò presidente del Consiglio nel '94, decise di affidare il restauro di Palazzo Chigi a lui.

Alla vista delle condizioni della sede del governo, infatti, avrebbe raccontato proprio a «Sette» il nostro «interior decorator», il Cavaliere era rimasto inorridito. «Là dentro c'era il peggio del peggio.» Mobili «di cattiva qualità, ottoni da fiera paesana, stupendi affreschi abbinati con parquet a spina di pesce, lampade di plexiglas... E poi lo sporco, il sudiciume, la moquette color topo...». Insomma, pareva che per anni nessuno, a parte Maria Pia Fanfani, si fosse occupato di quel meraviglioso palazzo: «Tenevano ai giochi di potere più che alla cultura. Hanno umiliato i capolavori con l'abbandono, riducendoli come le strade del paese: da vergognarsi. Anche questo è vandalismo». Maria Pia! Maria Pia!

Incaricato di riportare il palazzo agli antichi splendori e di recuperare in giro per il mondo i quadri e i pezzi di antiquariato e gli arazzi che costituivano l'arredamento originale, Pes non trascurò però il premuroso committente. Stando alle interviste dell'epoca, doveva aver letto quanto Sua Emittenza ami specchiarsi («Faccio come zia Marina che ha 80 anni e siccome nessuno le dice che è bella un giorno si è messa davanti allo specchio con un vestito a fiori e si diceva: Marina, cume te se bela!») e riempì la dimora di specchiere, specchiere, specchiere: «Sempre alla ricerca di luce!». Un po' la stessa cosa che gli raccomandava Luchino Visconti che dopo averlo provato in *Boccaccio 70* lo volle per il *Gattopardo*, incaricandolo di ricostruire nei dettagli (perfino la scelta del profumo dei fiori, cinematograficamente non indispensabile) le antiche dimore sicule grondanti di ori e stucchi e stoffe damascate e, in particolare, il celeberrimo salone del ballo.

Alle prese con la sede del governo, scrive dunque il Cavaliere, «Giorgio consultò i testi sulle origini del palazzo e sulle sue successive trasformazioni, approfondì le conoscenze con il principe Mario Chigi e infine si mise all'opera sottoponendomi il suo progetto: far "piazza pulita" di tutte le superfetazioni e di quello che c'era di sbagliato, per dar spazio ai grandi laboratori di restauro di Roma, alle antiche fabbriche di tessuti di San Leucio di Caserta, a patine della tradizione alle pareti, a grandi damaschi, ai colori luminosi di Roma. Ed egli sempre sul posto a controllare la qualità delle esecuzioni in tutti i particolari». Entusiasmo ricambiato: «Il presidente è un leader appassionato e molto innamorato dell'arte».

Soddisfatto, il Cavaliere gli chiese quindi di trovargli una nuova residenza privata romana. Lui gli propose Palazzo Grazioli, che Berlusconi «trovò bello ma triste» venendo però rassicurato: «Sarebbe diventato luminoso e piacevole, pur rispettandone lo stile». Così, dopo avergli chiesto di progettare pure un parlamentino privato, il Sommo Azzurro decise di affidare al suo servitor d'arredi anche parte del patrimonio pubblico, dal Palazzo del Viminale alla Palazzina dell'Algardi da Villa Doria Pamphili a Villa Madama. Fino a commissionargli la messa a punto scenografica (si sa quanto ci tiene: prima del G8 di Genova arrivò a far appendere dei limoni agli alberi che gli sembravano non abbastanza carichi) di alcuni avvenimenti speciali.

Parole dell'Augusto ex premier: «A Pratica di Mare, dove si tenne il vertice Nato-Russia, Giorgio Pes fece venire dai musei di Napoli antiche statue romane, a testimonianza dell'italianità dell'evento. A Bruxelles, per il semestre europeo di presidenza italiana, c'era da confrontarsi con l'architettura moderna del Palazzo Justus Lipsius, sede del Consiglio europeo, i cui interni, tra decori, spot a cilindro e colori forti e dissonanti, ci ponevano dinnanzi a una sfida non certo facile. Pes ricorse all'originale invenzione di apporre delle tele grezze lungo i percorsi di rappresentanza e all'interno delle sale principali al fine di consentire la collocazione di statue dell'antica Roma. Infine a Roma, al Campidoglio per la firma della Costituzione europea, nelle sale di Michelangelo ci confrontammo ancora una volta con la storia dell'arte». Lì, grazie a Dio, le statue romane c'erano già.

Quanto siano costati questi restyling, nella prima e nella seconda delle «ere berlusconiane», non è chiaro. Ma alla nuova «padrona di casa», Flavia Prodi, l'appartamento a Palazzo Chigi non piacque per niente: «È un posto che toglie il fiato» disse. Spiegando che tra marmi, arazzi e stucchi «sembra una prefettura». Al punto che lei, donna pratica, preferiva quello di Bruxelles «arredato con mobili Ikea». Amen: il fatto è fatto. In ogni caso, se anche avesse voluto dare una sistematina, non c'era più un centesimo: le gestioni dei cinque anni del Cavaliere, dal 2001 al 2005, dai fiori al catering, dalla tappezzeria alle tende, erano costate infatti ai cittadini italiani una tombola: 1.143.877 euro. Risultato: nel bilancio 2006, al capitolo 185 («Spese di varia natura relative alla conduzione degli alloggi e alle esigenze istituzionali del presidente del Consiglio dei ministri e delle autorità politiche aventi sede a Palazzo Chigi») c'era scritto: 0,0. Detta alla romana: zero carbonella. Problemi ai battiscopa? Prego pazientare.

Ma è meglio allargare la prospettiva: Palazzo Chigi, cornice di tutti i ministeri senza portafoglio, dalla Funzione pubblica ai Rapporti col Parlamento, è in realtà un arcipelago di palazzi. Ce ne sono 15 nel centro di Roma più un deposito a Ciampino più l'autoparco al quartiere Portuense dove stanno le 115 autoblu di cui diremo. Certo, dall'alto dei suoi sette governi Giulio Andreotti ha buoni motivi per abbozzare una risatina. Quando cominciò a bazzicare la presidenza del Consiglio come sottosegretario, nel 1947, il governo non aveva neppure una casa tutta sua: «A Palazzo Chigi stavano gli Esteri e noi dividevamo il Viminale con gli Interni. Quali edifici avevamo? Fatemi pensare... Forse non ne avevamo manco uno».

Per carità, era un'altra Italia. Ma è mai possibile che la popolazione da allora sia aumentata di circa il 20% e il cuore operativo dello Stato si sia dilatato così smisuratamente? È normale che le due Camere più la presidenza del Consiglio occupino insieme almeno 46 edifici? E meno male che il «complesso Palazzo Chigi», per numero di immobili se non di metri quadrati, si è ridotto: nel 2001 erano 24. Dei quali 17 in affitto. Spesso a cifre da capogiro. Come Palazzo Sciarra, che apparteneva alla

Banca di Roma ed era un tale affare per l'istituto che quando la presidenza decise di dare la disdetta finì quasi in un contenzioso. Totale delle spese di affitto: 27.343.564 euro. Oltre 50 miliardi di lire. Uno spreco tale da obbligare a una scelta: ridurre gli uffici o comprare nuovi palazzi. Si scelse, ovvio, di comprarne di nuovi. A partire da un pezzo della Galleria Colonna, a pochi passi da Palazzo Chigi. Un investimento massiccio: 4500 euro al metro quadrato. Ma fortunato, dicono: oggi vale il doppio. Fatto sta che la presidenza spese quasi 34 milioni di euro. Ai quali, stando ai bilanci che però non sono chiarissimi, fu necessario aggiungerne altri 7 e mezzo per opere di ristrutturazione e manutenzione straordinaria.

Era solo l'inizio. L'anno dopo, Palazzo Chigi si allargava ancora comprando (25,3 milioni di euro) un altro immobile in via della Mercede. Dove avrebbe speso, per risanarlo, sistemarlo e adattarlo alle nuove esigenze, altri 16 milioni. Con grandi brindisi, c'è da supporre, di imprese edili, falegnami, elettricisti, idraulici. Impegnati anche l'anno successivo, un po' qua e un po' là, in lavori di ristrutturazione e manutenzione straordinaria per altri 26,5 milioni di euro, saliti nel 2004 a 30 milioni con una coda nel 2005 di ulteriori 16,1 milioni. Facciamo le somme? Il salasso degli affitti si è drasticamente ridotto da 27 e passa milioni a poco più di 10. Il conto finale, però, è salato: dal 2001 al 2005 la presidenza del Consiglio ha speso 60 milioni di euro per acquistare immobili e 96 per restauri, aggiustamenti e manutenzioni varie. Totale: 156 milioni di euro.

Ai quali vanno aggiunti i costi per la manutenzione ordinaria e la cura dei giardini, che negli stessi anni sono raddoppiati schizzando a 11.750.600 euro. Un'enormità. Più le altre «spese di casa»: 5 milioni e mezzo (quasi uno in più rispetto al primo anno della legislatura «azzurra») per l'acqua, la luce, il gas, il telefono e la spazzatura. Quasi 4 per le pulizie e lo «smaltimento dei rifiuti speciali». Addirittura 1.663.000 euro (con un rincaro del 35% sul 2001) per «facchinaggio e trasporto beni mobili». Fatevi due conti: se il trasloco di un bell'appartamento costa sui 2000 euro è come se a Palazzo Chigi facessero due traslochi al giorno.

Quanto allo staff, ricordate cosa scrisse dell'attivismo del Cavaliere un estasiato cronista del «Giornale» di famiglia? «Berlusconi tiene ritmi insostenibili: nell'arco di poche ore studia leggi e bilanci dello Stato, scrive articoli e discorsi, confronta modelli econometrici di stampo opposto fra loro per verificare l'impatto delle sue idee nella legislazione italiana, lavora ai programmi e alla sua squadra di governo...». Di più: «Segreterie e collaboratori si alternano, con diversi turni, mentre il Cavaliere sembra l'omino delle pile Duracell. Chi scrive riesce a stento a girare lo zucchero nella tazzina del caffè, nello stesso tempo in cui il presidente fa almeno tre cose».

Pareva una lisciatina, invece era un programma. Lo dicono i bilanci: nel 2005 le spese per «gli addetti alle segreterie particolari del presidente, del vicepresidente e dei sottosegretari di Stato estranei alla pubblica amministrazione» (insomma, le persone di fiducia portate da fuori) più quelle per il «trattamento economico accessorio per gli addetti agli uffici di diretta collaborazione del presidente, dei vicepresidenti e dei sottosegretari», hanno sfondato gli 11 milioni di euro. Con un aumento reale rispetto al primo anno «azzurro», del 186%. Per capirci: sul bilancio del 2005 le buste paga dei collaboratori stretti della presidenza hanno pesato quasi il doppio dello stanziamento attraverso la Protezione Civile per lo Tsunami in Estremo Oriente.

Ed «Euroscena»? Come dimenticare la magica stagione della società televisiva prediletta dal Cavaliere? Fondata venti anni fa «su imprescindibili valori cristiani», come è scritto nel sito, è arrivata a produrre un po' di tutto. Compreso il programma forse più volgare mai visto, quel *Distraction* dove spiccava il gioco in cui tre concorrenti spiritati, inforcati occhiali dalle lenti spessissime che facevano loro vedere tutto sfocato, dovevano recuperare ciascuno la propria coccarda adesiva appiccicata sul corpo di sventurati esibizionisti completamente nudi che, pur di apparire in tivù, avevano accettato di togliersi pancere, reggipetti e mutande e di lasciarsi palpeggiare sotto le telecamere poppe e natiche, schiene e cosce. Roba che, a proposito degli «imprescindibili valori cristiani», avrebbe lasciato papa Ratzinger un po' perplesso.

Bene: fino al Duemila «Euroscena» fatturava 2 milioni e mezzo di euro. Un andazzo così così... Poi, proprio negli anni di vacche magre, eccola salire su, su, su fino a 16 milioni e passa. Wow! Merito del prodigioso amministratore unico Davide Medici e cioè d'un ignoto ventiduenne? No, della Provvidenza, spiegava in un'intervista il socio di maggioranza Luigi Sciò: «Ho tanta fede nella Provvidenza». Che nel suo caso, dicono i maligni, era bassotta, aveva i capelli trapiantati, la pelle liftata e un sorriso panoramico: Silvio Berlusconi. Che per Sciò è «una persona amica», uno «che ha dato moltissimo alla televisione», un «grandissimo imprenditore», un «uomo veramente straordinario con una famiglia straordinaria».

Una stima agiografica ma ricambiata. Convinto che «Euroscena» sia il top, l'allora premier le delegò infatti non solo la confezione dei filmati propri (dal vertice di Pratica di Mare al decennale di Forza Italia, poi smistati alla Rai con relative polemiche) ma anche quelli del successore. Dopo una gara «informale» («motivi di segretezza»: *sic!*) fatta poco prima di sgomberare da Palazzo Chigi ma con un contratto che sarebbe scattato il 19 maggio del 2006 e cioè sei settimane dopo le elezioni, affidò alla società una serie di appalti a partire dal confezionamento tivù dei grandi eventi per tre anni a venire. Cosa che al nuovo governo non è piaciuta affatto.

Tanto più che, appena insediato, Romano Prodi si è visto arrivare le fatture per tre avvenimenti «extra-canone» che avevano magnificato il predecessore. 1) La cerimonia per l'anniversario del volontariato civile. 2) L'udienza agli atleti paraolimpici a Villa Madama. 3) La cena a Villa Miani con gli esponenti del Partito popolare europeo venuti alla vigilia delle elezioni a spalleggiare il centrodestra.

«Perché dobbiamo pagare noi, coi soldi dei cittadini, uno spot promozionale privato e partitico?» si chiese il Professore. Tanto più che la fattura, per i tre servizi, era di 334.316 euro. Più di centomila a botta. Troppi, meglio cambiare. Macché: il contratto era blindato. E così a Palazzo Chigi qualcosa del Cavaliere è rimasto: i suoi cameraman preferiti.

3

Quattro regine al prezzo d'un Napolitano

Costi segreti al Quirinale, on-line a Buckingham Palace

Giorgio Napolitano non ha mai messo i cappellini della regina Elisabetta. Dio lo benedica. Non ha un marito gaffeur come il principe Filippo che a una donna cieca col cane guida che vedeva per lei disse: «Lo sa cara che ci sono cani che mangiano per le anoressiche?». E Dio lo benedica. Preferisce i babà del caffè Gambrinus alle *cakes* di patate, frutta secca e pancetta affumicata. E Dio lo benedica. Sulla trasparenza, però, Dio salvi la regina. La quale ha messo on-line tutti i suoi conti: tutti. Precisando quanto spende per questo e quanto spende per quello fin nei dettagli. Fino all'ultimo centesimo.

Da noi no: segreto. Il bilancio del Quirinale è vietato ai cittadini. Avevamo chiesto, seguendo l'iter che ci era stato suggerito, poche, banali, innocenti informazioni. Chi ha diritto all'appartamento di servizio? Quante sono le autoblu? Quanto costano i viaggi in Italia e le missioni all'estero? Come funziona il trattamento pensionistico? Quali sono le spese per il mantenimento del Palazzo? Cose così...

Niente da fare. O meglio, alcuni dati generici il Colle li ha dati. Per la prima volta, come se volesse farsi britannicamente carico dei nomignoli di «Sir George» e di «Lord Carrington» che si trascina da una vita, il presidente ha deciso, nel gennaio del 2007, di render note le «fondamentali scelte contenute nel bilancio interno». Dando anche qualche dettaglio, come il numero dei corazzieri, salito dai tradizionali 274 a 297. Evviva! Ed evviva l'impegno, preso solennemente, di ridurre i costi della macchina «al fine di contribuire ancor più incisivamente al generale risanamento dei conti pubblici e di contenere la dinamica della spesa». Di più: evviva perfino per il ritocco (un milione di euro in meno) rispetto alle previsioni contenute nel bilancio pluriennale 2006-2008. Un taglio simbolico ma vabbè, chi si contenta gode.

La fitta coltre di nebbia sui costi della presidenza, però, è stata appena scalfita. Certo, «Sir George» ha annunciato la nascita di due «apposite commissioni di studio» e rivendicato la decisione di «autorizzare forme di pubblicità delle scelte fondamentali contenute nel bilancio interno». Ma solo sulle voci «compatibili con la riservatezza che caratterizza, in base alla prassi costantemente seguita dal 1948 a oggi, una documentazione contabile sottratta a controlli esterni, in forza dell'autonomia organizzativa riconosciuta all'organo costituzionale della presidenza della Repubblica dalla Costituzione e dalla legge 9 agosto 1948, n. 1077, istitutiva del segretariato generale, come affermato dalla Corte costituzionale e dalla dottrina». Insomma: chi si aspetta la trasparenza vera può aspettare. E per un pezzo.

Per carità, Napolitano non è il primo a fare questa scelta. Anzi, ci tiene a dire che lui vorrebbe aprire di più ma sarebbe indelicato verso i predecessori diffondere dati che per il 2006 lo riguardano solo in parte e che in passato erano stati blindati. Sempre. Anche sotto la presidenza di un vecchio partigiano estroso come Sandro Pertini, di una specie di bombarolo istituzionale quale fu Francesco Cossiga, di un gentiluomo con la fissa delle regole come Oscar Luigi Scalfaro o di un fedelissimo servitore dello Stato quale Carlo Azeglio Ciampi. Sempre.

Questione di cultura. Secolare. Di là, in Inghilterra, re Giorgio III decise che i proventi dei beni ereditari della monarchia venissero ceduti al Tesoro in cambio di un appannaggio annuale detto della «Civil List», addirittura nel 1760: trent'anni prima della Rivoluzione francese. Di qua il palazzo voluto nel 1580 da papa Gregorio XIII (l'esaltatore dello spaventoso Massacro del giorno di San Bartolomeo) è sempre stato abitato da inquilini riottosi all'idea di rendere conto a qualcuno: prima una trentina di papi, poi quattro re d'Italia, compreso l'ultimo, Umberto di Savoia. Il quale dopo il referendum su monarchia e repubblica, racconta Ceccarelli ne *Lo stomaco della Repubblica*, abbandona l'ex reggia con le dispense così «desolatamente vuote» che «per pagare i debiti occorre impegnare l'intero raccolto di pinoli della tenuta di San Rossore». Prima di sbaraccare, la corte savoiarda lascia «ai nuovi inquilini del Palazzo solo un pacchetto: "È un'ottima miscela di caffè Moka-San Domingo, che fu acquistato alla borsa nera esclusivamente per Sua Maestà. Ecco, Vostra Eccellenza può consumarlo, se crede, alla salute del sovrano"».

Tempi duri. Ma quando già le dispense avevano ripreso a riempirsi, restò a lungo l'idea che occorresse sobrietà. Un episodio raccontato da Ennio Flaiano dice tutto. Al Quirinale c'era Luigi Einaudi, che un giorno invitò a pranzo un gruppetto di giornalisti e intellettuali, tra i quali appunto l'autore di *Tempo di uccidere*. Alla frutta, «il maggiordomo recò un enorme vassoio del tipo che i manieristi olandesi e poi i napoletani dipingevano due secoli fa: c'era di tutto eccetto il melone spaccato. E, tra quei frutti, delle pere molto grandi. Einaudi guardò un po' sorpreso tanta botanica, poi sospirò: "Io" disse "prenderei una pera, ma sono troppo grandi, c'è nessuno che vuole dividerne una con me?"». Il maggiordomo si fece rosso, ricorda ancora Ceccarelli, e anche Flaiano restò un attimo interdetto. Finché alzò la mano: «Io...». «Qui finiscono i miei ricordi sul presidente Einaudi» annoterà poi lo scrittore. Chiosando: «Qualche anno dopo saliva alla presidenza un altro e il resto è noto. Cominciava per l'Italia la repubblica delle pere indivise».

Pere d'oro. Ma per capire occorre davvero partire dal confronto con la monarchia. Si potrebbe maramaldeggiare ricordando la proverbiale sobrietà dei «monarchi in bicicletta» del Nord Europa o l'austerità di un re Baldovino che in tutta la sua vita non diede mai un ballo e visse e lavorò, come oggi il fratello Alberto, in palazzi di proprietà dello Stato belga. Troppo facile. Meglio il confronto con una monarchia spesso messa in croce dai media locali con l'accusa di essere spendacciona: quella inglese. Dicono i bilanci ufficiali che il Crown Estate, cioè il complesso dei beni immobiliari che appartengono alla Corona britannica ma sono gestiti dallo Stato, rendono immensamente più di quanto lo Stato versi alla casa regnante per svolgere la sua attività istituzionale. I contribuenti, insomma, ci guadagnano: nel 2006 hanno incassato dal Crown Estate 290 milioni di euro e ne hanno dati alla regina meno di 57. Ripartiti in tre pacchetti. La Civil List, che viene fissata ogni dieci anni e va a coprire gran parte delle spese, dallo staff alla rappresentanza; il contributo statale («Grant in aid for the maintenance...») per il mantenimento delle residenze reali, e il fondo per i viaggi di Stato. Tutto pubblico, su internet: www.royal.gov.uk/output/page3954.asp. Con 33 pagine ricche di dettagli sulle tabelle entrate-uscite dedicate alla prima voce, 54 alle residenze, 33 ai viaggi.

Sei un cittadino? Hai diritto di sapere che i dipendenti a tempo indeterminato a carico della Civil List alla fine del 2005 erano 310, cioè 3 in più rispetto all'anno prima. Che la regina ha avuto regali ufficiali per 152.000 euro. Che nelle cantine reali sono stoccati vini e liquori «in ordine di annata», per un valore stimato in 608.000 euro. Che le uniformi del personale sono costate 152.000 euro e «catering e ospitalità» 1.520.000. Che sul volo di Stato numero tale, il giorno tale, in viaggio da qui a lì c'erano i passeggeri Tizio, Caio e Sempronio.

La convinzione democratica che chi sta ai vertici del potere abbia il dovere (non la facoltà: il dovere) di rendere conto del pubblico denaro è talmente radicata che una tabellina indica, con nome e cognome, lo stipendio dei massimi dirigenti. Sappiamo quindi che la busta paga di Lord Chamberlain (Richard Luce fino all'11 ottobre del 2006, poi William Peel) è stata di 97.000 euro, quella del segretario particolare della regina Robin Janvrin di 253.000, quella del responsabile del Portafoglio privato Alain Reid di 276.000, quella del Maestro di Casa David Walker 191.000 euro.

E da noi? Boh... Fu solo grazie a un'interrogazione parlamentare di Filippo Mancuso, l'ex ministro della Giustizia ricco di entrature nei gangli più impenetrabili della macchina statale, che nel 1995 finì nel mirino lo stipendio di Gaetano Gifuni. Il mitico «Parolina» (chiamato così perché era talmente riservato da apparire muto e parlava solo chinandosi nei momenti delicati alla basettona asburgica di Oscar Luigi Scalfaro per sussurrargli all'orecchio: «Preside', se permettete 'na parolina...») cumulava allora due introiti favolosi. Lo stipendio di segretario generale del Colle e la pensione di ex segretario generale del Senato. Totale: 45 milioni di lire al mese. Netti. Per 15 mensilità. Lui smentì. Tre giorni dopo saltò fuori la dichiarazione dei redditi del 1993, primo anno in cui aveva cumulato le due entrate. Il reddito era inferiore a quello denunciato da Mancuso ma niente male: 799.483.000 lire. In valuta attuale, 557.000 euro. Molti di più di quelli che prendeva il capo dello Stato.

Non bastasse, «L'espresso» pubblicò allora un elenco dei benefit del Grand(issimo) Commis: una villa nella tenuta di Castelporziano (dove anche altri dirigenti hanno a disposizione cottage) più un faraonico appartamento di 500 metri quadrati un tempo abitato dal ministro della Real Casa più un maggiordomo, una guardarobiera, un cuoco, una domestica e un autista. Ormai avviato verso la pensione, ricevette da Carlo Azeglio Ciampi l'ultimo dono: la nomina a segretario generale onorario, un ruolo fino a quel momento, per quel che se ne sa, inesistente. Con ufficio personale a Palazzo Sant'Andrea, già sede del ministero della Real Casa, di fronte alla Manica Lunga del Quirinale. Con segreterie, assistenti, autisti? Boh... Segreto.

Certo è che i costi, stando all'unica fonte a disposizione (la comunicazione annuale con cui il Quirinale informa il governo di aver bisogno di «tot soldi» senza spiegare nulla su come vengano spesi) hanno continuato inesorabilmente a lievitare senza che mai sia stato segnalato un taglio e senza che mai sia stata fornita una risposta alle richieste di aggiornamento dei dati conosciuti e mai smentiti. Ci sono ancora 71 alloggi a disposizione dei massimi dirigenti e dei collaboratori più stretti? I cavalli della ex Guardia del re sono ancora 60? Di quanto sono cresciuti i pensionati che nel 1998, ai tempi di una spietata radiografia di Stefano Romita sul «Mondo», erano già 896? Chi viene assunto è benedetto anche oggi dal dono di 4 anni d'anzianità convenzionale per andarsene poi a fine carriera (molto prima di tutti gli altri dipendenti pubblici) col 100% dell'ultimo stipendio, come segnalava nel 2000 (5 anni dopo la riforma Dini) un'inchiesta dell'«Espresso»? Ci sono ancora 2 ausiliari che come unico lavoro controllano gli orologi a pendolo?

Segreto. Mentre dall'altra parte, in Inghilterra, la regina ha deciso di fornire ai cittadini non solo tutti i particolari del bilancio ma di far certificare questo bilancio dalla Kpmg. Ve l'immaginate il Quirinale che si abbassa (che umiliazione! che umiliazione!) al pari di una qualsiasi monarchia inglese ad affidare i conti a una società di revisori? L'idea di trasparenza è tale, lassù, che tra i resoconti c'è un capitoletto: «Politiche per il personale». Vi si spiega che «la Casa reale è impegnata a rispettare le pari opportunità e tutte le nomine e le promozioni sono effettuate seguendo il criterio del merito». Si aggiunge che le selezioni del personale avvengono con pubblico reclutamento e «avvisi pubblicati sui giornali nazionali e specialistici e su internet». E si precisa che «tutto il personale è sottoposto annualmente a una valutazione delle performance anche per identificare le opportunità di carriera individuali e le necessità formative». Un riesame l'anno. Senza che i sindacati strillino contro la ferocia padronale della regina.

Altra cultura. Un giorno di qualche anno fa, per dire, il governo inglese si accorse che la Civil List aveva calcolato un'inflazione (7,5%) più alta di quella poi effettivamente registrata, col risultato che la famiglia reale aveva ricevuto 45 milioni di euro in più. Bene: Tony Blair e il cancelliere dello Scacchiere Gordon Brown, come riportarono tutti i giornali, decisero il congelamento dell'appannaggio per andare al recupero dei soldi.

Invitata a «dimagrire», Elisabetta II ha preso l'impegno molto sul serio. Taglia di qua e taglia di là, per fare un solo esempio, a Buckingham Palace ci sono oggi 6 centralinisti a tempo pieno. La metà dei soli centralinisti del Comune di Catania processati anni fa dalla Corte dei Conti perché si spacciavano per ciechi. La metà dei centralinisti assunti dalla Asl di Frosinone nella sola tornata del dicembre del 2002. Un quinto dei centralinisti non vedenti richiesti con un concorso bandito nel 2004, dice un documento parlamentare, dalla sola Università di Palermo.

Ma è tutto l'organico a essere stato ridotto all'osso. Per mandare avanti non solo Buckingham Palace ma anche una serie di residenze (Kensington Palace, Saint James Palace, Clarence House e Marlborough House, Hampton Court, il castello e il parco di Windsor) nel 1995 la monarchia aveva, spiegò un minuzioso reportage di Gabriele Pantucci sul «Mondo» sulla base del primo bilancio integralmente pubblico sulle spese della monarchia, circa mille persone: «Cifra che comprende oltre al personale dipendente anche la polizia e le forze armate assegnate per la sicurezza della regina». Al mantenimento dei palazzi, visitati ogni anno da quasi 2 milioni di turisti paganti, provvedevano allora 176 addetti. Lo stesso direttore amministrativo Michael Peat, spiegava il rapporto, era part-time. Metà dello stipendio glielo pagava la Civil List, metà il fondo per il mantenimento del patrimonio immobiliare reale. Stipendio complessivo: poco più dell'equivalente di 110.000 euro. Più «un incentivo, basato sul rendimento, di 6500 sterline all'anno, ma sono al lordo della somma di 11.159 sterline dedotte per l'alloggio».

Una decina di anni dopo, stando ai bilanci, il personale è stato, sia pur di poco, ulteriormente ridotto. Un esempio? Gli operai (falegnami, tappezzieri, orologiai...) impegnati nelle manutenzioni di Buckingham Palace sono in tutto 15, compreso il supervisore. Va da sé che la situazione finanziaria è letteralmente rifiorita. Nell'anno fiscale chiuso al 31 marzo del 2006, la Corona è costata in tutto, come dicevamo, 56.800.000 euro: 17 per la Civil List, meno di 22 per la gestione dei palazzi, 8 per i viaggi, 750.000 euro per «informazione e comunicazione» e cose varie come i 600.000 euro di provvidenze per gli impegni ufficiali del duca di Edimburgo. Riassunto: nel 1991-1992 la spesa pubblica per la Corona era di 132 milioni di euro, oggi è sotto i 57 milioni. Un taglio radicale.

E il Quirinale? Sul «tesoro della Corona» è meglio stare alla larga dai paragoni: di là entrano, dal Crown Estate, 290 milioni di euro e di qua un milione, diceva un'inchiesta di Denise Pardo sull'«Espresso» del 2000, dalla vendita dei pinoli di Castelporziano. I pinoli! Ma anche gli altri paragoni sono umilianti. Negli ultimi anni, una sola voce è rimasta uguale: la busta paga del capo dello Stato. Che a partire da Enrico De Nicola, che come dicevamo non toccava gli 11 milioni di lire l'anno di indennità, è ancora praticamente la stessa. Anzi: è spesso rimasta bloccata in tempi di inflazione finendo per ridursi in termini reali fino a imporre nuovi adeguamenti all'insù. Fatti i calcoli in euro attuali, Luigi Einaudi ne prendeva 184.960 nel 1948, Giuseppe Saragat 254.662 nel 1965, Francesco Cossiga 210.435 nel 1985 e 185.076 a fine mandato nel 1992, Oscar Luigi Scalfaro 210.770 nel 1996, quando chiese e ottenne di pagare l'Irpef come tutti gli italiani, a partire dal 1° gennaio del 1997. Insomma: variazioni molto contenute, in un'Italia sempre più benestante. Finché Carlo Azeglio Ciampi scelse di non adeguare mai, nei suoi sette anni, i propri emolumenti. Rimasti fissi a 218.407 euro.

Anche Giorgio Napolitano sta lì: a 218.407. Un 10% abbondante sotto l'indennità di Saragat. Intorno a lui, però, il Palazzo si è gonfiato e gonfiato e gonfiato negli anni senza che neppure Ciampi, che del risanamento dei conti pubblici e della sobrietà aveva fatto una ragione di vita (il villino a Santa Severa, i giri in bicicletta, le foto ai remi sul pattino...) riuscisse a fare argine.

Eppure il nostro amatissimo Carlo Azeglio, già nel febbraio del 2001, aveva sotto gli occhi una fotografia nitida della situazione. Il rapporto del comitato che lui stesso aveva voluto subito dopo l'insediamento e guidato da Sabino Cassese. Le 49 pagine, allegati compresi, non furono mai rese note. E si capisce: le conclusioni, fra le righe, non erano lusinghiere. Nonostante i paragoni non fossero fatti con la monarchia inglese ma con la presidenza francese e quella tedesca.

Al 31 agosto del 2000 il personale in servizio da noi era composto da 931 dipendenti diretti più 928 altrui avuti per «distacco», per un totale di 1859 addetti. Tra i quali i soliti 274 corazzieri, 254 carabinieri (di cui 109 in servizio a Castelporziano!), 213 poliziotti, 77 finanzieri (64 della Tenenza di Torvajanica, che è davanti alla tenuta presidenziale sul mare sotto Ostia, e 14 della Legione Capo Posillipo), 21 vigili urbani e 16 guardie forestali, ancora a Castelporziano.

Numeri sbalorditivi. Il solo gabinetto di Gaetano Gifuni era composto da 63 persone. Il servizio Tenute e Giardini da 115, fra cui 29 giardinieri (14 al Quirinale, 8 a Castelporziano e 7 nella napoletana Villa Rosebery) e 46 addetti a varie mansioni. Quanto ai famosi 15 *craftsmen* di Elisabetta II, artigiani vari impegnati nella manutenzione dei palazzi reali, al Quirinale erano allora 59 tra i quali 6 restauratrici al laboratorio degli arazzi, 30 operai, 6 tappezzieri, 2 orologiai, 3 ebanisti e 2 doratori. L'accettazione, il recapito e la distribuzione della corrispondenza a mano richiedevano 14 persone. Nell'autorimessa c'erano 45 (quarantacinque!) autisti. In cucina, 37 persone di cui 11 cuochi e 26 camerieri.

Nel rapporto si sottolineava che la presidenza tedesca, dai compiti istituzionali simili, aveva dimensioni molto più contenute: 50 addetti alle tre direzioni organizzative, 100 ai servizi logistici e di supporto e 10 agli uffici degli ex presidenti. Totale: 160. Cioè 29 in meno dei soli addetti alla sicurezza della tenuta di Castelporziano. Quanto all'Eliseo, il confronto era almeno altrettanto imbarazzante: nonostante il presidente francese abbia poteri infinitamente superiori a quello italiano, aveva allora (compresi 388 militari) 923 dipendenti. La metà del Quirinale. E infatti costava pure quasi la metà: 86 milioni e mezzo di euro in valuta attuale, contro 152 e mezzo. Per non dire del confronto, umiliante, con la presidenza tedesca che sulle casse pubbliche pesava per 18 milioni e mezzo di euro: un ottavo della nostra.

Facciamola corta: nel 2001 era già tutto chiaro. La commissione Cassese suggeriva che c'erano funzioni che potevano benissimo essere appaltate all'esterno, dalla lavanderia alla legatoria, dal restauro degli arazzi alla tipografia fino all'officina meccanica. Denunciava la sovrapposizione di funzioni o l'assurdità che l'ufficio del consigliere militare fosse oberato da «pratiche amministrative derivanti da istanze di privati» (raccomandazioni?) che spesso non avevano «un'attinenza stretta con le funzioni di carattere giuridico e militare». Spiegava che da troppo tempo la definizione degli organici era avvenuta «in modo incrementale», cioè gonfiando sempre più il personale senza alcuna trasparenza. Al punto che l'ultimo concorso per assumere gente (quei concorsi che in Gran Bretagna vengono pubblicizzati sui giornali) era stato bandito addirittura da Antonio Segni nel 1963. Quando era ancora vivo Winston Churchill.

Eppure, dopo quella denuncia interna sull'elefantiasi della struttura, non solo sono aumentati perfino i corazzieri ma il personale di ruolo è salito a 987 persone, di cui 84 nella carriera direttiva, 124 in quella di concetto, 228 in quella esecutiva e 51 ausiliari. Più 85 collaboratori a tempo pieno e a vario titolo del presidente, 38 civili e 47 militari (di cui 40 «addetti all'ufficio del consigliere per gli Affari militari e alla segreteria del consiglio supremo di Difesa») più 23 unità a contratto. Totale: 1072 persone. Cioè 182 in più rispetto a quelli che, stando a una risposta in Parlamento a una interrogazione di Raffaele Costa da parte dell'allora ministro Giorgio Bogi, c'erano nel '98.

E ancora più marcato è stato l'aumento sul versante del «personale militare e delle forze di polizia distaccato per esigenze di sicurezza del presidente e dei compendi»: poliziotti, carabinieri e uomini di scorta vari sono 1086. Cioè 382 in più rispetto a dieci anni fa. Con un balzo del 54%. Fatte le somme: nelle tre sedi rimaste in dotazione alla presidenza dopo la cessione alla Regione Toscana della tenuta di San Rossore, e cioè il Colle, Castelporziano e Villa Rosebery a Napoli, lavorano oggi 2158 persone. Il doppio, come abbiamo visto, di quelle impiegate dalla corte inglese o dall'Eliseo. Ben 299 più di quelli fotografati da Cassese. Addirittura 564 più che nel 1998. Con un aumento del 35%.

Va da sé che il costo del personale assorbe il 57,3% del bilancio. Mentre un altro 30,3% se ne va nelle pensioni di quanti sono usciti approfittando delle condizioni qua e là strepitose di cui scrivevamo. Insomma, gli stipendi «pesano» per 134.655.000 euro. Più almeno altri 27 milioni e mezzo di euro pagati da altre casse statali al migliaio di uomini distaccati per la sicurezza (25.000 euro lordi di stipendio base, secondo stime sindacali, cui va sommata l'indennità quirinalizia) col risultato che il solo personale costa oltre 160 milioni di euro. Pari, grossolanamente, a una busta paga lorda pro capite di oltre 74.000 euro. Il doppio dello stipendio di uno statale medio. E il doppio di un dipendente della regina.

I numeri più ustionanti, tuttavia, sono quelli assoluti. La «macchina» del Quirinale costava nel 1997 «solo» 117.235.000

euro. Dieci anni dopo costa 224 milioni (più altri 11 che arrivano al Colle da «entrate proprie quali gli interessi attivi sui depositi e le ritenute previdenziali»). Un'impennata del 91%. Si dirà: c'è stata l'inflazione. Giusto. Fatta la tara, però, l'aumento netto resta del 61%. Per non dire del paragone con vent'anni fa. Sapete quanto costava la presidenza della Repubblica nel 1986? In valuta attuale meno di 73 milioni e mezzo di euro. Il che significa che in vent'anni la spesa reale, depurata dall'inflazione, è triplicata. Mentre lassù in Gran Bretagna veniva più che dimezzata. Col risultato che oggi Buckingam Palace costa un quarto del Quirinale. È tirchia Elisabetta II o sono spendaccioni al Colle?

4

Prodigi: in volo 37 ore al giorno

Da Berlusconi a Bertinotti, tutti via con gli aerei di Stato

«Sevve un passaggio, cavo?» Era la sera del 20 settembre del 2006 e Fausto Bertinotti scivolava tra principi e marchesine, finanzieri e matrone grondanti di gioielli che affollavano la residenza in rue de Varenne di Ludovico Ortona, il nostro ambasciatore a Parigi, con la scioltezza disinvolta di chi non ha fatto altro in vita sua. Certo, el Giuan e gli altri compagni «casciavit» dell'adolescenza avrebbero faticato a riconoscerlo. Che ci faceva, lo storico segretario di Rifondazione comunista che dedicò l'elezione a presidente della Camera «alle opevaie e agli opevai», in mezzo a quello sfarfallio di mondanità europea riunita per festeggiare le future nozze di Clotilde d'Urso, nipote del banchiere Mario, con Arthur de Kersauson de Pennendreff, la cui famiglia è nella storia di Francia dai tempi in cui un antenato guidò la flotta di San Luigi alle Crociate?

Se glielo avessero chiesto, avrebbero ottenuto la risposta che il «subcomandante Fausto» diede dopo essere stato avvistato perfino a un «pigiama party»: «Vado nei salotti come vado nelle piazze o in Parlamento: per affermare ovunque il diritto all'alterità della sinistra antagonista». Ovunque. Al punto che per portare nel mondo la sua alterità antagonista e sventolare la bandiera degli emarginati e dei derelitti a tutti i cocktail e i gran galà, i ricevimenti e le cene esclusive, si è subito rassegnato ai confortevoli aerei di Stato. Come quello usato appunto per andare alla festa privata parigina di Clotilde e Arthur. Con spirito da compagno, però. Gli operai da bravi comunisti spartiscono la «schisceta»? Lui da bravo comunista si offriva di spartire le poltroncine con chi volesse uno strappo per tornare a Roma: «Sevve un passaggio, cavo?». Il tutto in gioiosa continuità coi «viaggi blu» del governo delle destre.

Prendete cinque Boeing 737 come quelli della Ryanair da 150 passeggeri e fateli volare da Roma a Londra andata e ritorno. Tutti i giorni, Natale e Capodanno compresi. Oppure affittate otto jet privati «long range» come i Gulfstream V da 18 passeggeri sulla rotta Roma-Madrid e ritorno. Tutti i giorni, Natale e Capodanno compresi. Oppure prendete a nolo tredici aerotaxi Hawker 800Xp da nove passeggeri e spediteli da Roma a Parigi e ritorno. Tutti i giorni, Natale e Capodanno compresi. E fate insomma tutte le ipotesi che volete ma i conti non torneranno mai: come diavolo ha fatto Palazzo Chigi, nell'ultimo anno dell'era berlusconiana, a spendere 179.452 euro al giorno in voli di Stato? Come ha fatto ad accumulare 37 ore di volo al giorno?

Eppure sono questi i conti, a leggere i bilanci della presidenza del Consiglio. Uno si domanda: su e giù dalla scaletta, dove lo trovavano il tempo per stare un attimo fermi e governare? E ti immagini, da certi numeri, spiritate girandole di decolli e atterraggi e pazze corse a sirene urlanti per piombare in nuovi aeroporti per nuovi decolli e nuovi atterraggi. Tutti privati, si capisce: i ministri non si mischiano coi passeggeri comuni. Questione di sicurezza. Questione di status.

Basti dire che la presidenza del Consiglio aveva, fino ai primi mesi del 2006, ben 14 «aereiblu». Ridotti a 13, a dispetto della scaramanzia (Giovanni Leone o Enrico De Nicola non l'avrebbero mai fatto, neanche con una dotazione di cornetti di corallo) grazie alla decisione berlusconiana di «tagliare» uno dei quattro Airbus per cederlo al collega turco Recep Tayyip Erdoğan. Una flotta che basterebbe a fare la fortuna di una media compagnia. Eppure insufficiente a supportare la frenesia aviatoria dei nostri ministri di centrodestra. Al punto di costringere il governo a spendere un altro pacco di soldi per prendere altri voli a noleggio. Fino a sborsare complessivamente (rendiconti 2005) la bellezza di 65 milioni e mezzo di euro. Pari al costo medio di quei voli di cui dicevamo all'inizio. O all'acquisto di 2241 biglietti andata e ritorno al giorno Milano-

Londra della Ryanair. Direte: mica i ministri e i sottosegretari possono viaggiare coi gruppi low cost! Benissimo: con la stessa cifra, a metà del 2005, potevi comprare 750 biglietti Milano-Londra della British Airways. Andata e ritorno. Al giorno.

Come abbiano fatto Silvio Berlusconi e Gianfranco Fini e i loro 3 sottosegretari e la manciata di ministri senza portafoglio legati a Palazzo Chigi ad ammassare tutti quei voli è un mistero. A leggere i giornali parevano essere sempre a Roma a battagliare contro i comunisti e contro i Follini. Invece erano sempre in volo. Come il mitico U2, il grande aereo nero che volava a 25.000 metri d'altezza e poteva essere rifornito in cielo senza avere (teoricamente) la necessità di atterrare mai. Miracoli dell'ubiquità.

Per curiosità: chi viaggiava, su quegli aerei di Stato? Segreto. Confermato, dopo il subentro, anche da Prodi: segreto. Una scelta, come abbiamo visto, rovesciata rispetto a quella della Corona britannica. Che sul suo sito ha voluto mettere tutto. Spiegando di avere speso nel 2006 complessivamente, in viaggi, 8.360.000 euro. Di cui 3,3 per i trasferimenti in elicottero, 2,4 per i voli con aerei civili, 800.000 per quelli coi velivoli del 32° Squadrone della Raf. L'elicottero della regina ha volato 379 ore, gli aerei privati per 194 ore, quelli della Raf (due, uno per 26 passeggeri, il secondo per 7) 483. Costo medio di un'ora di volo: 3442 euro con il velivolo più grande, 1304 con quello più piccolo. Contro i 4723 euro a ora spesi mediamente (come è possibile?) dal nostro governo. Fate voi i conti.

Cosa ci dicono, da anni? Che l'uso dei voli di Stato viene imposto dai «servizi» per ragioni di sicurezza. Di più: non usare i voli di linea sarebbe un riguardo nei confronti dei normali passeggeri. Così da non esporli al rischio di azioni terroristiche. Cuori d'oro. Peccato che a smentirli sia ancora la monarchia britannica: è vero o no che l'Inghilterra, dopo la guerra in Iraq, è più esposta di noi al terrorismo islamico, il quale si è andato a sommare al terrorismo tradizionale dell'Ira che per decenni ha insanguinato Londra? Bene: la regina e la sua corte, nel 2006, hanno preso anche 16 voli di linea. Senza che il loro status e gli altri passeggeri, evidentemente, ne risentissero. Imperdibili, infine, sono le ultime pagine del rapporto della Corona britannica, dedicate ai voli da più di 15.000 euro. C'è tutto: chi c'era sull'aereo o sull'elicottero, dov'è andato, per quanto tempo, quanto è costato. Tutto.

Per carità: tanta riservatezza sui passeggeri dei voli di Stato, dovuta magari all'imbarazzo su alcune presenze, non è una novità. Ricordate cosa raccontava del ministro degli Esteri Gianni De Michelis l'allora consulente strategico del segretario della Difesa americano Edward Luttwak? «Quando partecipò alla conferenza della Nato indetta dal Center for Strategic and International Studies per l'anniversario della Nato a Bruxelles, De Michelis era accompagnato da: 1) una bionda avvenente con compiti non specificati sul libro paga di un'azienda di Stato, l'Eni, o forse del Partito socialista italiano; 2) una brunetta con compiti non specificati anche lei sul libro paga di un'azienda di Stato o forse del Partito socialista italiano; diversi assistenti politici personali (ne aveva aggiunti circa 300 a libro paga nel ministero degli Esteri invece della solita dozzina); 3) un codazzo di diplomatici e di militari più folto di quello di qualsiasi ministro o altissimo ufficiale della Nato, compreso il comandante supremo alleato per l'Europa, noto per l'imperiale grandiosità del suo seguito.»

Di più: «Quando De Michelis si concedeva una pausa nelle sue funzioni di ministro degli Esteri o di vicepresidente del Consiglio dei ministri, per un pranzo informale in un ristorante alla moda, non si sedeva mai senza almeno una dozzina di persone al suo tavolo. Tra le quali: 1) almeno una rappresentante del sesso opposto con compiti non specificati ma sul libro paga dello Stato o del Partito socialista; 2) diversi riconoscenti beneficiari del suo potere di nomina di alti dirigenti di imprese di Stato, presidenti di banche controllate dallo Stato, sottosegretari di vari ministeri e membri di alcuni dei meglio remunerati consigli di amministrazione di Stato con questa, quella e altra funzione; 3) almeno un aspirante beneficiario del suo preteso potere di distribuire elargizioni governative mediante appalti pubblici, un ruolo che comportava, "ex officio", per così dire, il pagamento di conti di norma salatissimi».

E il celeberrimo viaggio di Bettino Craxi in Cina, nel 1986? Si trascinò dietro una schiera di persone che ricordava la corte di Caterina Cornaro al ritorno da Cipro e in viaggio verso Asolo. Giulio Andreotti, che del «Cinghialone» era il ministro degli Esteri, sogghignò: «Sono stato in Cina con Craxi e i suoi cari...». Gennaro Acquaviva, il capo della segreteria, si affannò a spiegare che non c'era nessunissimo scandalo perché la delegazione non era stata «dissimile da quella che abitualmente accompagna il capo del governo e il ministro degli Esteri nelle visite ufficiali che compiono insieme in Paesi importanti e lontani. (...) La delegazione cinese che accompagnava il segretario del Partito comunista Hu Yaobang nella sua visita ufficiale in Italia nel giugno scorso, era composta da 42 persone».

La perla fu un'interrogazione parlamentare del comunista Renato Nicolini che la compagna Nilde Iotti, presidente della Camera, non ammise neppure perché «sconveniente». Bettino, al ritorno da Pechino, si era fermato in India per far visita, vicino Bangalore, al fratello Antonio, che viveva a Puttaparthi nella comunità del santone Shri Sathya Sai Baba con il quale il presidente del Consiglio italiano, scrisse «la Repubblica», aveva avuto un paio di colloqui presentati dalla stampa indiana «alla stregua di udienze pontificie».

«Perché si è limitato a portare soltanto 65 invitati?» chiese perfido il deputato del Pci. Non pago, aggiunse: «Se la scelta di soli 65 invitati è dovuta a motivi di capienza del velivolo, il presidente non ritiene opportuno dotarsi di un mezzo più adeguato?». Per finire, beffardo: «Vuole il presidente dirci quali siano le attrazioni di Macao e di Hong Kong più consigliabili al turista italiano al fine di sprovincializzarne la mentalità?».

Se Bettino, quella volta, si fosse portato dietro dei vettovagliamenti e magari un cuoco gli archivi non lo dicono. Ma certo non c'è politico italiano che si presenti all'estero, da anni, senza qualche container di «prodotti tipici». Siete a una grande fiera internazionale? Seguite le ondate di profumo, individuate i prosciutti e i cacicavalli appesi e fatevi largo tra le plebi che s'ingozzano di assaggini: lì c'è la delegazione tricolore. Un esempio? Francesco Storace, da governatore, si fece in quattro per il progetto «Regione Lazio e Regione di Mosca: insieme verso il futuro». I russi mettevano le astronavi, gli astronauti e la tecnologia, spiegava entusiasta un'agenzia, noi il loro menu spaziale: «Ricotta secca, caciotta di bufala, marzolina, olive di Gaeta, tozzetti e torroncini, miele, castagne e nocciole, tutti rigorosamente prodotti nel territorio laziale».

Il massimo lo diede la Regione Sicilia che, dovendo preparare un campionato mondiale di ciclismo, organizzò una trasferta a Oslo per vedere come se l'erano cavata i norvegesi. Partirono in 120, compresi i musicisti di un'orchestrina folk, le mogli (fu spettacolare la spiegazione dell'assessore Sebastiano Spoto Puleo: «Che dovevamo fare? Poi ci dicevano che siamo i soliti siciliani che lasciano a casa i "fimmini"»), 30 giornalisti e 4 cuochi. I quali erano stati preceduti da un tir di derrate con ogni ben di dio: dai pomodorini secchi alla bottarga, dalle melanzane al finocchio selvatico, dallo zibibbo alla Donnafugata.

Un'altra volta, dovendo preparare un'universiade, decisero di andare a vedere come si erano organizzati i giapponesi a Fukuoka. E misero a punto un viaggio che, se non fosse stato bloccato dall'apertura di un'inchiesta, prevedeva la trasferta nel Paese del Sol Levante di 231 persone: deputati, funzionari, amici... Più il necessario per donare agli ospiti giapponesi un simpatico spettacolino durante la cerimonia di apertura della manifestazione sportiva: 30 sbandieratori di Siena, 30 trampolieri dell'Emilia Romagna, 30 gondolieri veneziani, 10 cantanti romani e 30 Pulcinella napoletani.... Tutti prenotati allo Hyatt Residence: 500.000 lire a testa al giorno. Caro? Per niente, spiegò l'assessore al turismo Luciano Ordile: «Mi dicono che lì un caffè costa diecimila lire!». Gli chiesero: non bastava, per esempio, portare solo i costumi da Pulcinella usando poi figuranti giapponesi? Risposta: «Non capisco tutte queste polemiche. Non stiamo mica organizzando una sagra di paese!».

Com'erano grasse, le vacche degli anni grassi... Eppure, anche nelle ristrettezze di oggi, il figurone all'estero lo vogliono fare ancora tutti. Ed ecco Roberto Formigoni solcare le autostrade brasiliane con un corteo imperiale aperto da 8 motociclisti che gli spalancavano la strada tra le macchine come Mosè il

Mar Rosso nei *Dieci Comandamenti* di DeMille. E il sindaco di Lecce, l'aennina Adriana Poli Bortone, tenere a New York, in italiano e per spettatori in larga parte arrivati dalla Puglia, una conferenza su «L'area del Salento come ponte fra l'Italia, i Balcani e il Mediterraneo». E il rifondarolo Nichi Vendola («Non ne so niente, ho solo confermato ciò che avevano deciso Raffaele Fitto e la destra prima di me») andare al Columbus Day e spendere tra una cosa e l'altra, col seguito, 345.000 euro per 4 giorni newyorchesi mentre il suo vice dichiarava: «Certo la cifra mi incuriosisce, sarà il caso di verificare».

E ogni volta polemiche a non finire, sospiri di amarezza verso i giornalisti che non capiscono, moniti verso «la demagogia che rischia di allontanare la gente dalla politica» e annunci di tagli futuri. Poi passano un paio di anni e alè, tutto da capo. Ve la ricordate la signora Sandra Lonardo in Mastella, l'«onorevola» («Per una vita mi hanno chiamato così: proprietà transitiva con mio marito») miracolosamente salita su su fino alla presidenza del Consiglio regionale della Campania, nell'autunno del 2006? Non si erano ancora placate le invettive per il viaggio di Vendola e lei solcava già l'Atlantico per essere puntuale al solito appuntamento.

Tutti al Columbus Day! Tutti al Columbus Day! Avranno visto troppi fumetti sulla parata di Italo Balbo nelle strade di New York, fatto sta che non c'è ottobre in cui decine e decine di politici italiani non organizzino una nuova trasvolata oceanica per sfilare finalmente tra la folla nella Fifth Avenue. Vabbè lo stipendio d'oro, vabbè le prebende, vabbè i portaborse e le autoblu: ma vuoi mettere il piacere di una «parade» a Manhattan?

Infilzata dai critici, Alessandrina («Mi chiamo proprio così: il segretario comunale era fissato coi diminutivi e le neonate erano registrate tutte così: Franceschina, Carmelina, Assuntina...») disse che proprio non le capiva le polemiche sollevate da Emma Bonino. La quale, irridendo a certi governatori che «credono di essere ministri degli Esteri» e «aprono sedi di rappresentanza in altre nazioni e poi finiscono per promuovere pacchetti turistici in Paesi che non hanno neanche collegamenti con l'Italia», se l'era presa soprattutto con la comitiva campana.

«Il nuovo Titolo V della parte II della Costituzione» spiegò la First Lady sannita, reduce da un incontro con Hillary Clinton, «assegna alle Regioni anche competenze in materia di promozione. Quindi non capisco questa polemica. Non c'è alcuno spreco di risorse se vengono utilizzate bene e nell'interesse della comunità.»

Quale fosse l'«interesse della comunità» campana nell'inviare all'annuale parata di New York, dove Alessandrina è cresciuta prima di tornare a Ceppaloni per sposare il suo futuro ministro, una delegazione di 160 persone (presidenti provinciali e sindaci e assessori e addetti stampa più un certo numero di mogli, che sarebbero state «a carico dei mariti») non è chiarissimo. Francesco D'Ercole, il capogruppo di An in Regione, ci tenne a far sapere, per esempio, che lui si era rifiutato di andare «pur essendo stato inserito tra i partenti» proprio perché gli pareva «assurdo buttar via tutti quei soldi per una mega-gita transoceanica». Gita costata 680.000 euro di cui 250.000 stanziati dalle cinque Province e 300, spiegò la First Lady sannita, presi dai fondi europei destinati ai Por, i Progetti operativi regionali. Chissà con quanto entusiasmo di Bruxelles.

Per carità, la «fissa» del Columbus Day non riguarda solo la signora Mastella né la sola Regione Campania né le sole amministrazioni di centrosinistra. L'esibizionismo lungo la Fifth Avenue, con certi codazzi di assessori, collaboratori, nani e ballerine da ricordare la corte portata dalla principessa Bona Sforza a Cracovia quando andò in sposa a re Sigismondo, va avanti da anni e ha visto protagonisti di ogni genere.

Se Napoli, prima di presentarsi con un carro col Vesuvio e le fiamme stilizzate (guagliò, che fantasia!) fece cantare a tutto volume per la Fifth Avenue Massimo Ranieri, Milano fece sfilare sei modelle vestite Missoni piazzate sul cofano di cinque Alfa Romeo Giulietta «scelte per rappresentare l'abbinamento fashion-industria alla milanese». Il Lazio fece sbarcare in America «i gioielli e le tradizioni gastronomiche» poiché, spiega un'agenzia, «gioielli e vino trovano entrambi la loro origine nella terra». E c'è chi, via via, ha portato caciotte e chi torroncini, chi arlecchini e chi pupi dell'Opra, chi Vivaldi e chi T-shirt. Sempre, rigorosamente, come ha scritto Maria Teresa Cometto sul «Corriere», in ordine sparso. Il presidente provinciale milanese Filippo Penati stando alla larga (ricambiato) dall'allora sindaco Gabriele Albertini, il governatore siciliano Totò Cuffaro ben distante da quello campano Antonio Bassolino... Tutti a levare il calice: viva l'Italia! Viva il Columbus Day!

E ovviamente viva gli aereiblu! Camera e Senato hanno speso insieme, nel 2005, meno di un terzo di Palazzo Chigi. Ma si tratta comunque di una somma sostenuta: 20.255.000 euro. Più del doppio di quanto abbiamo dato quell'anno al programma mondiale per la lotta alla fame nel mondo. Per la precisione: 10.455.000 euro sono stati spesi dai deputati, 9.800.000 euro dai senatori. Facciamo due conti? Ogni deputato, compresi quelli che vivono a Roma o nel Lazio e non devono affatto raggiungere tutte le settimane la famiglia o il collegio elettorale, è costato mediamente di soli voli (i biglietti sui treni sono gratis, fatta eccezione solo per la prenotazione del posto) 16.595 euro. Quasi 3 milioni di lire al mese.

Molto, ma non in confronto ai colleghi di Palazzo Madama. Dove i senatori eletti nel Lazio, in Toscana, in Umbria, nelle Marche, in Abruzzo, nel Molise o in Campania, sono complessivamente 99, dei quali non più di una trentina, a stare larghi, hanno interesse a rientrare a casa con un volo per Pisa o Ancona. Il che vale anche per i senatori a vita, che da tempo fanno quasi tutti base nella capitale. Risultato: ogni senatore «volante» spende in ticket aerei 40.000 euro all'anno. Molto più del doppio di un deputato medio. Domanda: come è possibile? D'accordo: ci sono un po' di missioni e riunioni «europee» e importantissimi convegni qua e là. Ma bastano davvero a giustificare una media così alta?

Ma torniamo alla flotta di Palazzo Chigi. Facendo un passo indietro fino al giorno in cui il capo del governo Massimo D'Alema ebbe finalmente a disposizione il primo dei due Airbus A319 che un paio di anni prima Romano Prodi aveva comprato a 100 miliardi di lire l'uno per sostituire i vecchi Dc9 della presidenza del Consiglio. Una scelta «europeista»: al posto dei McDonnell Douglas americani ecco finalmente i velivoli costruiti dal consorzio europeo Airbus. Peccato solo che noi italiani ci fossimo chiamati fuori. E peccato per la moquette: quella iniziale era bianca come il vestito di una sposa. Ideale per il vecchio GeiAr di *Dallas* o qualche miliardario cowboy di «Flamingo Road». Meno per noi.

Era il 7 marzo del 2000. Da allora, compra oggi e compra domani, gli Airbus A319 della presidenza erano aumentati, come dicevamo, fino a diventare (prima della saggia cessione di un esemplare al governo turco) addirittura 4. Per capirci, non parliamo di Piper o mini-jet: l'A319 è un bestione di 34 metri di lunghezza e 34 di apertura alare che raggiunge gli 837 chilometri all'ora di velocità di crociera, ha un'autonomia massima di 6845 chilometri e può portare fino a 124 passeggeri. Nella versione commerciale, s'intende. Quelli della presidenza sono tutt'altra cosa: c'è anche, per dire, una camera da letto con il bagno per i lunghi voli transcontinentali.

I tre Airbus fanno parte del 31° Stormo dell'Aeronautica militare. E non sono gli unici aerei in dotazione alla presidenza del Consiglio. Quello stormo, che si fa carico pure delle esigenze umanitarie, può contare infatti anche su tre Falcon 900 Ex (un trireattore con autonomia intercontinentale), due Falcon 900 Easy e due Falcon 50. Tutti jet da 9 a 16 posti. Più due elicotteri Agusta Sh3d da 10 posti. Ma non basta. Sono a disposizione infatti anche i velivoli della Cai, la Compagnia aeronautica italiana dei servizi segreti. Che conta su due Falcon 900 A, un Falcon 900 Ex e due Falcon 50.

Una flotta di tutto rispetto, o no? Macché: la presidenza del Consiglio sentì la necessità, con Silvio Berlusconi, di prendere altri aerei a noleggio. Tanto da firmare un contratto biennale (2005 e 2006) con la società Servizi aerei SpA dell'Eni, per 300 ore di volo annue e un impegno per il 2007 di 2.079.000 euro. Più un secondo contratto per il periodo marzo-dicembre 2005 con la Eurofly Service di Torino, di proprietà di Rodolfo Baviera e di sua moglie. Impegno finanziario: altri 2.100.000 euro, per 300 ore di volo totalmente esaurite.

Riassunto: 50 milioni per gli aerei del 31° Stormo più 11.500.000 per quelli della Cai più 1.900.000 euro per gli aerei dell'Eni più 2.100.000 per quelli di Eurofly. Totale, come dicevamo: 65.500.000 euro. Pari a 13.761 ore di volo. Una enormità. Tanto più che, nel bilancio di Palazzo Chigi pubblicato sulla «Gazzetta ufficiale» alla voce «Noleggio aeromobili per esigenze di Stato, di Governo e per ragioni umanitarie, spese connesse con l'utilizzo dell'aereo presidenziale», le previsioni finali per il 2005 erano di appena 2.152.000 euro. La metà dei soli contratti di noleggio. Come mai? Perché i bilanci della politica sono spesso costruiti apposta per attenuare i numeri più sconcertanti.

Gli inquilini subentrati a Palazzo Chigi, davanti a quella massa di spostamenti, prospettarono a Prodi la possibilità di tagliare la bellezza di 5243 ore di volo. Una riduzione del 38%. Con un risparmio di 23.886.000 euro. E lì si sono aperte le scommesse: ci sarebbero riusciti? Ridotti bruscamente i voli Roma-Olbia, la tratta prediletta dal Cavaliere (che aveva fatto della Certosa una specie di residenza secondaria della presidenza del Consiglio) non è che la nuova maggioranza di centrosinistra abbia dato prova di virtù.

Un esempio? Il viaggio di Alfonso Pecoraro Scanio a Nairobi per la conferenza internazionale sul clima, a metà novembre del 2006. Conferenza che a causa dei condizionatori sparati a palla sotto i tendoni dei congressisti, come scrisse su «La Stampa» Gianluca Nicoletti, faceva saltare continuamente la luce in città. Il ministro dell'Ambiente avrebbe potuto andarci, come tanti altri, comodamente spaparanzato in una comoda poltrona in business class di un volo di linea. Scelse invece di andarci con un Falcon di Stato, dando ospitalità anche a un gruppetto di giornalisti. Paganti? Sì, ciao.

Avvolgenti e spaziose poltrone di pelle. Tavoli di radica. Televisori. Salottino in fondo al velivolo per poter amabilmente conversare sorseggiando gli aperitivi offerti dai camerieri in guanti bianchi. Bagnetto con porta-carta igienica d'ottone dall'elegante design. Cibi precotti, ovviamente (in attesa d'una collaborazione, chissà, con Gianfranco Vissani) ma serviti su una tavola imbandita con piatti veri e vini di qualità e accompagnati perfino da un menu che forse non elencava i manicaretti di casa Angiolillo (tipo: «Petit clou aux fines herbes» o «Terrine de esturgeon fumé») ma poco mancava.

Qualche riunione, un giro alla bidonville di Korogocho dove un milione di persone vive a ridosso della più grande discarica maleodorante del mondo, la firma di un accordo di cooperazione per «realizzare forme di energia rinnovabile», una cena al Carnivore per abbuffarsi con tutti i tipi di carne dalla zebra al coccodrillo e complimentarsi («very pittoresco!») coi finti masai, e poi via verso Il Cairo, per la riunione dei Paesi euromediterranei. Con rientro a Roma a bordo dell'ancora più grande e lussuoso Airbus della presidenza del Consiglio.

Per carità, niente a che vedere con il jet di Vladimir Putin che, a giudicare dalle fotografie pubblicate dal giornale on-line «Kommersant», ha deciso di concedersi ciò che si concederebbe il nipote di Nicola II se l'ultimo zar non fosse stato massacrato con la famiglia a Ekaterinburg. Sala riunioni da dieci posti. Grande bagno con doccia, lavandino di marmo e rubinetteria dorata. Sala relax con tavolo da stiro. Arredamento in radica. Camera da letto. Salottini da conversazione. Orologi da parete finemente lavorati in oro zecchino. Tavolini damascati. E insomma uno sfarzo da maharajah la cui ostentazione in internet ha fatto fare ai più diffidenti un balzo sulla sedia: oddio, vedere quel costoso giocattolo di rappresentanza non farà venire l'acquolina in bocca anche a zar e zarine di casa nostra?

5

«Mi dia un'autoblu, tipo Rolls-Royce»

Hanno promesso tutti di tagliarle, ma sono sempre di più

Sono tenute insieme con lo spago, certe ambulanze della Croce rossa. Quasi la metà, dice il rapporto di un ispettore della Ragioneria dello Stato dell'ottobre del 2006, «ha più di vent'anni» e ha fatto «più di 250.000 chilometri». Eppure i capi dell'organizzazione sotto la gestione di Maurizio Scelli, il vanitoso commissario straordinario dell'era Berlusconi, non si sono mai fatti mancare le autoblu. Nuove. Lussuose. Luccicanti. Mario Guida, l'autore del rapporto, dice d'averne contate 28 (dopo una rapida dieta: 3 mesi prima ne figuravano 40!) a disposizione del presidente, del vicepresidente e dei vertici del Comitato centrale. Di cui 17 macchine, alla faccia di tutti i volontari che sputano l'anima per aiutare gratuitamente chi sta male, nella sola sede romana.

E che macchine! «Delle Land Rover, Fiat Doblò, oltre a un fuoristrada. Diverse di queste autovetture possono classificarsi di lusso.» Alcune nuovissime. Comprate nel 2005 nonostante la legge che obbligava a tagliare del 10% sul 2004. E poi ancora nel 2006, nonostante una nuova legge imponesse un taglio alle autoblu di un ulteriore 50%. Non basta. Per rinnovare il parco macchine, presumibilmente dalle ambulanze alle auto di rappresentanza, avevano varato un «Progetto flotta moderna», nominando un'apposita commissione e prendendo perfino come consulente a 8350 euro al mese una certa Sabrina Spera. E non basta ancora. A un certo punto, è scritto nel rapporto, sotto gli occhi stupefatti degli amministratori subentrati al commissario famoso in tutta Italia con l'etichetta del «liberatore delle due Simone», arrivò al servizio una parcella ulteriore: «La richiesta di una società per il soddisfo di un credito relativo a consulenze prestate nell'ambito del Progetto flotta moderna. L'ammontare del credito vantato è di € 185.000 oltre Iva». Il costo di quattro Thesis 2.0 20V Turbo Emblema. Sulla base di quali riscontri voleva i soldi? Di «documentazione tra l'altro non effettivamente allegata». E quando era nata, questa bella «società di consulenza»? Un attimo prima (coincidenza...) che fosse varato il Progetto flotta moderna.

Eppure il rapporto, che in altri Paesi avrebbe fatto saltare per aria ministri, è scivolato via quale acqua nei tombini. Come se ormai la Croce rossa italiana non facesse più scandalo. Come se gli italiani dessero in qualche modo per scontato che la Cri, fondata dal ginevrino Henry Dunant scosso dalla mancanza di soccorsi ai soldati feriti nella battaglia di Solferino, fosse uno dei tanti carrozzoni politici. E i politici non hanno forse l'autoblu? Politica, almeno per contaminazione, era la presidentessa storica Maria Pia Fanfani. Politica Maria Pia Garavaglia, che prima d'essere nominata commissario era stata ministro della Sanità. Politico era Maurizio Scelli, che dopo esser stato messo sotto accusa a sinistra per la «gestione mediatica» del ruolo dell'organizzazione («Qual è la convenienza a trasformare un'istituzione umanitaria in una sezione militante del governo?» scrisse «l'Unità») cercò di rendersi utile fino in fondo al Cavaliere organizzando a Firenze una convention di giovani devoti alla destra e promettendo l'arrivo di centinaia di migliaia di fedeli. Un raduno finito in un rovescio d'immagine catastrofico, con titoli sui giornali come questo: *Flop colossale a Firenze al raduno di giovani per «Italia di nuovo»: Berlusconi per cinque ore in prefettura ad aspettare che si riempisse un po' il Palasport.* Carriera finita. E autoblu automaticamente perduta.

«Automaticamente» si capisce, per la Croce rossa. Come «automaticamente», il giorno stesso in cui lasciava la presidenza della Provincia di Bolzano, restituì la macchina di servizio Silvius Magnago, nonostante i 77 anni, il peso di una vita assai faticosa, le vecchie stampelle e la gamba mozza perduta in Russia: «Ci mancherebbe altro, ci mancherebbe. Lo so ben io cosa mi spetta e cosa no». Ma ci sono orticelli limitrofi alla politica in cui l'autoblu, arrivato a una certa carica, ti resta vita natural durante. Anche dopo avere chiuso con quell'esperienza. Come nel caso non solo dei presidenti ma di tutti e 15 i giudici costituzionali. Un tempo, quando arrivavano lì sulla vetta, erano vecchi. O almeno anzianotti. Male che andasse, pensarono gli autori delle regole, si sarebbero tenuti la macchina e l'autista per qualche annetto e amen. A partire dal 1986, quando Francesco Cossiga nominò Antonio Baldassarre che aveva 36 anni e faceva sbarrare gli occhi ai colleghi raggrinziti raccontando dei suoi giri in Kawasaki, le altissime toghe sono diventate sempre più giovani.

Risultato: in cambio di un impegno alla Consulta di 9 anni e 30 giorni, uno come Baldassarre, con l'aspettativa di vita di un italiano medio, conserverà il diritto a essere portato a spasso per un totale di 44 anni. Di cui 35 «dopo» avere chiuso con la magistratura. E il suo caso, in futuro, rischia di moltiplicarsi. Con allegati alcuni altri privilegi. Quali il diritto all'autista anche per chi non è residente a Roma, come la genovese Fernanda Contri o il torinese Gustavo Zagrebelsky, che dopo aver lasciato la presidenza è tornato a fare il docente di Diritto costituzionale all'università.

Tanto ci tengono, i giudici, a queste cose, che l'Amministrazione e Contabilità della Corte costituzionale ha messo a punto fin dal 1979 un pignolissimo regolamento di 1309 parole (per capirci: quante la Dichiarazione d'indipendenza americana) in cui si specifica tutto. Ma proprio tutto. Compresi il diritto all'autoblu anche per il segretario generale. La precisazione che «ai giudici costituzionali in carica sono assegnati due autisti; ai giudici emeriti un autista». La nota che sono a carico della Corte «la spesa per custodia in garage e quella relativa a un servizio completo per ogni mese» più «le riparazioni, i materiali di consumo, la tassa di circolazione, l'assicurazione obbligatoria di responsabilità civile, l'assicurazione per furto e incendio e il soccorso stradale» più le «spese per il rinnovo e il bollo delle patenti degli autisti» e perfino le seguenti cose: «Olio motore e relativo filtro, candele, paraflou, acqua distillata, lampadine di scorta, spugna, piumino e pelle di daino». La pelle di daino!

Vi chiederete: ma perché i politici non cambiano la legge

spazzando via queste vergogne? Semplice: perché usano i giudici più alti in grado come il paragone con cui confrontare se stessi. Più privilegi hanno loro, più privilegi hanno a strascico i deputati e i senatori. Basta scorrere l'elenco dei presidenti del passato, del resto, per vedere come la Suprema Corte e il Parlamento e il governo siano sempre stati vasi comunicanti. Enrico De Nicola è stato anche presidente della Repubblica. Leonetto Amadei e Giuliano Vassalli deputati socialisti. Francesco Paolo Bonifacio e Leopoldo Elia (di cui si narrava non avesse mai dato alle stampe un libro in versione definitiva ma solo provvisoria, finché non smentì la leggenda pubblicando nel 2005 le opere dal '58 al '66) senatori della Dc. Mauro Ferri eurodeputato socialdemocratico. E così via.

Ma è giusto così? Il primo a rispondere di no e a impegnarsi per limitare il numero crescente di autoblu, fu addirittura Benito Mussolini. Lo dice una lettera del 7 marzo del 1923 mandata al sottosegretario agli Interni Aldo Finzi dal ministro del Tesoro Alberto De Stefani: «Per preciso ordine ricevuto dal presidente del Consiglio ho disposto che rimangano in servizio presso codesto ministero 3 auto: una per te, una per Acerbo e una per S.E. il generale De Bono. Attualmente risultano in uso 16 vetture: di esse 13 dovranno dismettersi entro domani sera».

Macché, hanno continuato a crescere. Nonostante le solenni promesse ribadite in tempi recenti da Carlo Azeglio Ciampi, Silvio Berlusconi, Romano Prodi. Al punto che le 12.000 autoblu censite anni fa dal «Messaggero» continuarono a salire e salire e salire. Finché il Codacons, il Comitato di difesa dei consumatori, denunciò l'esistenza nel '98, in tutta la Penisola, di almeno 40.000 unità. Comprese 11 dell'Istituto nazionale per la fauna selvatica, 6 dell'Istituto superiore per l'elaiotecnica, 5 della Stazione sperimentale del sughero...

È diventata via via così scontata l'idea che l'autoblu sia un benefit contrattuale, che qualche anno fa il sindaco di Rozzano Enrico Sala la usava per andare a giocare al casinò di Saint-Vincent. Il vicesindaco socialista di Reggio Emilia Giovanni Chierici decise di andarci in vacanza con la moglie e un paio di amici in Polonia, cosa che non si sarebbe mai saputa se la macchina di servizio non fosse uscita distrutta da un incidente. Il magistrato vicentino Luigi Rende se la cavò con una semplice censura dopo aver usato l'autoblu per far recapitare zibellini e astrakan alla pellicceria della moglie in un'area pedonale, cosa smascherata da una sfilza di multe. E un paio di reggipanza lasciati liberi dal «loro» parlamentare arrivarono al punto di andare una sera, a Milano, a raccogliere due travestiti brasiliani in via Melchiorre Gioia. Beccati da una pattuglia di agenti con una calza in una mano e un reggiseno nell'altra, dissero: «Le abbiamo raccolte perché si erano sentite male».

Certo, ogni tanto una ripulita qua e là c'è. La Regione Friuli, per esempio, non ha più nel parco macchine la Lancia Thema destinata al trasporto di un magistrato, il dottor Sebastiano Cossu, che faceva il «Responsabile del Commissariato Liquidazione Ufficio Usi e Costumi». Un ente in liquidazione dal 1927, l'anno in cui Charles Lindbergh compiva il primo volo in solitaria sull'Atlantico a bordo dello *Spirit of Saint Louis*, Trockij veniva espulso dal Pcus e il cinema muto vedeva l'esordio di Stanlio e Ollio. E l'aver approfittato della macchina di servizio per farsi portare a Bari dove doveva imbarcarsi con la moglie per una crociera è costato il posto, dopo un estenuante tormentone di condanne e di ricorsi, al sindaco di Messina Giuseppe Buzzanca. Per il quale, a battaglia giudiziaria ormai perduta, si mosse addirittura il governo delle destre varando in tutta fretta una leggina ad personam (poi bocciata dalla Suprema Corte) che a babbo morto aboliva l'ineleggibilità del nostro uomo stabilendo che la legge che impedisce ai condannati per peculato di avere cariche pubbliche valeva per il «peculato di appropriazione» (quando ti impossessi di una cosa per sempre) e non per il «peculato d'uso»: in fondo il primo cittadino peloritano mica si era fregato la macchina per l'eternità...

L'andazzo, però, è continuato come prima e peggio di prima: 115 autoblu a Palazzo Chigi (per una spesa che nel 2005 è stata di 2.152.000 euro: più del doppio rispetto al 2001), 37 alla Camera, migliaia e migliaia sparse per regioni e province, comuni e consigli circoscrizionali (ne parleremo più avanti), municipalizzate e società miste pubblico-private. Basti dire che la «rossa» Regione Campania ha speso nel 2004 per la gestione dell'intero parco automezzi e le «tessere Viacard con servizio Telepass» 2.120.000 euro: 312.410 più di quelli che aveva speso due anni prima. O che l'«azzurra» Lombardia, per le sole macchine di servizio è arrivata a sborsare nel 2005 otto volte di più che nel 2000: 1.250.000 euro contro 154.000.

Per carità, siamo nonostante tutto lontani dalla grandeur megalomane del leader libico Muammar Gheddafi, che alla fine di gennaio del 2007 si presentò al vertice dell'Unione Africana ad Addis Abeba con due valigie piene d'oro («Un regalo del nostro leader ai capi di Stato africani» spiegarono i diplomatici al seguito) e facendosi precedere da alcuni cargo caricati con 15 lussuosissime autoblu personali. Ma è fuori discussione che il virus ha via via infettato anche un sacco di «moralizzatori». Come i leghisti. Arrivarono al punto di presentare, nel 1993, un progetto di legge per abolire le Croma, le Mercedes, le Bmw da sostituire con Panda, Cinquecento, Renault 4 e Fiat Uno: «I potenti devono viaggiare in utilitaria».

Come sia finita è sotto gli occhi di tutti. Alessandra Guerra, la friulana che pareva destinata a una gran carriera prima di schiantarsi nella sfida per la presidenza regionale con Riccardo Illy, sospirò un giorno: «È vero che noi della Lega per anni abbiamo dato battaglia su questa cosa. Ma per una donna e una mamma come me, diciamo la verità, l'autoblu è una bella comodità. Non so come farei, se non venissero a prendermi a casa tutte le mattine». Va da sé che, quando passi tutta la vita in autoblu, diventi esigente. Com'è accaduto nel gennaio del 2007 agli amministratori regionali del Veneto.

Una Lancia Thesis 2.4 JTD full optional coi sedili in pelle? «No 'a me piase...» Una Concept Volvo XC60 full optional coi vetri oscurati e il navigatore satellitare e tutto il resto? «No 'a me piase...» Una bella Volvo S80 2.4 D5 (185 CV) Summum? «No 'a me piase...» Una Lexus GS? «No 'a me piase...» Una Volkswagen Passat 2.5 V6 TDI/180 CV Var 4m H.line? «No 'a me piase, no 'a me piase...» Niente da fare: non c'era una sola ammiraglia o una sola berlina di lusso che piacesse a Giancarlo Galan e ai suoi 12 assessori.

L'ideale, certo, sarebbe stata una Rolls-Royce Silver Seraph Park Award da 309.000 euro. O una Lamborghini Murcielago da 259.000. O almeno una Bentley Continental GT Diamond Series da 206.000. Quelle sì, sarebbero state all'altezza di un Eccellentissimo Onorevole Signor Assessore della Regione Veneto. Ma sono anni di vacche magre. Così, nell'incessante dedizione al bene collettivo, hanno deciso di rinnovare il parco macchine puntando al risparmio. E rinunciando parsimoniosi ai sedili di zibellino o alle maniglie d'oro, si sono accontentati d'una flotta di auto superlusso che raggiungono i 300 chilometri all'ora. L'ideale, per mettersi in coda negli ingorghi.

Eliminate le 15 «vecchie» Lancia Thesis 2400 turbodiesel, versione executive da 185 cavalli (costo del noleggio complessivo nel 2004 per 75.000 chilometri l'una: 424.800 euro) e scartate come pidocchiose utilitarie tutte le auto dai 1800 ai 2500 centimetri cubici altrove utilizzate anche da re, regine e capi di governo, i neodogi veneziani hanno puntato il dito su una precisa categoria di vetture. Con una tale accuratezza nello specificare i dettagli che nel bando della gara d'appalto mancavano soltanto i colori della tappezzeria, le preferenze sulle casse acustiche o il tipo di musica da diffondere in viaggio.

Interpretando a modo loro la legge europea, che non consente di pretendere questa o quella marca, gli amministratori veneti spiegavano tutto ma proprio tutto. Volevano a noleggio per 24 mesi (stanziamento: 436.800 euro più Iva) 13 «grandi berline» che avessero come «cilindrata: 3000 c.c. circa» e «alimentazione diesel» e «trazione integrale» e «lunghezza non inferiore a 480 cm» e «larghezza non inferiore a 180 cm (riferita alla vettura senza retrovisori)». E poi, «a pena di esclusione dalla gara», il navigatore satellitare e la «selleria in pelle» e il «climatizzatore automatico» e i «sensori di parcheggio» e la «presa accendisigari posti posteriori» e i «cristalli laterali e lunotti scuri» e la «tendina parasole lunotto posteriore» e via così. In pratica: come fare formalmente una gara d'appalto per un cantante rock chiedendo un artista romano nato in borgata che abbia vinto Sanremo, sia famoso in Sud America, abbia sposato una show-girl bionda di nome Michelle, sia divorziato e abbia nel repertorio *Una terra promessa*. E chi può essere, se non Eros Ramazzotti? Che senso hanno, appalti così? Una presa per i fondelli.

Conclusione: non c'era una sola auto italiana che rispondesse a quelle caratteristiche. Di più: la scelta si restringeva a una manciata di macchine di lusso dell'Audi, della Bmw, della Mercedes e della Volkswagen. Domanda: non potevano, il governatore e i suoi 12 apostoli, accontentarsi di ciò che altrove soddisfa pienamente i loro pari grado? No, rispondeva la delibera. La trazione integrale, per esempio, doveva servire a «migliorare in modo significativo la sicurezza attiva» e assicurare non solo «un migliore comfort» grazie al «controllo del beccheggio e del rollio» ma «una miglior conduzione e controllo del veicolo anche in condizioni di strada con scarsa aderenza».

Che se ne facevano, di macchine che corrono a 300 l'ora, se il Veneto è da anni una immensa area urbana coi limiti di velocità a 50 all'ora e se da Padova a Bassano i navigatori prevedono una media di 41 chilometri all'ora perché ogni giorno è intasata da 65.000 auto e tir e se la tangenziale di Mestre è invasa quotidianamente da 140.000 veicoli con punte di 180.000 e se insomma le strade sono spesso un gigantesco ingorgo? Boh... Questione di status, probabilmente.

Certo è che il capriccio motoristico della giunta, oltre che alle opposizioni e a larga parte dell'opinione pubblica, non piacque a un po' di vescovi veneti, che già avevano arricciato il naso quando i consiglieri regionali, pochi giorni prima, si erano messi al sicuro la vecchiaia autoaumentandosi le pensioni.

I giudizi pubblicati dal «Corriere del Veneto» erano pesanti. Il padovano monsignor Antonio Mattiazzo, dopo aver invitato i politici a «uno stile di vita ispirato a sobrietà e solidarietà», insisteva che «non va seguito il profitto individualistico fine a se stesso ma la promozione del bene comune». Il rodigino monsignor Lucio Soravito De Franceschi bacchettava: «I compensi eccessivamente alti dei politici sono una vera e propria ingiustizia nei confronti dei tanti che non sanno come arrivare a fine mese». E il vescovo di Vittorio Veneto, monsignor Giuseppe Zenti, ammoniva: «La Chiesa non è indifferente a questa corsa a chi arraffa di più. Chi amministra ha il dovere di farsi un forte esame di coscienza: cosa li ha indotti a scegliere la politica? In funzione di che cosa sono lì? Solo per mantenere un posto di lavoro ad alto livello? E se fare politica dev'essere finalizzato al bene della società, perché aumentarsi stipendi e pensioni o utilizzare auto di rappresentanza più costose? Bisogna intervenire per calmierare questa tendenza. Parlo da vescovo, ma anche da cittadino: chi governa deve riflettere. Pensioni e stipendi che lievitano, autoblu e altri privilegi... Se fossi un politico mi vergognerei». E allora? «Cittadini svegliatevi. Dovete far sentire la vostra voce, ribellarvi. E se gli amministratori si comportano in questo modo, lo strumento della gente per cambiare le cose è di non votarli più.»

Letta la cosa, il «Galan Grande», come viene chiamato il voluminoso governatore veneto, diede in escandescenze: come si permettevano di toccargli i giocattoli? E sparate un paio di bordate contro il «Corriere» e i suoi cronisti (uffa, i moralisti!), sganciò un siluro dritto dritto contro i vescovi. Titolo dell'iroso comunicato: «La befana delle autoblu, il cronista fifty-fifty del giornale filoprodiano e quei tre vescovi dediti al peccato dell'ira e dell'arroganza». Dove diceva tre cose. 1) Che la vecchia autoblu lui l'aveva spremuta «fino a quando il mezzo ha raggiunto i 300.000 chilometri». 2) Che quella delle macchine esageratamente lussuose era «una storiella». 3) Che dietro le denunce c'era (e ti pareva) un «burattinaio» impegnato in una «campagna d'inverno, probabilmente organizzata per anticipare le prossime scadenze elettorali in Veneto».

La parte più interessante dello sfogo galaniano, però, era quella in cui il governatore azzurro, verso la fine, attaccava i vescovi. Chiudendo con parole che, se fosse trapanese e non padovano, gli avrebbero guadagnato una vignetta con la coppola. Testuale, su carta intestata: «Ai tre vescovi che il quotidiano filoprodiano presenta e fa parlare come persone in preda all'ira e al più savonaroliano livore, farò pervenire nei prossimi giorni una proposta di rigoroso e severo risparmio, da attuarsi a spese del sociale e di tutte quelle altre emergenze, urgenze e necessità di tipo solidaristico che la Regione del Veneto meglio e più di altre Regioni finanzia da anni».

Cosa cosa? Voleva forse dire che per mettere in riga chi criticava il rifiuto di normali, belle e dignitose berline nel nome delle auto più costose sul mercato dopo le Bentley e le Rolls-Royce, lui avrebbe risparmiato per dispetto sui fondi alle organizzazioni no-profit, ai centri che aiutano i disabili, alle associazioni che assistono gli anziani o i ragazzi alla deriva? Proprio così. Chiosa finale: «Sono certo che dal restante mondo cattolico del Veneto verrà data a quei tre vescovi la risposta che si meritano».

«Una risposta intimidatoria e indecente» disse subito don Albino Bizzotto, il prete padovano alla testa dei «Beati i costruttori di pace». I tre vescovi, invece, si divisero. Il padovano Mattiazzo spiegò che sì, aveva detto quelle cose ma in un diverso contesto. Il rodigino De Franceschi confermò tutto. Il vittoriese Zenti innestò la retromarcia: per carità, mai detto niente di simile, ci mancherebbe, tutto inventato. Quanto bastava perché, ripresa la palla (mentre alcuni sindaci veneti menavan vanto di esser passati da auto più grosse ad auto più piccole e qualche assessore regionale si chiamava fuori) Giancarlo Galan ringhiasse contro l'«oceano di malafede» e facesse un sorrisone alla Chiesa. Tagli? Quando mai! L'«accenno polemico al sociale» era stato fatto solo «per ricordare a tutti il grande impegno della Regione del Veneto a sostegno della galassia del sociale. Figurarsi se la Regione cambia la propria politica in un settore da noi ritenuto fondamentale a seguito di assurdità giornalistiche assolutamente strumentali. Così colgo l'occasione per ribadire che poche altre Regioni offrono altrettanta qualità nei servizi territoriali di quella garantita dalla nostra Regione. Tra volontariato, disabilità, dipendenze, case di riposo, minori, immigrati e vari sostegni alla scuola, non escluse le scuole paritarie, la Regione del Veneto investe oltre 740 milioni di euro. Ripeto: 740 milioni di euro». E che saranno mai, 436.000 euro per affittare un paio di anni 13 belle macchine? Ma sì, diamoci un taglio: 11 macchine invece di 13. Contenti, criticoni?

Pochi giorni prima, i commensali riuniti intorno alla tavola imbandita di una casa veneziana, avevano ricevuto una telefonata: «Scusate, sono Mario. Siamo in ritardo perché c'è un sacco di traffico e siamo in coda per entrare al parcheggio di piazzale Roma». «Ma no, Mario, sbagli. Togliti da là e fai così...»

Accolto il consiglio degli amici, «Mario» si era sfilato dalla coda, era tornato indietro al Tronchetto, aveva lasciato la macchina in parcheggio e da lì con la moglie e i cognati aveva preso un taxi. Era Mario Draghi, il governatore della Banca d'Italia. Successore di quell'Antonio Fazio che avrebbe usato l'aereoblu anche per andare in tabaccheria. Ma come? E tutte le pensose chiacchiere sull'autoblu e la scorta e il diritto di precedenza e il lampeggiatore sulle macchine assolutamente in-dis-pen-sa-bi-li per motivi di sicurezza? Giudicate voi...

6

Seggi lasciati agli eredi come case o comò

La Loggia e Mancini, Craxi e Di Pietro, al potere per dinastia

«Parlamentari, cattedratici, funzionari di banca! Ai vostri figli non la zappa ma la penna, non la pala ma un quaderno, non una battona periferica ma una supergirl!» La stralunata invettiva dell'immenso avvocato Aldo Ceccarelli, «er principe der Foro romano» che diventò famoso difendendo i coatti che avevano rotto la fontana di piazza Navona («Preside': era fracica!») e che aspetta i clienti accasciato su una panca del tribunale e si catapulta nelle arringhe («ne l'aringa er mejo, me l'ha 'mparato un compaesano ciociaro, Cicerone») sventolando l'oceanica toga nera su camicie a rigoni unte di dentifricio, acciughe e pommarola, riassume un comune sentire. L'idea che i politici, più ancora che gli avvocati, i farmacisti, i notai, i medici e i giornalisti avanzino nella società per discendenza dinastica.

Ed è proprio così. A volte sembrano marciare battendo il passo con le strofe di *Vecchia pelle*, una canzone del Ventennio: «Per i figli, pei nipoti / ci battiam su tutti i fronti...». Da sempre. Basti ricordare Antonio Gava, che ereditò seggio, *clientes*, potere e poltrona ministeriale dal padre Silvio. Massimo D'Alema, avviato fin da giovine pioniere alla carriera parlamentare da papà Giuseppe il quale, dopo aver inneggiato in gioventù agli italiani «ferocemente desiderosi di dittatura», era diventato deputato comunista. Antonio Martino, figlio di quel Gaetano che fu ministro degli Esteri negli anni Cinquanta (nonché cugino di Franco, già presidente della Regione Sicilia e nipote dell'onorevole Carlo Stagno d'Alcontres e cugino di suo figlio l'onorevole Francesco). Giorgio La Malfa, rampollo del vecchio Ugo, uno dei pochi che tentò a suo tempo di mettere un freno a certi sprechi ma non riuscì a metterlo alle ambizioni del figliolo.

E che dire di Enrico La Loggia «il Minore»? Si lagna da anni dell'Italia «che abbiamo ereditato» come se lui si fosse improvvisamente affacciato alla politica dopo essere sceso da Marte. E dimentica che il fratello del bisnonno, Gaetano, fu ministro sotto i Borbone. Che il nonno Enrico «il Maggiore», liberale socialisteggiante alla Nitti, fu sottosegretario nel gabinetto di Luigi Facta e dopo il fascismo padre dello statuto di autonomia siciliano. Che il papà Giuseppe fu due volte presidente della Regione e quattro volte deputato a Montecitorio. Tutti «al servizio della collettività». Di generazione in generazione.

È qui una delle prove inconfutabili di come la politica italiana, al di là dei distinguo, sia diventata una Casta: nella trasmissione del potere. A prescindere dall'appartenenza alla destra o alla sinistra. È figlia d'arte Maura Cossutta, a lungo in Parlamento accanto al vecchio Armando, per questo liquidato da Marco Rizzo con una battuta sprezzante: «Quando Ingrao vide che la figlia stava per entrare alla Camera, lasciò. Il comunismo non può fare rima con nepotismo». Lo è Eva Klotz, da decenni consigliera provinciale (e regionale, ovvio) altoatesina ed erede di Georg «il Martellatore della Val Passiria». Lo è Rosetta Russo Jervolino, che come abbiamo visto è stata al governo nella scia non solo del papà Raffaele, più volte ministro, ma pure della mamma Maria de Unterrichter, già sottosegretaria.

E ci sono stati i nipoti d'arte come Luca Danese, eletto col Polo in omaggio a zio Andreotti. Pronipoti d'arte come le due cugine omonime Anita Garibaldi, candidate per l'una o l'altra sponda. Cognati d'arte come Paolo Pillitteri, che avendo sposato la sorella di Craxi fu promosso sindaco di Milano prima di schiantarsi su Tangentopoli o, sul fronte opposto, Gabriele Cimadoro, che ai tempi del mito di Di Pietro veniva invitato ai convegni con tanto di maiuscole: «Suo Cognato». Vedove d'arte come Vincenza Bono Parrino, la mitica ministra dei Beni culturali che aveva ereditato il seggio senatoriale dal marito Ciccio come fosse un comò. E perfino generi d'arte, come Marco Ravaglioli, candidato senza fortuna nel '94 contro Francesco Storace quale marito di una figlia di Zio Giulio. Un ruolo con un precedente famoso e tragico: quello di Galeazzo Ciano. Che avendo sposato Edda Mussolini si beccò per l'eternità un nomignolo portentoso: «Generissimo».

Il più volte ministro Sergio Mattarella è figlio di Bernardo, presidente regionale e ministro pure lui. Carlo Vizzini, ministro e segretario del Psdi travolto da Mani Pulite prima di riciclarsi come parlamentare di Forza Italia, è figlio di Casimiro, senatore di largo seguito elettorale. Francesco Musotto, presidente della Provincia di Palermo, è figlio di Giovanni, ex deputato Psi. Claudio Scajola, ministro degli Interni berlusconiano dopo essere stato sindaco di Imperia, è figlio di Ferdinando (sindaco prima di lui) e fratello di Alessandro, lui pure sindaco e poi deputato democristiano. Mauro Pili, voluto dal Cavaliere alla presidenza della Sardegna, è figlio di Domenico, un feudatario delle tessere Psi abbattuto da una condanna per tangenti. Raffaele Fitto, imposto giovinetto alla guida della Puglia, è figlio di Totò, a sua volta presidente della Regione. Giuseppe Cossiga, deputato azzurro, è figlio di Francesco, già presidente della Repubblica, il quale a Montecitorio ha pure il nipote prediletto Piero Testoni. Come di un altro presidente, Antonio Segni, è figlio Mariotto, deputato alla Camera e a Strasburgo e storico leader referendario. Per non dire di Alessandra Mussolini, che ha fatto del cognome la sua ragione sociale e politica.

Gli storici di domani registreranno che alle elezioni del 2006, tra tanti figli e cugini e nipoti, entrarono in Parlamento due coppie addirittura della stessa famiglia. Una composta dal segretario diessino Piero Fassino e dalla moglie Anna Serafini, l'altra dai fratelli Alfonso e Marco Pecoraro Scanio. In entrambi i casi, guai ad ammiccare alle parentele. Da una parte, si ribella Anna, giurando di averci rimesso: «Ci siamo incontrati che io facevo politica già da vent'anni. Ero deputata, ero presidente delle cinquanta parlamentari del Pci-Pds, ero nel direttivo quando ancora Piero non aveva gli incarichi che ha ora». Dall'altra, all'accusa di «fratellismo» si ribella Alfonso, che ricorda come Marco, che faceva il calciatore e arrivò a giocare anche in serie A, fosse un tempo molto più famoso: «Lui era sulle figurine Panini quando io non ero neppure consigliere regionale in Campania».

A candidare il fratello (stoppato allora da Ciriaco De Mita: «Se lo facevamo noi nella Dc succedeva un putiferio») ci aveva già provato alle elezioni del 2001. Fallito il primo blitz, gli riuscì il secondo nel 2006, blindando il caro congiunto in due circoscrizioni sicurissime per il Senato. Una vergogna, dissero alcuni verdi dissidenti e schifati. Lui, il leader, non fece una piega. Men che meno Marco, che disse a Francesco Battistini del «Corriere»: «Sono contento d'avere un fratello che sa farsi rispettare. Non vedo dov'è lo scandalo. Io nasco calciatore. Da qualche anno, c'è un leader del centrosinistra che mi stima e mi vuole candidare». «È normale che la stimi: siete fratelli!» «Non è normale. Lo sa che certi fratelli si odiano? Io quasi non sapevo d'averlo, un fratello. E adesso stanno tutti qui a criticare, quando invece è Alfonso ad averne un vantaggio.» «Alfonso?» «Sì. Riceve il sostegno di una persona che in fondo ha lasciato qualcosa, nello sport e nelle città in cui ha giocato. Sono io che lo sostengo nelle battaglie, non è lui che appoggia me.»

Che certi fratelli non si stimino, per usare un eufemismo, è vero. Si pensi ai due figli di Bettino, partendo da un'intervista di Stefania contro i «giustizialisti rossi»: «Non posso negare che mi fa una certa impressione vedere mio fratello, un Craxi, che si allea con tutti i nemici che gli hanno massacrato il padre». Una tesi che Bobo potrebbe rovesciare pari pari. Ricordando come Silvio Berlusconi sia lo stesso che, dopo essere stato beneficiato in tutti i modi dal «Cinghialone», non lo andò a trovare neppure una volta ad Hammamet e ai tempi in cui Antonio Di Pietro era sugli scudi come «giustiziere» dei corrotti (e dei socialisti) gli mise «a disposizione» i suoi giornali e le sue televisioni e gli offrì il Viminale. Per non dire di Gianfranco Fini che bollava l'ultimo governo della Prima Repubblica come un «governissimo dei ladroni». O di Umberto Bossi che chiamava il segretario socialista «Bottino Crassi».

Fatto sta che i due, dopo aver premesso in una sfilza di interviste «non parlo di mio fratello» e «non parlo di mia sorella», hanno finito per ritrovarsi, nella XV legislatura, dentro la stessa aula di Montecitorio. Lei sui banchi di Forza Italia, lui su quelli del governo nel ruolo di sottosegretario agli Esteri, avuto come risarcimento dopo aver rotto con Gianni De Michelis ed essere stato trombato alle elezioni.

Che sarebbe finita così potevate scommetterci. È da quando era un ragazzone lungo lungo e rivendicava lo stesso sangue di quel padre così ingombrante ma facendosi insieme piccin piccino («Se non altro abbiamo lo stesso numero di scarpe») che Bobo, il quale porta all'anagrafe il nome del nonno, Vittorio, è stato spinto alla politica. Al punto che papà lo fece segretario del Psi milanese quando ancora aveva i brufoli. E lo coinvolse in tutta una serie di società che via via gli sono rimaste per anni (ora è tutto in liquidazione) appiccicate addosso. E Bobo era azionista con l'84% dell'azienda agricola Campiglia Srl col cugino Stefano Pillitteri, figlio dell'ex sindaco di Milano Paolo, e poi col 25% dell'immobiliare Villaeuropa Srl, proprietaria della villa di Hammamet e poi al 50% dell'immobiliare Dafin Srl col segretario particolare di papà Cornelio Brandini e via così, di società in società.

Ed è da quando era una bella ragazza bionda e grintosa che Stefania, a sua volta detentrice di azioni in altre società della galassia craxiana, ha avuto la strada in discesa: dalla segreteria di produzione della Fininvest alla creazione di una «sua» casa (Italiana Produzioni) fondata col marito Marco Bassetti grazie a un fido dell'Istituto bancario italiano, guidato allora da Giampiero Cantoni, prima socialista e poi senatore di Forza Italia. Partito che, per diretta intercessione del Cavaliere, ha innovato la storia patria portando in Parlamento, dopo figli e nipoti e cugini, anche una moglie separata che aveva del tempo libero: perché dovrebbe pagare gli alimenti il marito se ci può pensare lo Stato?

E così, sugli scranni di Montecitorio, è finita Mariella Bocciardo, la prima moglie di Paolo Berlusconi. Così fortissimamente voluta che, per farle posto tra gli eletti della «Lombardia 1», si sono fatti cavallerescamente da parte, optando per altre circoscrizioni, tutti quelli più votati di lei, dall'ex cognato Silvio a Giulio Tremonti a Sandro Bondi. Dopo il divorzio e prima di intraprendere la professione di «funzionario di partito» (così ha scritto nella scheda parlamentare), la piacente Mariella si era cimentata in varie attività. All'inizio un negozio di estetista. Poi una società di gestione di centri benessere. Poi un ristorante, il Mangia e Ridi di Milano. Venduto nel 2001 a una società (oggi in liquidazione) con dentro l'ex marito, l'amministratore delegato del Milan Adriano Galliani e il parlamentare di Forza Italia Paolo Romani, già sottosegretario alle Comunicazioni nel governo Berlusconi. Un piacere in famiglia. Il ristorante perdeva un sacco di soldi: 180.000 euro l'anno. Molto meglio che l'ex cognata si dedicasse ad altro. La politica, magari? A Roma! A Roma!

Anche Giacomo Mancini fu Pietro fu Giacomo aveva quel sogno: vedere il nipote Giacomo, figlio di Pietro, diventare deputato. Il giorno in cui compì i suoi 85 anni, nella primavera del nuovo secolo, comprò perciò una pagina di giornale, rivendicò che con lui ai Lavori pubblici la Salerno-Reggio era stata fatta in un pugno d'anni, ricordò che con lui alla Sanità era arrivato in Calabria il vaccino Sabin, sottolineò che lui mai s'era infognato nelle risse tra i ruderi del Psi. E chiuse: «Auguri a me per il mio compleanno e a tutte le vostre famiglie». Seguiva il facsimile: «Vota alla Camera, scheda proporzionale, Marco Minniti e Giacomo Mancini».

«Oibò: a Giacomino manca il "jr"!» si diedero di gomito i calabresi. In effetti Giacomo «il Giovane», un avvocatino non ancora trentenne, consigliere provinciale, s'era tirato dietro per anni il «junior». L'aveva perfino sul campanello e nella firma: «Giacomo Mancini jr». Che il nonno glielo avesse tolto fu perciò, per lui, come ricevere le chiavi di casa: vai!

Eletto alla Camera, cosa che non era riuscita al papà Pietro nel '94, il giovanotto ha da allora tappato un buco. Di Giacomo in Pietro e di Pietro in Giacomo, quella dei Mancini è infatti la dinastia politica, Savoia a parte, più longeva d'Italia.

Giacomo I, un bersagliere «biondo e bellissimo», portò i Mancini dentro la storia patria quando varcò nel 1870 la breccia di Porta Pia. Era un contadino di Malito, un paese calabrese, diventò socialista convincendo i suoi a pagare le raccoglitrici di castagne con la metà e non più un terzo del raccolto, fece 13 figli e quello che gli riuscì meglio fu Pietro. Il quale, laureato in Legge, e anche in Filosofia con Antonio Labriola, diventò il primo deputato socialista calabrese.

Era il 1921. Giusto il tempo di pronunciare una durissima requisitoria sui torti romani verso la Calabria e, chiuso il Parlamento, venne mandato al confino. Due decenni di vuoto. E poi rieccoli, i Mancini. Raddoppiati: il figlio Giacomo, futuro ministro e segretario socialista alla Camera per la prima delle sue 10 legislature, il vecchio Pietro al Senato. Ancora più forte e valente che pria. Al punto che, alla vigilia del 18 aprile, morì, fu pianto e risorse. Direte: possibile? Possibile. Stava facendo a Vibo Valentia un comizio torrenziale quando passò un frate con processione salmodiante di disturbo. Cosa disse Pietro non si sa. Ma il giornale diocesano «Parola di Vita» scrisse che il vecchio socialista, alla vista del pio corteo, aveva smoccolato contro il papa e i preti al punto che il buon Dio, di lassù, l'aveva fatto secco. Una balla. Ma sancita il giorno dopo dal vescovo di Crotone, che commemorò il morto additando la sua fine come esempio per tutti i rossi. Finché da Reggio Calabria, dove erano apparsi manifesti che ridimensionavano la cosa dicendo che comunque il peccatore era stato colpito da paralisi perpetua e perdita della parola, partì un telegramma che diceva: «Compagno Mancini, venga senza meno. Stop. Urgentissimo smentire punizione celeste».

Mezzo secolo dopo, nell'autoaugurio di buon compleanno in cui si appellava ai «suoi» calabresi perché eleggessero il nipote, Giacomo «il Vecchio» benediva i parroci: «Il loro aiuto è stato di grande importanza, soprattutto nei quartieri popolari». Il mondo è cambiato, intorno. È cambiata la Calabria rossa che vide occupare le terre e nascere e morire in tre giorni la Repubblica popolare di Castrovillari. La Calabria fidelis secolarizzata da troppa assistenza, troppa tivù, troppe clientele. La Calabria dalle coste vergini sventrate dall'abusivismo. Solo i Mancini sono rimasti al loro posto. Saldi e immutabili attraverso trionfi, processi, riabilitazioni, declini e nuove resurrezioni. Senza imbarazzi, come spiegava prima di morire il vecchio Giacomo, che già aveva installato al Comune il figlio Pietro, «il migliore di tutti noi Mancini, costretto ad andarsene perché aveva tentato di portare pulizia. Di che mi dovrei imbarazzare: che siamo una famiglia che s'impegna per la Calabria? Hai voglia di fare il nonno, se il nipote non vale!».

Capiamoci: niente di nuovo sotto il sole. Lo ricordava già, ai suoi tempi, il cardinale Enea Silvio Piccolomini diventato papa col nome di Pio II: «Quand'ero solo Enea / nessun mi conoscea / ora che sono Pio / tutti mi chiaman zio». Perfino l'uomo che era venuto fuori di prepotenza per rovesciare il mondo della politica e «fare piazza pulita di tutti i magna magna», cioè l'Umberto Bossi, non ha poi resistito alla tentazione di ipotizzare una successione «in famiglia» con la pubblica investitura del figlio, portato al balcone in pubblica ostensione per la folla in delirio e benedetto con un'intervista al «Corriere»: «Dopo di me verrà mio figlio Renzo».

Idea che la corte leghista, vergine di servo encomio, applaudì calorosamente: «È la cosa più naturale del mondo» disse Roberto Calderoli, «Renzo è la fotocopia del papà, se lo facciamo crescere, avremo un ottimo cavallo da corsa». «La Lega prima che un partito è un modo di essere, quindi è naturale che un padre voglia trasmettere i propri valori ai figli» confermò fervente Roberto Castelli, «conosco bene i figli di Bossi, Renzo è un ragazzo eccezionale e noi abbiamo bisogno di giovani in gamba.» Al che saltò su Riccardo Bossi: «E io?».

C'è da capirlo. Lui, il primogenito che il Senatùr aveva avuto dal primo matrimonio si era dovuto accontentare di molto meno: un posto da «assistente accreditato» al Parlamento europeo, al seguito di uno dei più fedeli collaboratori del papà, Francesco Speroni, il controllore di volo promosso ministro per le Riforme istituzionali nel Berlusconi I e reso indimenticabile dalle cravattine texane e dalle giacche fucsia. Un posticino piuttosto buono: per gli attaché (possono essere uno o due) ogni deputato della Ue riceve infatti 12.750 euro. Pari a 24.687.000 di vecchie lire. Al mese.

Ma vuoi mettere il ruolo di delfino designato a raccogliere l'eredità politica? Tanto più che un regalo uguale identico (questa volta come assistente di Matteo Salvini) il babbo non l'aveva fatto solo a lui ma anche allo zio, Franco Bossi, fratello del leader leghista che un tempo tuonava contro «ogni forma di clientelismo» e di «favoritismi clientelari». Invidioso, Riccardo contattò dunque il «Corriere» per proclamare che lui, alto, grosso, mascellone, sopracciglia folte, vestito blu, occhiali neri, un impasto tra il Senatùr e il Dan Aykroyd dei *Blues Brothers*, era il vero erede: «Sa» spiegava Maruska, la sua vistosa fidanzata bionda, «hanno scritto che non è stato preso in considerazione per la successione... Era necessario che dicesse qualcosa di inerente. È un equivoco. E poi, diciamo che più ancora che il segretario è il popolo leghista che vorrebbe vedere nel successore di Bossi un altro Bossi».

Lui sbuffò seccato che gli era veramente dispiaciuto l'essersi ritrovato sul «Corriere» per quell'assunzione alla Ue: «Con tutte le clientele che ci sono in giro...». E precisò comunque che era proprio una bella esperienza, per un ragazzo deciso a fare politica: «Il mio lavoro è andare in aula, ascoltare, segnarmi quello che dicono... Ovviamente agli Affari esteri. Si può parlare del Kossovo piuttosto che della Turchia. Si preparano gli emendamenti, si organizzano delle cose... Un discorso importante sono i dazi. Anche perché qui, ragazzi, le aziende fanno fatica. Fatiiiica... D'altronde... La Cina... Si parla della nazione più popolosa al mondo... Eh, insomma... Qualche grosso problema lo sta creando...».

Raccontò infine, per darsi un tono da giovine statista, che il suo mito era Napoleone: «A casa ho anche i busti. Insomma, qualcuna ne ha combinata. Grande condottiero. Grande. Sono andato anche a vedere il campo di battaglia dove perse». Dove? «A... dài che non mi viene... o Signùr, come si chiama?» Waterloo? «Ecco. Waterloo. Grande, Napoleone. Morto in esilio col suo uomo fedele al fianco che ha bloccato l'ora dell'orologio. Diciassette e 48 minuti. Mi pare.» Oltre a Napoleone? «Marco Aurelio» suggerì Maruska. Lui: «No, no. L'Impero romano non lo considero. Non sopporto 'sta Roma de noantri... L'Impero romano, per carità! Non lo considero. Gusti personali. Carlo Cattaneo, ecco».

Fedeli seguaci del Capo, si accodarono nella scelta della successione domestica anche il sottosegretario agli Interni Maurizio Balocchi e il questore della Camera Edouard Ballaman. I quali, al nascere della luminosa Era Berlusconiana, fecero sbarcare in Parlamento la moda degli scambisti. Certo, mica gli scambisti a luci rosse dei club privé. Ci mancherebbe. I due, però, si scambiarono davvero le mogli: ognuno assunse in ufficio, a spese dello Stato e quindi di noi cittadini, la moglie dell'altro. Balocchi prese come collaboratrice Tiziana Vivian, sposata Ballaman. E contemporaneamente, la stessa settimana, Ballaman arruolò nel suo ufficio a Montecitorio la signora Laura Pace, cioè la nuova compagna che a Balocchi, separato dalla prima moglie, avrebbe di lì a poco dato un figlio. Una bella pensata che, aggirando gli stucchevoli paletti di una legge bigotta contro il familismo, apriva nuovi orizzonti al mantenimento di figli e cugini, generi e cognati, zie e concubine. Senza più il fastidioso ingombro di provvedere al vitto e alloggio dei propri cari, comodamente collocati a carico delle pubbliche casse.

«Quanta ipocrisia!» pensò Egidio Masella, assessore al Lavoro della Regione Calabria per Rifondazione comunista. Basta coi sotterfugi, tutto alla luce del sole! E come primo atto pensò al lavoro della moglie Lucia. Assunta come responsabile amministrativo del suo assessorato. Apriti cielo! Neanche il tempo di leggere dello scandalo sui giornali e Agazio Loiero, da poco governatore, tagliò di netto: licenziati tutti e due. Lui, coda tra le gambe, diede ad Angela Frenda del «Corriere» un'intervista accorata: «Giunta e consiglio regionale sono pieni di parenti! Ma no, eh, si sono accorti solo di quelli di Egidio!». E piangeva: «Mi hanno trattato come un delinquente qualunque e, invece, ho sempre rispettato tutti. Mi dispiace solo che per una mia ingenuità sia stata coinvolta Lucia in questa roba orrenda. Ma lei, voglio che lo si ricordi ancora una volta, in Regione non ha mai avuto un contratto, non ha mai percepito un centesimo. Perché l'ho proposta? Perché non sapevo di chi fidarmi».

Esattamente le stesse parole dette pochi mesi prima da una che ai comunisti pianterebbe le unghie negli occhi, la senatrice azzurra Elisabetta Alberti Casellati. La quale, insediata come sottosegretaria alla Salute, si era guardata intorno con affanno.

Di chi avrebbe potuto fidarsi davvero, in quel luogo così delicato? Finché, esaminati tutti i curriculum, scatenati nella ricerca i migliori cacciatori di teste, riuscì a individuare finalmente la persona giusta: sua figlia Ludovica. La quale, in una indimenticabile intervista al «Corriere del Veneto», respinse con sdegno l'ipotesi di essere raccomandata: «Ci ho messo dieci anni perché non mi chiamassero "figlia di" e adesso non vorrei passare per quella aiutata da mammina». Ma si figuri, signorina, si figuri. Cose che capitano nelle migliori famiglie. Lo confermava un'agenzia del marzo del 2007 dando notizia di Cristiano Di Pietro, consigliere provinciale di Campobasso, che «su delega del presidente della Provincia era stato incaricato di partecipare al tavolo che si è tenuto al ministero delle Infrastrutture con il ministro Di Pietro». Summit mondiale: «Caro papà Ministro...» «Caro figlio Consigliere...».

«E poi dicono che nelle famiglie italiane non c'è dialogo» ironizzò su «La Stampa» Massimo Gramellini. Parole sante. Tanto più che il leggendario «eroe di Mani Pulite» era quello che aveva gettato la toga per «cambiare una certa politica», che tuonava «basta coi candidati che se non è zuppa è pan bagnato, Nicola o Francesco!», che diceva: «Le mie priorità sono l'abbattimento dei costi della politica e l'eliminazione di ogni nepotismo». Ricordate la celeberrima sfuriata nei giorni in cui pareva l'Angelo Vendicatore? Scrisse che non ne poteva più di fasc-ismo, neopostfasc-ismo, fondamental-ismo, papal-ismo, centr-ismo, plescibitar-ismo, trasform-ismo, clerical-ismo, autoritar-ismo, giacobin-ismo e insomma di quella «sfilza di ismi che dicono tutto e nulla». E chiudeva: «C'è qualcuno in questo Paese che, con parole semplici e chiare, ci spieghi bene le cose come stanno e senza "ismi"»?

Bravo Tonino: ci spiega con parole semplici e chiare, cos'è il nepot-ismo?

7

Perso il Rolex d'oro? Paga la Camera

I privilegi: dalle scorte ai ristoranti meno cari delle mense operaie

Agli spazzini di Marghera piacerebbe molto mangiare al ristorante di Palazzo Madama. Non tanto per l'ambiente elegante, gli impeccabili camerieri in livrea che ti servono o le giornate di degustazione offerte dalle varie regioni come quella sudtirolese con speck, kaminwurzen, prosciutto di cervo e leccornie d'ogni genere bagnati da calici di Lagrein o di Gewürztraminer. Quanto alla compagnia, meglio mangiare coi Bepi e i Toni che con certi senatori. Ma i prezzi? Vuoi mettere i prezzi?

Un primo alla mensa dei netturbini costa 3 euro, al Senato la «lasagnetta al ragù bianco e scamorza affumicata» 1 euro e 59 centesimi. Un secondo di carne alla mensa dei netturbini costa 4 euro e mezzo, al Senato la «cernia fritta dorata» 3 euro e 53 centesimi. Un «contorno cotto» alla mensa dei netturbini costa 2 euro, al Senato le «cipolline glassate» o i «broccoli calabresi all'agro» 1 euro e 42. Una macedonia alla mensa dei netturbini costa 1 euro e mezzo, al Senato 75 centesimi. E perfino il pane alla mensa dei netturbini costa 60 centesimi e al Senato 52.

Un confronto imbarazzante. Tanto più che un netturbino prende un decimo di un senatore. Eppure il confronto si ripropone pari pari col ristorante della Camera: 8 euro e mezzo spende mediamente per mangiare uno spazzino veneziano, 9 euro e 16 centesimi un deputato. Ovvio, il prezzo si alza grazie alle bottiglie di vino: rosso comune delle cantine sociali nella mensa degli spazzini, Brunelli e Falanghine a Montecitorio. O a Palazzo Madama. Dove, democraticamente, sono trattati coi fiocchi non solo i parlamentari ma anche la loro corte e i dipendenti: 1 euro e 59 una zuppa di verdura, 84 centesimi i ravioli al ragù, 1 euro e 70 una braciola, 5 euro e 20 un dentice al vapore, 1 euro e 42 le verdure al vapore, 26 centesimi un'insalata di carote e 42 centesimi un ananas... Mica male, per un dipendente che guadagna in media 115.419 euro l'anno.

Quanto costano quei pasti al cittadino italiano? Infinitamente di più. Non tanto per il costo vivo dei prodotti alimentari, più o meno lo stesso, ma per quello del personale. Al ristorante della Camera sono 80 in organico: un cuoco o un cameriere ogni 8 deputati. Una media che metterebbe sul lastrico qualunque ristorante del pianeta, anche se adoperasse manovalanza tagika o burkinanese. Figuratevi a Montecitorio, dove un dipendente costa mediamente 112.071 euro l'anno. In realtà i posti non sono tutti coperti e gli addetti ai banchetti dei deputati sono una cinquantina. Di questi, quelli che lavorano effettivamente scendono ancora fino a una quarantina. Colpa della salute: ci sono camerieri che, certificati medici alla mano, non possono servire al tavolo perché faticano a camminare, cuochi che non possono cucinare...

Facciamo due conti? Solo in stipendi al personale il «Montecitorio's restaurant» costa circa 5 milioni di euro l'anno. Quanto basterebbe per pagare, sul mercato, 200 cuochi e camerieri e lavapiatti. O per imbandire qualche tavolata sul modello del pranzo di nozze offerto da Galeazzo II nel Palazzo dell'Arengo, alla presenza di Francesco Petrarca, per il matrimonio della figlia Violante Visconti col duca Lionello d'Inghilterra. Una mangiata con 18 «imbandigioni». La prima: porcelli dorati e pesci dorati. La seconda: lepri dorate. La terza: vitello dorato. E così via: quaglie, pernici, aironi, anitre, trote, cigni, pavoni. Tutto ricoperto d'una patina d'oro.

Guai a dirlo, però. Ché subito si alzano solenni indici ammonitori: attenzione a non cadere nella demagogia! Vale tuttavia la pena di ricordare che fino al 1974 (non nel Parlamento ottocentesco del barone Petruccelli della Gattina: fino al 1974) il ristorante al Senato non c'era e i senatori, senza per questo fare segnare indici più alti di mortalità, si arrangiavano coi panini e i piatti freddi alla buvette. Come fino a pochi anni prima avevano fatto anche i deputati.

«Eravamo stufi di mangiare come i cavalli» disse il socialista Bruno Lepre a Guido Quaranta. Il quale nel 1977, in *Tutti gli uomini del Parlamento*, descriveva la «trattoria» camerale così: «Chi non salta il pasto, o non è costretto all'uovo sodo della buvette da impegni improvvisi e urgenti, scende in un ristorante self-service ricavato nel 1968 in un sotterraneo di Montecitorio (...) formato da 4 sale comunicanti: 130 posti tra poltroncine e divani in similpelle, rossa come la spessa moquette, lampade in cristallo e ottone perennemente accese. (...) Gli avventori, sfilando davanti a un lungo bancone, possono scegliere tra alcuni antipasti, 4 diversi primi piatti, 5 tipi di secondi e altrettanti piatti espressi (carne alla griglia e uova al tegame), 4 contorni, formaggi, frutta fresca e cotta, 6 marche di acque minerali e 16 qualità di vino (...) Un pasto costa in media 1300 lire, niente mance per il personale (16 commessi e 4 cuochi). Durante le sedute più importanti, l'affluenza massima è di 400 persone a pranzo, 300 a cena; in un mese la media è di 4000 pasti».

Riassumendo: il numero dei deputati da allora a oggi è rimasto lo stesso, il prezzo pagato a pasto col passaggio dal self-service al servizio à-la-carte è salito in valuta attuale da 4 euro e 22 centesimi a 9 euro e 16 centesimi e l'organico del personale, anche se poi molte caselle non sono state riempite, è quadruplicato.

Così come sono aumentati i barbieri a disposizione dei parlamentari. Al Senato erano 4 e sono diventati 8, alla Camera erano 8 e sono diventati 12. E meno male che non è passata, nel settembre del 2006, la richiesta avanzata a nome di altri dal deputato leghista Giacomo Stucchi: «Il potenziamento del servizio di barberia che, secondo me, funziona bene, ma che, secondo altri colleghi, necessita di qualche unità in più». Il giorno dopo, lo sventurato si lagnava: «Questa mattina ho letto vari giornali e ho visto vari articoli riferiti alla discussione che abbiamo svolto ieri in quest'aula sul nostro bilancio. Erano, in prevalenza, articoli di colore. Si sono toccate tematiche, come la barberia gratuita o tante altre, che tendono forse, lo dico tra virgolette, a denigrare e screditare l'immagine del Parlamento».

«Denigrare» l'immagine del Parlamento? Solo perché qualche cronista aveva osato ironizzare sul fatto che l'onorevole Emerenzio Barbieri aveva ricordato che alla Camera qualcosa si pagava ma a Palazzo Madama «i senatori in carica, gli ex senatori, i deputati in carica, gli ex deputati e i parlamentari europei vanno dal barbiere gratis» e aveva chiesto che anche alle deputate venisse esteso il benefit dato alle senatrici che ricevono per il parrucchiere un bonus di 150 euro al mese?

Poche settimane dopo, l'ineffabile Stucchi, smessi i panni dell'addolorato custode della sacralità del Parlamento e rimessi quelli del leghista incazzato, scriveva sul suo blog in internet che «nei palazzi della politica romana si sente aria di vecchio» e se la prendeva con «lorsignori» eccitando i suoi elettori: «Sapete qual è la differenza tra i partiti, di destra o di sinistra poco importa, e la Lega Nord? Che i primi stanno a cincischiare sul nulla, mentre il Carroccio va dritto al sodo». Bravo onorevole, al sodo: insaponatura, barba, basette, sforbiciatina sopra le orecchie, asciugamano caldo e un bel dopobarba rinfrescante, magari firmato da Salvatore Ferragamo o Jean-Paul Gaultier. Al sodo, al sodo! Buon per lui che nelle valli bergamasche, dove l'hanno eletto, non leggono i resoconti stenografici della Camera. Sennò gli chiederebbero come mai, se l'Associazione artigiani dice che un barbiere può vivere dignitosamente se nel suo bacino ci sono almeno mille uomini (o, «nel caso sia unisex», almeno 800 abitanti maschi e femmine) a Montecitorio c'è un barbiere ogni 52 deputati e a Palazzo Madama uno ogni 40 senatori maschi.

Eppure il ristorante deluxe a prezzi popolari e la barberia non sono che due dei privilegi di chi ha la fortuna di finire in Parlamento. All'arrivo, ti danno un elenco dei benefit cui hai diritto: dai viaggi gratuiti in business class sui voli Alitalia a quelli sui treni e i traghetti, dai tassi favorevolissimi nella banca interna alla tessera Agis per andare gratis al cinema, dal Telepass gratuito a mille altre cose più o meno note (con 100 euro in più al mese, per esempio, si può estendere la generosissima mutua anche ai suoceri) che non vale neanche la pena di elencare.

Da annotare i regalini. Come i computer portatili dati nella XIV legislatura a ogni deputato. Decisione sacrosanta e ineccepibile. Ma non nella sua coda: la scelta di consentire a ogni parlamentare di riscattare le macchine al prezzo simbolico di un euro. Offerta della quale approfittò subito il decano del collegio dei questori, Francesco Colucci, che di computer ne rastrellò 21, alcuni praticamente mai usati, «costringendo il funzionario preposto a farsi firmare una specifica autorizzazione dal segretario generale della Camera».

Anche Gesù Bambino vuole bene ai senatori. Attraverso la presidenza e i questori di Palazzo Madama, per esempio, a Natale del 2006 ha regalato a tutti una sontuosa valigia a rotelle di pelle chiara, marca Bric's, modello Iata linea Life Pelle. Prezzo di listino, stando alle offerte sui siti internet: 719 euro. Più la spesa supplementare dovuta all'incisione su ogni trolley, in bella grafia, delle iniziali del parlamentare a cui era destinato. Per carità, è più che probabile che l'acquisto di 325 valigie sia stato agevolato da un forte sconto. Però...

Eppure, perfino chi bacchetta da anni sui lussi che via via si sono concessi i nostri rappresentanti in Parlamento, ne scopre sempre uno nuovo. Per esempio il risarcimento dei furti. Sei un deputato e ti fregano il soprabito che avevi appoggiato all'attaccapanni? Mai paura: «Desideriamo segnalarTi che in casi di danneggiamento o sottrazione di beni mobili o denaro avvenuti in locali della cui custodia la Camera sia responsabile» scrivono i questori ai deputati in una lettera del 7 febbraio del 2007 «potrai comunque richiedere, previa denuncia, all'ispettorato di polizia, il risarcimento del danno subito a cui provvederà la compagnia assicuratrice». Immaginatevi la scena: «Scusate, mi hanno rubato un cappotto di cachemire da 1000 euro». «Prego onorevole, vada a comprarne un altro e ci porti lo scontrino.» Va da sé che qualche furbino potrebbe avvertire la tentazione di rifarsi il guardaroba: «Avevo appeso una giacca... Avevo posato una pashmina...». E le scarpe? Basta un po' di fantasia: «Mi ero steso a dormicchiare sul divano dopo essermi sfilato un paio di mocassini fatti a mano da mille euro...».

Il massimo dello status, però, è la scorta. Intendiamoci: in un Paese come il nostro che negli anni di piombo ha visto uccidere dai terroristi rossi e neri 430 persone e ha vissuto stagioni di spaventosa violenza mafiosa con vere e proprie mattanze, sarebbe stupido non riconoscere che il passaggio a una democrazia «protetta» dopo gli anni Cinquanta di pressoché totale mancanza di guardie del corpo dei Fanfani e dei Romita fu obbligato.

Come in tutte le cose, però, c'è modo e modo. E da noi, soprattutto nel Mezzogiorno dove certi dettagli valgono il doppio, la scorta può titillare le vanità di uomini affetti da «importanzite acuta» più di una Maserati biturbo o di una pelliccia di zibellino sulle spalle dell'amante. Lo sanno tutti. E tutti, da anni, promettono tagli, tagli, tagli. Il leghista Roberto Maroni, il primo ministro degli Interni non dicì, si mostrava, nel '94, scandalizzato: «Ho scoperto che aveva la scorta perfino Clelio Darida. E chi era? L'avevano lasciata anche a Paolo Emilio Taviani. Ho chiesto: perché? Mi hanno risposto: "Perché è stato ministro, al Viminale". Sì, ho detto, ma quanto tempo fa? Io non lo so, quasi non lo ricordo... Uno che ha fatto cose importanti può avere una gratitudine dallo Stato. Capisco. Capisco pure che gli si paghi il taxi. Ma perché deve portarsi dietro quelli col mitra e sottrarli ad altri servizi?».

Basta, diceva. Basta con episodi leggendari come quello di Riccardo Misasi che «faceva il bagno su una spiaggia calabrese con lo status symbol di una folla d'uomini armati». D'ora in avanti, giurò, fine della fiera: «Ne tagliamo il 70%. Prima le avevano circa 160 politici. Adesso, a parte i ministri in carica, rimarranno a 6 o 7. Non ce l'hanno più Bettino Craxi, Vincenzo Scotti, Antonio Gava. E basta con il periodo di cinque anni per l'uso personale di aerei militari da parte di un ex presidente del Consiglio. Roba che va eliminata. Pensi che Craxi, a Milano, aveva ancora la scorta in attesa che tornasse dalla Tunisia».

Cinque anni dopo «l'Unità» plaudiva al governo di Massimo D'Alema con un titolone: *Dimezzate in tre anni le scorte ai politici*. Ma come: non le aveva già ridotte del 70% Maroni? Macché. Nell'articolo si spiegava che dal giugno del '96 al maggio del '99 i servizi di scorta erano stati ridotti da 417 a 282, dei quali 48 a «personalità con incarichi politico-istituzionali o amministrativi». Nel Duemila, la relazione annuale al Parlamento parlava di 3798 agenti impegnati in 771 scorte. Quasi il triplo di quelle vantate l'anno prima. Chi mentiva? Boh... Un altro anno di attesa e il 25 ottobre del 2001, un mese e mezzo dopo l'11 settembre e il divampare della paura degli attentati islamici, il nuovo capo del Viminale Claudio Scajola accusava: «In questo Paese sono impegnati per servizio di scorta più di 6000 uomini. Il costo del servizio di scorta supera i 1100 miliardi di lire. In Paesi ove si registra un fenomeno terroristico e di criminalità forte, paragonabile e certamente superiore al nostro (Spagna, con il problema dei Paesi Baschi, Inghilterra con il problema dell'Irlanda del Nord), il costo e il numero di uomini impegnati nella protezione delle persone a rischio è pari al 30% di quello che sopporta l'Italia».

Chiaro? Stando ai dati ufficiali, in Spagna (dove l'Euskadi Ta Askatasuna ha ucciso oltre 800 persone) e in Gran Bretagna (dove la guerra tra l'Irish Republican Army e le truppe inglesi ha contato dal 1969 a oggi 3300 morti e 38.000 feriti) gli scortati erano, a stare larghi, meno di 250, gli uomini impegnati 2000, il costo in valuta attuale 190 milioni di euro. Da noi il triplo: 568 milioni di euro. Perché? Troppo spesso per pura vanità.

«Non possiamo infatti nasconderci» spiegava Scajola «che vi sono state e vi sono alcune esagerazioni, con persone che ritengono che il servizio di scorta sia uno status symbol per affermare la propria importanza nella classifica sociale.» Per questo, spiegò, aveva deciso di togliere la protezione a un sacco di gente, compresi (e qui si tirò addosso le critiche perfino di Giuliano Ferrara) alcuni magistrati come Ilda Boccassini che aveva fatto arrestare gli autori della strage di Capaci in cui la mafia aveva assassinato Giovanni Falcone, la moglie e gli uomini che li proteggevano. Basta, disse: «Questo servizio ha un costo enorme, spropositato e come ho già affermato e ripeto in quest'aula agli occhi dei cittadini è stato ed è considerato una vergogna nazionale». Risultato: stando alla relazione al Parlamento di Giuseppe Pisanu, nel 2005 le scorte erano ancora 732 (delle quali 95 per i politici) e gli uomini utilizzati 2828. Cioè 6 scorte in più rispetto a quelle denunciate da Scajola come «spropositate».

E così, mentre venivano versate lacrime di coccodrillo sulla morte di Marco Biagi, che secondo l'allora ministro degli Interni «era un rompicoglioni» e fu ucciso proprio perché gli era stata negata la protezione inutilmente chiesta («sennò non saremmo riusciti a ucciderlo» mise a verbale la brigatista rossa Cinzia Banelli), fino al maggio del 2006 e alla caduta del governo Berlusconi, aveva ancora la scorta la presentatrice televisiva Irene Pivetti. Motivazione: prima di scoprire l'ebbrezza dei succinti completi sexy tutti cuoio e borchie, era stata l'inamidata presidentessa della Camera. E come tale collocata per l'eternità nell'Olimpo degli Dei.

Giuliano Amato, stando ai numeri aggiornati alla fine di gennaio del 2007, un taglio l'ha dato. E non solo all'ex presidente di Montecitorio, che peraltro ha ancora diritto a un ufficio tutto suo vita natural durante anche se è passata dai tailleur della signorina Rottermaier ai costumini da cat-woman. Da 727 scortati che aveva trovato il giorno dell'insediamento, ha portato il numero a 654: una riduzione del 10%. E del 13% è stata la sforbiciata agli uomini di scorta, col recupero di 424 poliziotti, carabinieri e finanzieri da destinare ad altri compiti. Per non dire dell'amputazione sul fronte dei politici: da 112 a 84. Direte: ma non si erano già vantati di averli ridotti a 48 nel 2000? Misteri.

Chi certo non è rimasto senza un battaglione personale di angeli custodi è Silvio Berlusconi. Il quale, ai tempi in cui era premier, si era dotato di 81 body-guard. Cioè poco meno di quanti bastarono ai servizi segreti israeliani per il più spettacolare raid militare di tutti i tempi, quello che nel 1976 portò alla liberazione di tutti gli ostaggi di un aereo dirottato da un commando di terroristi all'aeroporto di Entebbe, sotto il naso delle forze armate del dittatore ugandese Idi Amin.

Abituato così, è logico che il Cavaliere non si fidasse del suo successore. Quindi, mentre ancora stava a Palazzo Chigi in attesa di lasciare il posto a Romano Prodi, decise di darsela da solo, la scorta per il futuro: 31 uomini. Più la massima tutela a Roma, Milano e Porto Rotondo. Più 16 auto, di cui 13 blindate.

Il minimo indispensabile, secondo lui, di questi tempi. Un po' troppo, secondo i nuovi inquilini subentrati alla presidenza del Consiglio. Che sulla questione, a partire da Enrico Micheli, avrebbero aperto un (discreto) braccio di ferro con l'ex premier. Guadagnando solo una riduzione del manipolo: da 31 a

25 persone. Quante ne aveva il «bersaglio Numero Uno» Yasser Arafat, secondo Massimo Pini, il giorno che andò a visitare Bettino Craxi.

Eppure, ricordate cosa disse Berlusconi ai tempi in cui appoggiava Scajola nella decisione di tagliare il numero degli scortati? Disse che per molti la scorta era «solo uno status symbol» usato «impropriamente, magari sgommando». E si vantò, giustamente, di aver sottratto alla noia di certe inutili tutele «788 operatori di polizia dirottati così in altri settori per garantire una maggiore sicurezza dei cittadini». Ai tempi in cui le Br ammazzavano la gente per la strada e i politici erano esposti come mai prima, del resto, il presidente del Consiglio Giulio Andreotti viaggiava con scorte assai più contenute: «Mia moglie a Natale faceva un regalino a tutti, e certo non erano molti».

È vero: è cambiato tutto. E la scelta di ridurre drasticamente le spese per proteggere gli ex capi del governo fatta da Giorgio Napolitano quando stava al Viminale, appare lontana anni luce. Berlusconi è stato il premier che ha appoggiato fino in fondo Bush, ha schierato l'Italia nelle missioni in Afghanistan e in Iraq, si è battuto in difesa della sua idea di Occidente con una veemenza (si ricordi la polemica sul dovere di essere «consapevoli di questa primazìa, di questa superiorità» sull'Islam) che lo ha esposto non solo ai fanatici nostrani come quel Roberto Dal Bosco che gli tirò in testa un treppiede in piazza Navona, ma all'odio di tanti assassini legati ad al Qaeda. Garantirgli la massima tutela è un dovere assoluto. Punto e fine.

Il modo in cui si sarebbe autoconfezionato questa tutela, invece, qualche perplessità la solleva. Il 27 aprile del 2006, cioè 17 giorni dopo le elezioni perse e prima che Prodi si insediasse, la presidenza del Consiglio stabilì che i capi del governo «cessati dalle funzioni» avessero diritto a conservare la scorta su tutto il territorio nazionale nel massimo dispiegamento. Altri dettagli? Zero: il decreto non fu pubblicato sulla «Gazzetta ufficiale» e non sarebbe stato neppure protocollato. Si sa solo che gli uomini di fiducia «trattenuti» erano appunto 31. Quelli che con un altro provvedimento il Cavaliere aveva già trasferito dagli organici dei carabinieri o della polizia a quelli del Cesis, il Comitato esecutivo per i servizi di informazione e di sicurezza. Trasferimento che l'allora presidente del Comitato di controllo sui «servizi» Enzo Bianco aveva bollato come «illegittimo».

Domanda: come mai su una cosa simile nessuno, a sinistra, ha piantato una polemica di quelle che all'estero cavano la pelle ai megalomani? Perché anche a sinistra sono in diversi, a zoppicare da quella gamba. Valga per tutti l'esempio di Oliviero Diliberto, il segretario dei Comunisti italiani, ai tempi in cui era guardasigilli. Ricordate? La notizia, data per prima dai giornali del gruppo Monti diretti allora da Vittorio Feltri, fu ripresa da Giampaolo Pansa: «Si racconta come il ministro di Grazia e Giustizia, Oliviero Diliberto, dei Comunisti italiani, per presentarsi in forma al ritorno in patria di Silvia Baraldini, abbia pensato di andarsene per 6 giorni alle Seychelles, nella splendida isola di Mahé, la più grande di quell'arcipelago, nell'Oceano Indiano. E fin qui nulla di male, perbacco! Con la moglie, il ministro ha preso alloggio nell'Hotel Plantation Club, che non dev'essere un centro sociale per pensionati, visto che ha persino un casinò interno. E anche qui siamo nella normalità più assoluta, dato che il ministro, come è ovvio, ha pagato di tasca propria la vacanza sua e della signora».

Il fatto è che il compagno Oliver era accompagnato da «due giovanottoni». I quali «non erano vacanzieri, bensì agenti della polizia penitenziaria italiana, incaricati di fare da scorta al ministro. Erano partiti da Roma con lui e sono rimasti con lui sino alla fine della vacanza. (...) Viaggio, hotel e servizio della scorta non li ha pagati il ministro, bensì lo Stato. Me l'ha confermato, lunedì 6 settembre, l'addetto stampa del guardasigilli, Andrea Bianchi, già redattore del "Manifesto", un collega intelligente e schietto. Domanda: ma era proprio necessario portarsi la scorta fino alle Seychelles? Risposta: per Diliberto la scorta è un obbligo, ventiquattr'ore su ventiquattro».

La cosa, però, non convinse affatto il grande giornalista: «Che cosa pensa, l'autentico bacchettone rosso? Semplice: che su certi terreni delicati, la sinistra abbia più obblighi della destra, perché il pubblico che la osserva (e la vota) è fatto ancora oggi di gente semplice, e con poche monete in tasca, che non ha mai visto nemmeno in cartolina un casinò delle Seychelles. Ma se è così, e non c'è dubbio che lo sia, è di un'evidenza lampante ciò che avrebbe dovuto dire il compagno Diliberto a se stesso. Doveva dirsi: sei a rischio di un agguato?, sei scortato?, la scorta deve seguirti dovunque e in ogni luogo? Allora sii più modesto. Vai in vacanza a Sabaudia o torna alle dune sarde di Piscinas, e lascia perdere l'Oceano Indiano».

E meno male che oltre alla scorta non si portano dietro il medico. Quelli parlamentari, infatti, costano un occhio della testa. Alla Camera fino all'autunno del 2006 ce n'erano tre fissi che pesavano insieme sui bilanci per un totale di 750.000 euro. Per capirci: quanto almeno dieci primari ospedalieri. Una enormità. Al punto che Gabriele Albonetti e gli altri questori di Montecitorio hanno deciso di sbarazzarsene per varare una convenzione con i medici del Policlinico Gemelli. Decisione forse saggia, sui tempi lunghi, ma pagata carissima nell'immediato. Per lasciare il loro paradiso, infatti, due dei tre dottori hanno ottenuto una buonuscita di cinque anni: 1.250.000 euro a testa. Il terzo medico, nonostante l'offerta lussuosa, ha deciso di restare: e dove lo trova un altro stipendio di 250.000 euro l'anno con tutti i benefit parlamentari?

8

Baby pensionati di 42 anni

E c'è chi ha avuto il vitalizio senza mai sedere a Palazzo Madama

Nel calendario della show-girl televisiva Irene Pivetti, organismo geneticamente modificato della badessa militare che fu presidente della Camera, c'è una data cerchiata di rosso: 4 aprile del 2013, festa del beato Francesco Marto, il terzo pastorello di Fatima. Quel giorno, la bella e pimpante presentatrice celebrerà non solo il compleanno ma la possibilità di diventare una baby pensionata parlamentare. A 50 anni. Dopo aver fatto tre legislature ma, grazie a due tornate di elezioni anticipate, solo 9 anni a Montecitorio. E farà «marameo», addirittura 18 anni dopo, alla riforma Dini che avviò il progressivo innalzamento dell'età inchiodando tutti gli altri italiani ad andare a riposo molto, molto, molto più tardi.

La buona madonnina di Fatima, però, non c'entra. Come non c'entrano le favolose condizioni contrattuali che procura alla sua preziosa puledra il padrone della scuderia cui appartiene, l'impresario Lele Mora, scelto «perché non è Biancaneve». Il miracolo di salvare le loro baby pensioni, i deputati e i senatori se lo sono fatti da soli. Qualche anno fa. Un bel giorno sospirarono affranti: non potevano andare avanti così. Per quanto abituati a trattarsi principescamente, non potevano proprio predicare agli altri l'assoluta necessità di fare sacrifici e rimandare il più possibile l'età del ritiro dal lavoro e nello stesso tempo tenersi quelle regole lussuose grazie alle quali potevano andare in pensione a 60 anni se avevano alla spalle una legislatura, a 55 se ne avevano due, a 50 se ne avevano tre, a 45 se ne avevano quattro e così via, a scalare. Il troppo è troppo.

Decisero così, nel 1997, tra tanti maldipancia, di cambiare. Stabilendo che in futuro il parlamentare con una sola legislatura nel carniere avrebbe potuto ricevere la pensione non prima di aver compiuto i 65 anni. Ma che ogni anno in più sugli scranni delle Camere avrebbe dato diritto a un accorciamento di un anno. Dieci anni «onorevoli»? Pensione a 60 anni. Quindici anni «onorevoli»? Pensione a 55. Venti anni «onorevoli»? Pensione a 50. Col risultato che se dovesse essere rieletta per altre due volte, la deputata forzista Chiara Moroni potrà ricevere il suo lussuoso vitalizio di 8455 euro il 23 ottobre del 2024. A 50 anni. Diventando una baby pensionata con due soli decenni di contributi ben 29 anni dopo la riforma Dini.

È qui la truffa. Nell'aver fatto credere agli italiani che quella riforma del '97 fosse davvero una svolta radicale dopo decenni di privilegi. Falso. Primo: allungava solo di cinque anni, a scalare, l'età pensionabile. Secondo: valeva solo per gli eletti futuri, a partire dalle politiche del 2001. Tutti gli altri, già presenti nel 2000, hanno diritto per l'eternità al vecchio trattamento. Il napoletano Giuseppe Gambale, entrato ragazzino nel '92 con quella Rete di Leoluca Orlando che voleva scardinare la vecchia politica, è andato in pensione nel 2006 (per essere subito riconvertito come assessore alla cultura del Comune di Napoli: 4000 euro di stipendio) con 8455 euro lordi al mese. A 42 anni.

Ma come: non arrossisce all'idea di essere un baby pensionato andato a riposo 23 anni prima di quella soglia dei 65 indicata come minima per salvare il sistema? «E allora? Non ho tolto niente a nessuno e non sono disposto a rinunciarvi» ha risposto all'«Espresso». «Il vitalizio è il frutto di quello che ho versato negli anni di servizio parlamentare, è come se avessi stipulato una polizza privata. Quanto alla mia giovane età, dov'è lo scandalo? Vuol dire che ho iniziato a lavorare presto.»

È quanto vorrebbero dire alcuni milioni di italiani, costretti (loro) ad andare in pensione un paio di decenni più tardi. Ma c'è di più: l'onorevole giovanotto, per avere quella pensione, ha versato in quattro legislature 222.000 euro e spiccioli. Nel solo primo anno da vecchietto quarantaduenne a riposo ne ha riavuti 101.460. Fate due conti: 26 mesi ed eccolo in pari con il versato. Dopo di che, dai 44 anni in avanti, sarà mantenuto dai cittadini. Se la vita gli sorriderà quanto sorride mediamente a un maschio italiano d'inizio millennio (alè, Peppino!) arriverà a 80 anni dopo avere incassato, in valuta attuale, 3.855.000 euro. Cioè 17 volte più di quanto aveva versato. Se conosce una polizza privata altrettanto magica, per favore, dia l'indirizzo anche a noi.

E il bello è che in realtà, di anni veri in Parlamento, Gambale ne ha passati solo 14. Degli altri 6 per completare le legislature interrotte da elezioni anticipate ha versato solo i contributi. La precisazione non è secondaria. Se adesso per avere diritto a riscattare tutta una legislatura è necessario averne fatta almeno mezza e cioè 913 giorni (per questo Giulio Tremonti ha detto più volte: «Non si voterà prima del 2009») una volta non era così. Per incamerare i diritti d'una intera legislatura bastava entrare in Parlamento, fosse pure per un battito di ciglia, e pagare i contributi dovuti, cifre poco più che simboliche rispetto al guadagno. Il banchiere varesino Giovanni Valcavi, per dire, è rimasto a Palazzo Madama nove settimane e mezzo. Ma non provateci neanche, a chiedergli se non si senta in imbarazzo a portare a casa ogni mese, dal 23 aprile del 1992, una pensione che all'inizio del 2007 era salita a 3108 euro: è convintissimo di essersela guadagnata.

«Oh, signùr! Ma lei ha idea di quanto ho lavorato, in quei mesi? Ho fatto un sacco di disegni di legge, di interrogazioni parlamentari, di riunioni, di viaggi all'estero... Non stavo mica a guardar per aria, io.» Subentrò al defunto Antonio Natali il 27 marzo del 1991, il giorno dopo gli chiesero di dimettersi dalla carica di presidente della Banca Popolare di Luino e Varese perché le due poltrone erano incompatibili. Diede battaglia presentando una modifica alla legge, gli andò male, fu costretto a scegliere, scelse di continuare a fare il banchiere e il 3 giugno lasciò il posto a Bruno Pellegrino. Totale dei giorni da senatore: 68.

Non gli sarebbero bastati, ovvio, per avere il vitalizio. Ma gli fu sufficiente coprire i contributi di tutta la legislatura. «Ho versato 50 milioni! Di allora! Cinquanta milioni erano dei bei soldi, sa? Erano dei bei soldi.» In valuta attuale, meno di 39.000 euro. Recuperati in poco più di un anno. Da allora, i cittadini italiani hanno regalato a Giovanni Valcavi, a integrazione di altre pensioni deluxe, mezzo milione assai abbondante di euro. Più di un miliardo di lire. Per 68 giorni da parlamentare e una cinquantina di milioni di investimento. Un bel guadagno anche per un banchiere: «Solo perché sono vissuto. Se crepavo subito ci perdevo». Ma un po' di rossore... «Mi facevano festa tutti... Una marea di senatori, di abbracci... Spadolini mi teneva delle mezze ore a parlare...» Ma due mesi per una pensione! «Ho fatto la Resistenza, io. Sono stato in carcere. Ho dato tanto, a questo Paese. Tanto.» E poi, rassicura da anni chi gli fa le pulci, tranquilli: «Sono scapolo. Non trasferirò la rendita a eredi».

Altra precisazione non secondaria, perché nel mondo fatato dei parlamentari è successo anche questo: dall'autunno del 2000 incassa ogni mese il vitalizio senatoriale (sia pure ridotto) la vedova di un uomo che non mise mai piede nell'aula di Palazzo Madama. Mai, neppure per un minuto. Si chiamava Arturo Guatelli ed era un giornalista famoso. Trombato alle elezioni del 1979 nelle quali si era candidato con la Dc, non ne aveva certo fatto un dramma. Da corrispondente da Parigi del «Corriere della Sera» aveva già le sue soddisfazioni. Finché, il 29 aprile del 1983, dopo mesi di tira e molla, il quinto governo di Amintore Fanfani si dimise. Quattro giorni dopo, il presidente della Repubblica Sandro Pertini sciolse le Camere. Altri due giorni e mentre giocava coi figli nel suo appartamento a Palazzo Giustiniani, il presidente del Senato Tommaso Morlino morì: infarto.

Un paio di giorni dopo la Prefettura di Milano telefonava a Guatelli, che anni dopo ne avrebbe parlato col collega Ivo Caizzi, del «Corriere»: «Mi annunciarono che ero stato nominato senatore al posto di Morlino in quanto primo dei non eletti Dc in Lombardia. Rimasi sorpreso perché sapevo che la legislatura era finita. Quando capii che era un fatto più formale che sostanziale, evitai perfino di dirlo in giro. La cosa si seppe quando il Senato, riunito in seduta straordinaria per insediare il nuovo presidente, annunciò la mia nomina».

Un «fatto più formale che sostanziale»? Per niente. Pochi giorni e al giornalista arrivarono un pezzetto dello stipendio e della liquidazione. Ma più ancora l'avviso che aveva vinto alla lotteria: «Con grande sorpresa scoprii che avevo anche maturato un vitalizio da riscuotere dai 60 anni. Dovevo però pagare i contributi dei 5 anni previsti come minimo. Versai una ventina di milioni e da un paio d'anni riscuoto». Era, al momento della chiacchierata, la primavera del 1997. «Hai mai pensato a rinunciare?» gli chiese Caizzi. No, rispose. Certo il suo caso dimostrava «al meglio l'assurdità del sistema pensionistico dei parlamentari». Ma spiegò: «Non sono abituato a buttare i soldi dalla finestra. Capisco che si tratti di un privilegio, ma la legge non l'ho inventata io».

«Repellente.» Ecco come Toni Negri, il pessimo maestro d'una generazione, marchiò la sua esperienza alla Camera: «Terribile e repellente». Tirato fuori grazie all'elezione nelle file radicali dal carcere in cui era rinchiuso dal 7 aprile del '79 sotto una montagna di accuse legate al terrorismo rosso, il professore padovano entrò a Montecitorio, tra le urla dei missini e il disprezzo di quasi tutti gli altri, il 12 luglio del 1983. Da quel momento restò lì, prima che i colleghi ne autorizzassero l'arresto reso impossibile dalla fuga a Parigi, per un totale di 64 giorni. Durante i quali, a causa delle ferie estive, vennero convocate 9 sedute.

Della sua «sveltina» parlamentare, al di là delle polemiche sulla sua elezione, restano agli atti due cose. Una proposta di legge «pro domo sua» intitolata «Norme per la riduzione della durata della custodia preventiva e per la concedibilità della libertà provvisoria» e una lettera alla presidente Nilde Iotti in cui, ferito nella sua permalosa onorabilità accademica come il più stizzito dei vecchi baroni, chiese un giurì d'onore contro il deputato democristiano Angelo Bonfiglio che durante una riunione della giunta per le autorizzazioni a procedere (dove lui era accusato di reati come «insurrezione armata contro i poteri dello Stato» o «concorso in sequestro di più persone a scopo di terrorismo») aveva osato dire che bisognava indagare «su come e da chi sia stata conferita a Negri la cattedra universitaria». Fine.

Non bastasse, rilasciò una serie di interviste. In una disse: «Mi hanno accusato di aver vissuto in cento bande clandestine, ma l'unico corpo separato in cui mi è toccato di vivere è proprio questo Parlamento». In un'altra, parlando di sé in terza persona come i terzini e le soubrette, spiegò: «Il Negri rivoluzionario non si è rinnegato né convertito al parlamentarismo». Finché lanciò dalla Francia, via radio, un appello alla sua plebe ribelle nella scia dell'adagio «armiamoci e partite»: «Ci rivedremo. Ma per ora dobbiamo riuscire ad alzare ancora quello che è il piano dello scontro». Forza ragazzi, che lui si era un po' stufato e adesso aveva altro da fare con gli accademici *parisiens*.

Bene: per quelle 9 «repellenti» sedute in cui c'era e non c'era, Toni Negri prende ogni mese, dal 1993 quando compì i 60 anni, 3108 euro. Cinque volte di più, stando alle tabelle Inps, della pensione media di vecchiaia di un operaio. Un dettaglio che, a lui che divenne noto per avere scritto «sento il calore della comunità operaia e proletaria tutte le volte che mi calo il passamontagna», dovrebbe far venir voglia di rimetterlo, il passamontagna. Per l'imbarazzo. Niente da fare: nella sua testa il vitalizio è un risarcimento per la galera fatta.

Non ce n'è uno, tra i baciati dal privilegio, che un po' se ne vergogni. Valga come esempio un'intervista a Marco Formentini, che dovrebbe oggi assommare varie pensioni dovute ai ruoli di funzionario europeo e poi dipendente della Regione Lombardia (di cui è stato segretario della giunta) e poi deputato nazionale e poi sindaco di Milano e poi ancora per due volte parlamentare europeo. Sempre per la Lega (fu lui a celebrare, con le lacrime agli occhi, il matrimonio bis dell'Umberto Bossi con la Manuela) e poi per la Margherita.

Alla domanda se non mettesse a disagio uno come lui (che come sindaco leghista salutava «la Milano che si alza alle cinque» e attaccava «Roma ladrona») incassare la pensione di deputato dopo essere stato a Montecitorio poco più di un anno, rispose: «Ah, sì, certo. Sono sicuro che la Lega si batterà per ridurlo. E io non mi tirerò indietro». Dopo di che, zero. Anzi, davanti all'insistenza del cronista, sbottò: «Non si può pensare che ci siano rinunce personali. Vorrei vedere... E voi giornalisti? Anche le vostre pensioni non sono mica da buttar via. O sbaglio? Rompete i coglioni agli altri, ma pensate a voi stessi! Non è che voi siete poveri pensionati dell'Inps! Non fate un cazzo e alla fine vi trovate una bella pensione anche voi. Che fate tanto i moralisti!». E chiuse: «Basta. Mi ha rotto i coglioni». *Clic.*

Che certi giornalisti battano la fiacca è vero. Ma certo nessuno al mondo si è mai guadagnato una pensione da giornalista lavorando poco come un altro politico, Clemente Mastella. Veniva da Ceppaloni, faceva il «promoter» elettorale per l'allora potentissimo Ciriaco De Mita e venne da lui piazzato alla sede Rai di Napoli verso la metà degli anni Settanta. Malignità? No, l'ha raccontato lui: «A farmi entrare alla Rai fu De Mita. Tre giorni di sciopero contro la mia assunzione. Ai colleghi replicai soltanto: e voi invece siete entrati per concorso!».

Era sveglio, lavorava per la radio, cercava di battere soprattutto il Sannio dove aveva in mente di candidarsi. E costruiva il suo futuro ventiquattr'ore su ventiquattro, puntando dritto alle elezioni del 20 giugno del 1976: «Il miracolo lo realizzai così. Aspettavo che tutti i dipendenti andassero a mensa. Poi chiedevo ai centralinisti di telefonare nei comuni del mio collegio elettorale. Mi facevo introdurre come direttore della Rai e segnalavo questo nostro bravo giovane da votare: Clemente Mastella. Funzionò».

Diventato professionista il 19 maggio del 1975, un anno e 32 giorni dopo entrava alla Camera. Da quel momento cominciò a succhiare da un'altra delle generose mammelle della politica: la possibilità, per chi era eletto, di mettersi in aspettativa nel posto di lavoro «provvisoriamente» lasciato. E di restarci per anni e anni. In certi casi, come quello dei magistrati, continuando a prendere, fino a poco tempo fa, sia la busta paga da parlamentare sia da magistrato. Ma in ogni caso tenendo ben agganciata la propria pensione professionale grazie al versamento dei contributi «figurativi».

Cosa sono? Sono i versamenti che questo o quell'ente previdenziale è obbligato ad accreditare sul «conto» pensionistico di ogni deputato e ogni senatore anche se i soldi non li riceve né dall'interessato né dal suo datore di lavoro, pubblico o privato che sia. Insomma: contributi fantasma. Che però danno diritto alla pensione finale, da giudice o da professore, da impiegato regionale o da dirigente industriale, anche se per decenni non è stato versato un centesimo.

In questo modo andò in pensione come docente universitario, a 47 anni, l'ex ministro socialdemocratico Carlo Vizzini. Erede del seggio alla Camera del padre Casimiro, era andato in cattedra a Palermo, come ordinario di Storia delle Dottrine economiche, nel 1973, a 26 anni. Per meriti scientifici o politici? Scientifici, ci mancherebbe. Lo dichiara lui stesso nel suo sito dicendosi «autore di numerose pubblicazioni». Quali? La risposta è nel motore di ricerca dell'Istituto Centrale per il catalogo unico. Dove risulta che in tutte le biblioteche pubbliche italiane, tra milioni e milioni di volumi, esistono del prestigioso economista 5 libri. Due copie di *Contributo ad un dibattito su economia e società / Sezione economica del Psdi diretta da Carlo Vizzini*, altre due di *Le regioni italiane nella Comunità europea* e una di *Finanza locale e riforma tributaria*, relazione a un convegno palermitano del 1975. Depositate alla Biblioteca nazionale centrale di Firenze, che come è noto conserva tutto ciò che viene pubblicato. Compreso, per capirci, *Sola come un gambo di sedano*, di Luciana Littizzetto. Presente peraltro 74 volte.

Fare un elenco di tutti quelli andati in pensione coi contributi figurativi è impossibile. Troppo lungo. Clemente Mastella, come dicevamo, dall'alba del terzo millennio è un pensionato dell'Inpgi, l'Istituto di previdenza giornalisti, dopo aver fatto il cronista per un totale di 397 giorni. Il democristiano Vincenzo Scotti, che già incassa 10.000 euro di vitalizio, è in pensione anche come dirigente industriale, mestiere cui non può aver dedicato molto tempo avendo fatto il parlamentare per 7 legislature, dai 35 anni in avanti. Il comunista Armando Cossutta è in pensione quale «dirigente politico» da quando aveva 54 anni ed era già alla Camera da 8.

Conosciamo l'obiezione: roba vecchia, adesso le regole sono cambiate. Giusto. Ma si è trattato d'un ritocco. Da qualche anno i parlamentari, di quei contributi figurativi che virtualmente pesavano per il 33% sull'altrettanto virtuale stipendio, devono versare una parte in soldi veri, reali, sonanti. Quanto? L'8%. Un obolo. Il resto, cioè il 25% di quanto finirà nella pensione mai guadagnata, continua a pesare sugli enti di previdenza costretti al pedaggio.

Il privilegio centrale, quello di poter avere contemporaneamente due o tre o quattro pensioni o stipendi, è rimasto intatto. Certo, i nostri bramini dicono che non si tratta di pensione: è un vitalizio! Ma la Corte costituzionale l'ha già chiarito nel '94: possono chiamarla come gli pare, però è una pensione. C'era in ballo la pretesa di un pensionato statale, Giovanni Samory il quale, sostenendo che non c'erano motivi per concedere ai parlamentari lo sgravio del 40% sul reddito imponibile dei vitalizi (sgravio poi abolito) chiedeva che quello sconto fosse concesso a tutti i dipendenti pubblici. I giudici gli diedero torto, ma non mancarono di rilevare l'ambiguità del trattamento previdenziale dei deputati che aveva «trovato origine in una forma di mutualità che si è gradualmente trasformata in una forma di previdenza obbligatoria di carattere pubblico». Quella che in italiano si chiama, appunto, pensione.

Perché siano così fissati sull'uso delle parole è ovvio. Con le regole che loro stessi hanno stabilito, il vitalizio si può sommare a qualunque altro reddito da lavoro e anche ad altre pensioni, senza alcun tetto. Fatta salva, s'intende, la normale riduzione sulle pensioni di anzianità. E la lista di chi accumula entrate diverse è lunghissima. Rosa Russo Jervolino incassa lo stipendio di sindaco di Napoli, il vitalizio di 10.000 euro e una pensioncina che riscuote da oltre 20 anni per aver lavorato un periodo al Cnel e al ministero del Bilancio. Antonio Di Pietro lo stipendio da ministro più l'indennità parlamentare più la pensione da magistrato di cui gode da quando (mettendo insieme il riscatto della laurea, i contributi da poliziotto e quelli da pm) gettò la toga alla verde età di 46 anni. Publio Fiori, nato nel 1938, il vitalizio massimo (9947 euro) da parlamentare più una pensione da avvocato dello Stato (già nel 1994 oltre 6000 euro al mese) guadagnata per almeno 15 anni grazie ai contributi figurativi. Walter Veltroni lo stipendio di sindaco di Roma e dal 2005 un vitalizio di 9000 euro. Che gli pesa al punto, ha spiegato a Primo De Nicola dell'«Espresso», di «avere provato a rifiutarlo cercando di farlo congelare» dopo di che «non essendoci riuscito perché l'eventualità non è prevista dai regolamenti, ha deciso di distribuirlo in beneficenza alle popolazioni africane».

Andiamo avanti? Ad Antonio Gava, che fu per anni il monarca della Dc napoletana e porta in groppa un paio di condanne per corruzione, arrivano ogni mese un vitalizio di quasi 10.000 euro e altre due pensioni. A Vito Lattanzio, il monarca di Bari, lo stesso vitalizio e tre pensioni. Per non dire di certi accumuli celeberrimi come quello di Giuliano Amato, che nel '98 andò in pensione a 59 anni, dopo essere stato docente universitario, parlamentare, capo del governo e presidente dell'Antitrust, con una somma così stratosferica (pari a 20.000 euro di oggi) che, tornato al governo, si sentì in dovere di rinunciare allo stipendio di ministro. O di Danilo Poggiolini, che al vitalizio più modesto (6600 euro) somma ancora oggi una pensione da segretario dell'Ordine dei Medici che intasca dal 1966. L'anno in cui la tivù americana trasmetteva il primo episodio di *Star Treck*, Indira Gandhi veniva eletta primo ministro e Celentano cantava a Sanremo *Il ragazzo della via Gluck*.

Residui di un passato indecente riscattato da virtuose correzioni? Falso. Il peso dei vitalizi agli ex deputati grava «oggi» su Montecitorio (bilancio 2005) per 127 milioni di euro, 35 più delle indennità dei parlamentari in carica. Una cifra immensa, 8 volte più alta dei 19.700.000 euro, in valori attuali, di tre decenni fa, nel 1978. Ed è ancora destinata a salire e pesare sul futuro.

E anche i privilegi più insopportabili, quelli che fanno ribollire il sangue, non appartengono affatto al passato. Lo dimostra platealmente la presenza nel Parlamento italiano, nella legislatura iniziata nel 2006, di 6 siciliani che ogni mese portano a casa non solo lo stipendio da deputato ma anche, come ex consiglieri regionali, un sontuoso vitalizio dell'Ars, l'Assemblea regionale siciliana, dai 3 agli 8000 euro e mezzo. Sono il margheritino Franco Piro, i forzisti Giovanni Ricevuto e Giuseppe Firrarello, il nazional-alleato Nino Strano e i diessini Vladimiro Crisafulli e Angelo Capodicasa, che incassa anche lo stipendio da viceministro alle Infrastrutture e passa quindi in carrozza i 25.000 euro. Al mese. Tutta colpa, dicono, di un buco nei regolamenti parlamentari siciliani. Ma come, direte voi, vogliono farci credere di non essersene accorti? Esatto. Al punto che la loro reazione, alla domanda sul perché non avessero segnalato l'ingiustizia di questo privilegio, somiglia alla risposta che diede un architetto palermitano quando gli chiesero perché diavolo avesse costruito la grande piscina olimpionica, rimasta chiusa per anni, senza l'impianto di riscaldamento. Si batté una mano sulla fronte e disse: «Minchia: m'u scurdai!».

9

Politica & Affari: Onorevoli SpA

Dalle casalinghe ai tunnel, dalle cliniche alle banche padane

Federica Rossi Gasparrini con certi uomini è proprio una farfallona. Mica con tutti, si capisce. E non eroticamente. Non c'entra niente con quelle cortigiane veneziane che secondo il viaggiatore inglese Thomas Coryat avevan fama d'aprir «la faretra a ogni dardo». Quando s'innamora di un leader politico, però, perde la testa. E lei la perde spesso. Ma se Zsa-Zsa Gabor disse che una donna può avere un colpo di fulmine per un conto in banca, lei ce l'ha per la poltrona. Che da brava massaia vuole con fodera double-face: versione governativa e versione business. O se volete versione «ideal» e versione «dollar».

Cominciò giovinetta, dedicando il tempo libero «alla Dc e alle donne impegnate nell'agricoltura» legate a quei tempi alla mitica figura di Paolo Bonomi. Un amore quieto: «Per 25 anni restai fedele alla Dc». In particolare a Giulio Andreotti, ospite d'onore a tutti i congressi della prima stagione di Federica e della Federcasalinghe, da lei fondata nel 1982. Perché le piaceva? «Era rassicurante.» Ma questo, dice sempre, «succedeva un secolo fa». Nel «passato del trapassato remoto». Rimasta vedova di Zio Giulio, la Gasparrini aveva come tutte le vedove due alternative: mettersi il lutto stretto o farsi dei nuovi amici. Scelse la seconda. E si sa come vanno queste cose: mai una volta che una donna sola non prenda delle sbandate. Uscì (politicamente) una sera con Bettino Craxi, si buttò (politicamente) in un tango con Umberto Bossi («mi piaceva, ora però sembra animato da uno spirito di rottura e ciò alle donne non piace») e si fece baciare (politicamente) da Ferdinando Adornato, che voleva metter su casa con Alleanza democratica. Finché credette di aver trovato l'amore cui anelava: Mariotto Segni. «Ecco l'uomo che aspettavamo.»

Ma, ahinoi, anche quella passione sfiorì. E Federica, dopo aver fatto un pensierino su Giuliano Amato (che presentandosi in pubblico fasciato come Muzio Scevola per un'ustione subita aggiustando il frigo sembrò l'eroe dei mariti casalinghi), incontrò Silvio Berlusconi. Il Cavaliere sì, sapeva parlare alle massaie: «Anch'io sono stato un po' donnina di casa, perché quando studiavo ero io che toglievo la polvere e facevo la spesa». Un trionfo. «È un uomo raffinato, disponibile, sorridente» sancì Federica: «Piace alle donne perché è concreto». Macché. Pochi mesi e il sogno si spezzò: «Lui e il Polo ci hanno trattato come servette».

Basta, via, meglio l'Ulivo. D'ora in avanti, dichiarò ai giornali, «niente matrimoni, solo amanti passeggeri». E grazie all'amicizia di Donatella Zingone in Dini, padrona di mezzo Costarica ma casalinga ad honorem, cercò consolazione sulla spalla del suo Lamberto, col quale tentò la sorte alle elezioni del '96: «Ho scelto Rinnovamento per rassicurare l'ala moderata dell'associazione». Trombata. E fu così che finì, trottolino amoroso, fra le braccia di D'Alema, che lei confidenzialmente chiamava solo «Massimo» e di Romano Prodi. Ricompensata con la nomina a viceministro e accantonato il progetto di una catena tipo McDonald's «con torte della nonna e frittatine», ritrovò infine una vecchia fiamma: Tonino Di Pietro. Incoronato come «il migliore dei migliori» perché «Egli non è di destra, né di sinistra: è Uomo».

Un amore durato fino al settembre del 2006 quando lei, finalmente portata dall'Italia dei Valori alla Camera, sbatté la porta senza manco chiudere il gas come Carmencita, e scappò nel gruppo misto col nuovo boy-friend (politico), l'epicureo Sergio De Gregorio del movimento Italiani nel Mondo. Ma era solo una fuitina. Poche settimane e già stava con Clemente Mastella. Pronta a lanciarsi, fresca di bigodini e armata di mattarello e cellulare, in nuovi cimenti. E nuovi business, si capisce.

Donna di spirito assai pratico, la Regina Zenobia delle massaie organizzate ha infatti, come dicevamo, una doppia vita. Nella prima amoreggia col fidanzato politico di turno. Nella seconda, da brava casalinga, tiene i conti della casa. Conti che, bene o male, le tornano sempre. Basti dire che anche quando le andò proprio a rovescio, nel disastroso 2001 delle sinistre alle quali si era aggregata, riuscì comunque a farsi dare, agli sgoccioli della stagione ulivista, la presidenza del comitato dell'Inail (l'Istituto nazionale per l'assicurazione contro gli infortuni sul lavoro) che amministra il fondo autonomo per le casalinghe. Incarico mantenuto anche dopo essere diventata onorevole. Senza fare una piega.

Perché le massaie non sono solo la sua ragione di vita: sono la sua ragione sociale. Intorno alla Federcasalinghe, Federica Gasparrini ha costruito un gruppo imprenditoriale, controllato dalla Holding Famiglia (e ti pareva...) che lei stessa presiede. C'è un fondo pensioni complementare che ha come direttore generale il figlio Lorenzo. Poi una società turistica (Global Tourist Services Srl) fondata per aprire alle casalinghe le porte del business dei Bed and Breakfast e controllata al 70% da Federcasalinghe e al 30% dal solito Lorenzo. Poi la società editoriale Media Services Srl (30% Federcasalinghe, 50% Lorenzo Gasparrini) che a sua volta controllava il 20% della Europoloquattro, la concessionaria pubblicitaria (fallita) del circuito televisivo Cinquestelle e possiede il 20% dell'impresa informatica Servizi Tecnologici Aziendali e il 40% di un consorzio per la formazione professionale, il Consorzio Outline, che fa parte anch'esso della Holding Famiglia grazie a un complicato intreccio societario.

Una girandola di «Srl» da perdere la testa. Alla quale vanno aggiunti ancora un sindacato (Domina: organizzazione dei datori di lavoro domestico), un patronato (Informafamiglia), una società (Rete-Rete) per vendite porta a porta. Una Associazione utenti radiotelevisivi. Una Ong (Donneuropee). E per finire la grande scommessa sul futuro. I giovani? Ma va là: l'Associazione delle pensionate e dei pensionati. Dopo di che impelle una piccola curiosità: ma tra tante società da seguire, il tempo per fare politica dove lo trova?

Una domanda che andrebbe girata anche ad altri, dei nostri bramini. Primo fra tutti, ovvio, Silvio Berlusconi. Che proprio a una faccenda di società e di bilanci deve il suo ingresso in politica. Una volgare insinuazione comunista? No, lo dice Marcello Dell'Utri in un'intervista del 2003 per il libro *Saranno potenti?* ad Antonio Galdo: «Eravamo nel settembre del 1993, Berlusconi mi convocò nella sua villa di Arcore e mi disse: "Marcello, dobbiamo fare un partito pronto a scendere in campo alle prossime elezioni...". Lui aveva provato in tutti i modi a convincere Segni e Martinazzoli per costruire la nuova casa dei moderati (...) "Vi metto a disposizione le mie televisioni" aveva detto. Tutto inutile, e allora decise che il partito dovevamo farlo noi. Poi c'era l'aggressione delle procure e la situazione della Fininvest con 5000 miliardi di debiti. Franco Tatò, che all'epoca era l'amministratore delegato del gruppo, non vedeva vie d'uscita: "Cavaliere, dobbiamo portare i libri in tribunale" (...) I fatti poi, per fortuna, ci hanno dato ragione e oggi posso dire che senza la decisione di scendere in campo con un suo partito, Berlusconi non avrebbe salvato la pelle e sarebbe finito come Angelo Rizzoli che, con l'inchiesta della P2, andò in carcere e perse l'azienda».

L'azienda, com'è noto, non l'ha persa. Anzi. I beni di famiglia che nel 1994 erano valutati in 3,1 miliardi di euro ne valevano nel 2005 ben 9,6. Merito anche di alcune accorte leggi confezionate su misura. Fin dall'inizio. Da quel '94 in cui, entrato a Palazzo Chigi, varò un decreto che stabiliva come non si potessero mai più aprire nuovi cinema a meno di due chilometri in linea d'aria «dalla più vicina sala operante». E chi ci guadagnava di più, dal nuovo divieto che segava le gambe a eventuali concorrenti? Lui. Lo diceva un'indagine dell'Antitrust, secondo cui, attraverso le società Cinema 5, Cinema 5 Gestione e Delta, la Fininvest aveva in pugno il 34% delle sale di Roma e il 31% di quelle di Milano.

Fare la lista delle leggi e leggine varate con soddisfazione personale dal Cavaliere sarebbe solo la ripetizione di mille inchieste giornalistiche. Si va dagli incentivi sui decoder per il digitale terrestre (poi censurati dalla Ue) propagandati davanti agli stadi con migliaia di volantini, all'accoglimento da parte dell'Agenzia per le Entrate di un ricorso del Milan secondo cui l'Iva sui diritti tivù va pagata dalle squadre in Coppa Uefa ma non da quelle in Champions League. Dallo stop al decreto di Bobo Maroni sulla riforma del Tfr che non piaceva a Mediolanum, all'inasprimento delle pene per chi clona cassette e dvd dei film, prodotti anche dalla berlusconiana Medusa.

Dall'accordo tra il ministero dell'Istruzione e le Poste per consegnare nelle case i libri scolastici comprati attraverso una società della Mondadori alla legge Gasparri sulle emittenze che secondo Fedele Confalonieri «regala a Mediaset un bacino di crescita potenziale di 1-2 miliardi di euro» e che secondo Francesco Storace, Maurizio «non solo non ha scritto ma non ha manco letto».

Eppure, guai a parlare di leggi ad personam. «La Gasparri? E io che c'entro?» s'indignò in un'intervista al «Messaggero». Niente, a sentirlo allora. Ma appena il nuovo ministro ulivista per le Telecomunicazioni Paolo Gentiloni presentò il suo progetto di revisione della legge sulle emittenze, alla fine di gennaio del 2007, la reazione del Cavaliere fu però quella di Padron 'Ntoni pronto ad azzannare tutti nei *Malavoglia* in difesa della «sua» roba: «Quello non è un disegno di legge ma un piano criminale verso il capo dell'opposizione e verso le sue proprietà private». Tombola.

Chissà se un giorno dirà la stessa frase anche Pietro Lunardi. Le orbite del sistema planetario che ruota intorno a «Pier Veloce», nomignolo guadagnato per la lingua troppo spesso più svelta del pensiero (come quando disse che «con la mafia e la camorra dobbiamo convivere» o confidò gagliardo che proprio lui, che aveva introdotto la patente a punti, amava «correre di notte a 150 all'ora e anche di più») non sono infatti per niente chiare. Fin dall'inizio. Basti ricordare che, giurato come ministro il martedì, cinque giorni dopo (e di domenica!) già aboliva la legge con cui il suo predecessore Nerio Nesi aveva finalmente imposto in Italia il divieto europeo di costruire ancora gallerie a doppio senso di marcia. E dov'era in ballo un tunnel a doppio senso di marcia? Sull'autostrada della Val Trompia. Progettato da lui e dalla sua Rocksoil. Una schifezza tale da spingere perfino il «Giornale di Brescia», che certo comunista non è, a censurarlo: «Quell'autostrada nascerà già vecchia».

Certo, a sentire lui non c'era problema. Lo disse due settimane prima che Berlusconi lo scegliesse, in un momento in cui pareva che sulla sua nomina qualche alleato avesse dei dubbi: «Cambio mestiere, vendo». Tornò a giurarlo di lì a una settimana in un'intervista a «Libero»: «L'ho già detto in tutte le salse. Tre fra i migliori avvocati italiani hanno già pronti due progetti per liquidare in un giorno, in sole ventiquattr'ore, il mio teorico conflitto di interessi. O cedo tutto o concentro l'attività esclusivamente all'estero, punto e basta». Ci tornò sopra dopo il giuramento in Quirinale: «Molto probabilmente cedo alle banche». E infine, preso possesso della scrivania, mandò tutti i moralisti a quel paese: «La mia società ha lavorato in passato e lavorerà in futuro. È entrata nei più grossi lavori d'Italia sempre per motivi di professionalità e non per appoggi politici né di favore da nessuno. Continuerà a lavorare e non si capisce perché cento famiglie dovrebbero esser buttate sulla strada». E il conflitto? «Non sono mica Rothschild!»

Come andò a finire lo sappiamo: con la cessione della Rocksoil (attraverso l'immobiliare San Marco, che ha sede legale in piazza San Marco 1 a Milano dove stanno anche la stessa Rocksoil e la Società Italiana Gallerie) ai figli Martina, Giovanna e Giuseppe. Così da consentire all'ineffabile Carlo Giovanardi di andare in Parlamento e controbattere alle critiche dell'opposizione, come scrisse l'Ansa, precisando «che la proprietà della società Rocksoil non sarebbe di Lunardi, ma dei suoi familiari». Ma come, signor ministro, gli avrebbe chiesto Giorgio Santilli del «Sole 24 Ore»: non era deciso a vendere? «Era l'orientamento che sembrava maturare allora, poi il testo della legge è cambiato. Ripeto: mi adeguerò alle regole, senza penalizzarmi sul piano economico più di quanto sia necessario.»

Sapete come funziona all'estero? La moglie del principe Edoardo, Sophie Rhys-Jones, venne costretta da Elisabetta II a lasciare il suo posto di responsabile di un'agenzia di pubbliche relazioni perché la regina non voleva che qualcuno pensasse che la ragazza potesse sfruttare la sua posizione nella famiglia reale per fare affari. E Paul O'Neill, il segretario al Tesoro statunitense voluto da Bush nel 2001, per 13 anni alla guida del colosso dell'alluminio Alcoa, fu obbligato a vendere le azioni e le opzioni che lo legavano ancora alla società e a diverse holding.

Due esempi fra mille. Dalle altre parti certi giochetti, se stai al governo, non si possono fare. Anche da noi, una volta. Appena fatto ministro, Sidney Sonnino si affrettò a vendere tutte le azioni lasciategli dal padre riconvertendole in buoni del tesoro e Quintino Sella si liberò dell'industria tessile familiare. E merita di essere riletta una lettera del 1954 di Biancarosa Fanfani alla sorella: «Amintore è contento di essere diventato presidente del Consiglio ma io ho pianto tutta la notte. Mi ha imposto di vendere i miei buoni del Tesoro, non vorrebbe si pensasse che possa avere un interesse nella politica del governo sul risparmio». Immaginiamo le risate di Lunardi: uffa, 'sti moralisti!

Il senatore diessino Paolo Brutti, la sua bestia nera, si prese nel 2005 la briga di andare a riepilogare in un'interrogazione parlamentare un po' di appalti inseriti nella lunardiana Legge Obiettivo e dati a società «riconducibili al ministro Lunardi». Si andava dalla variante di valico sulla Bologna-Firenze alla Firenze nord, dalle gallerie sull'autostrada Adriatica a quelle sulla Parma-La Spezia, dai maxilotti sulla Salerno-Reggio Calabria al gran raccordo anulare, dall'alta velocità ferroviaria dei tratti Torino-Lione, Torino-Milano, Milano-Genova e Milano-Venezia fino alle metropolitane di Milano e di Napoli.

Le società nel mirino erano sei. La prima, ovvio, è la Rocksoil, il colosso del settore che rastrellava da anni commesse milionarie. La seconda e la terza erano la Rockdata e la Rockdesign (possedute da Martina Lunardi e dalla Rocksoil), la quarta la Ergotecna, la quinta era il Consorzio 3S (costituito da varie società tra cui la Stone) e la sesta era appunto la Stone.

Lasciamo stare i dettagli societari e mettiamone a fuoco due. Una è la Ergotecna, costituita un attimo prima di avere l'incarico di progettare e dirigere i lavori del passante di Mestre. Un passo indietro: come si finì per puntare su questo passante? Ci si finì scartando la proposta di un doppio tunnel presentata dalla Norconsult-Nocon, una società norvegese che aveva bucato Oslo portando sottoterra tutto il traffico non locale, deteneva il record mondiale della galleria più profonda a 240 metri sotto il mare e aveva all'attivo 4000 chilometri di gallerie costruiti nel mondo, cioè il quadruplo di tutti i tunnel stradali italiani messi insieme. Sarebbe costata, la tangenziale sotterranea, 400 milioni, prezzo bloccato, tempi di costruzione tre anni. Possibile? Ne erano così sicuri, i norvegesi, che erano pronti a firmare la penale: un tot al giorno di ritardo.

No grazie, avevano risposto il ministero e la Regione: ci vorrebbero due tunnel più grandi, da scavare costruendo apposta la più grande «talpa» del pianeta, una pala di 16 metri e 90 centimetri. Un progetto temerario. E come tale presto abbandonato: meglio il passante largo. Chi era il promotore del tunnel enorme che aveva fatto bocciare la più economica proposta norvegese facendo optare per il passante? Pietro Lunardi. E chi possiede il 65% della Ergotecna incaricata di occuparsi del passante? Sorpresa: Giacomo Cesare Rozzi, nipote della mamma di Pietro Lunardi!

Quanto alla Stone, società di monitoraggio per le opere sotterranee, le coincidenze non sono meno curiose. Fatto ministro, «Pier Veloce» la cede a una strana coppia. Uno è Paolo Francesco Lazzati, il fidatissimo amministratore unico dell'azienda lunardiana che resta al suo posto con la nuova gestione anche se detiene solo il 5%, una quota di infima minoranza ma che gli consente (sorpresa!) di avere un diritto di prelazione su tutto il pacchetto azionario. Il secondo è Ettore Giugovaz. E chi è? Un grande progettista internazionale in grado di dare lustro a un'impresa cui Lunardi è affezionato come fosse una figlia? Un gigante della finanza seduto su un patrimonio di miliardi di euro? Un garante di specchiata virtù suggerito dagli amici premurosi? No. È un signore dal profilo incerto che va e viene dal Sud America, che è finito sui giornali per i suoi contatti con il bancarottiere Florio Fiorini e che tornerà di lì a poco agli onori della cronaca per la sua presenza al fianco di Calisto Tanzi nei giorni della misteriosa latitanza in Ecuador dopo l'esplosione dello scandalo: lui prenota per Tanzi l'Hotel Akros a Quito, lui lo raggiunge in Sud America, lui torna con l'uomo allora più ricercato d'Italia. Fino a essere rinviato a giudizio per concorso in bancarotta e associazione a delinquere, con richiesta di patteggiamento, nel processo Parmalat.

Eppure (sorpresa!) la Stone va a gonfie vele. E col suo fondatore imbullonato alla scrivania ministeriale vede prodigiosamente levitare le commesse e il giro d'affari. E in cinque anni moltiplica per 6 il fatturato. Passando da 2 milioni e mezzo di euro nel 2001 a quasi 15 milioni nel 2005. Una performance alla quale il ministro non può non aver assistito con gli occhi umidi di orgoglio. Tanto più che gran parte di questo exploit è dovuto alla scelta di affidarsi ad altre società esperte del settore. Tipo? Indovinato: la Rocksoil. Con la quale sarebbe avvenuto, stando alle denunce, uno «scambio di personale e contratti attivi».

E la promessa «i miei figli lavoreranno solo all'estero»? Sì, ciao. Basterebbe citare l'appalto per «la progettazione esecutiva e costruttiva registrate nel bilancio 2004 di una galleria del collegamento ferroviario Milano-Malpensa», collegamento gestito dalle Ferrovie Nord, controllate dalla Regione Lombardia. O la partecipazione come protagonista principale del nostro «Pier Veloce», poche settimane prima di lasciare la poltrona ad Antonio Di Pietro, a una riunione del Cipe, il Comitato interministeriale per la programmazione economica, che deliberò lo stanziamento di una somma enorme per i lavori nella metropolitana di Napoli nei quali, guarda coincidenza, c'entrava anche la sua Rocksoil e sui quali lui stesso, in quanto ministro, era delegato a vigilare. O ancora la commessa ottenuta sempre dalla Rocksoil («attraverso una cascata di subincarichi e consulenze» spiegava un'interrogazione dei senatori verdi Anna Donati e Giampaolo Zancan) per una galleria destinata a saggiare le condizioni di scavo sul versante francese della Tav Torino-Lione. Lavori «all'estero» sì, ma commissionati dalla società francese Ltf, controllata alla pari dalla francese Rff e dall'italiana Rfi, che gestiscono le reti ferroviarie francese e italiana. Col risultato che a pagare una parte dei lavori, stando al cartello del cantiere filmato per *Le Iene* da Alessandro Sortino, c'erano il governo italiano e le nostre Ferrovie dello Stato. Il tutto a prescindere dalla questione principale: se voi foste i padroni di una grande multinazionale straniera non offrireste sontuose commesse in giro per il mondo alla ditta familiare del ministro delle Infrastrutture italiano che poi decide sulle sontuose commesse in Italia? Bene: un po' di queste cose finirono all'Antitrust. Sentenza: tutto okay. Ovvio: sennò che senso avrebbe avuto cambiare la legge?

Che fortuna, essere figli di Pietro Lunardi! Anche esserlo di Enrico Ferri, però, non è da buttar via. Chiedete a Jacopo Maria, figlio del mitico ministro socialdemocratico dei Lavori pubblici. Ricordate? Era quello con la barbetta mazziniana che diventò famoso perché si piccò di obbligare gli italiani a non superare i 110 all'ora. Una fama meritata per la cocciutaggine un po' vanesia che ci mise. Ma che oscurò un'altra storia che forse illuminava meglio il personaggio.

Dovete sapere che fino a qualche tempo fa, grazie ai regolamenti fatti in casa, i giudici eletti al Parlamento andavano in aspettativa ma continuavano a ricevere lo stipendio e ad avanzare di grado. Ma guai a offenderli dicendo che avanzavano per anzianità: formalmente, come i magistrati ordinari (via via promossi dopo una pronuncia del Csm su parere del Consiglio giudiziario) facevano carriera «per meriti professionali». E chi poteva dire se un uditore giudiziario in aspettativa aveva fatto così bene il suo lavoro di uditore giudiziario da meritare una promozione? Ovvio: il Consiglio di presidenza della Camera.

Ma se il ministro non era parlamentare come nel caso di Enrico Ferri? Bel problema. Ma lui non si perse d'animo: si diede il parere da sé. «Era consigliere di Corte d'Appello e aveva maturato l'anzianità per diventare consigliere di Cassazione» racconta Mauro Mellini, a lungo deputato radicale e nemico storico dei privilegi togati. «Faceva il ministro dei Lavori pubblici e stese una relazione, esilarante, dicendo di aver diritto a essere promosso in quanto non aveva solo firmato atti amministrativi ma anche promosso decreti legge, come quello sui 110 all'ora o sulle cinture di sicurezza.» Auto-promozione, auto-elogio, autoaumento di stipendio.

Va da sé che con un padre così, Jacopo Maria Ferri succhia politica da quando gli diedero il primo biberon. E ha continuato a succhiare. Eletto due volte consigliere regionale toscano per Forza Italia, il giorno in cui il babbo (due volte eurodeputato berlusconiano) decise di lasciare gli azzurri alla vigilia delle elezioni del 9 aprile del 2006 per passare all'Udeur, si trovò davanti a un dilemma: scegliere il papà o il Cavaliere? Scelse papà. E restò imbullonato non solo al seggio regionale ma anche a un paio di altre poltrone. Come quella di azionista della tivù locale, Tele Apuana, di cui il babbo è il proprietario (all'80%) e la sorella Camilla presidente, dopo essere subentrata all'altro fratello Cosimo Maria. O quella di consigliere del Consorzio per lo sviluppo della ricerca geofisica mineraria applicata e ambientale. Chi presiede il Consorzio? Papà Enrico. Chi sono i soci? Uno è il Centro lunigianese di studi giuridici, guidato da sempre da papà Enrico. L'altro il Comune di Pontremoli, del quale (dopo una complicata vicenda di ineleggibilità, ricorsi, sospensive del Tar che non staremo a riassumere) fa oggi le funzioni di sindaco dopo essere stato podestà quattro volte dal proterozoico al giurassico, sempre lui: papà Enrico. Che essendosi nel frattempo «mastellizzato» ha realizzato il miracolo di una giunta di destra guidata da un sindaco di sinistra.

Un buon cognome aiuta. Non solo nel caso dei figli. Lo dicono, per esempio, le intercettazioni telefoniche che nell'estate del 2006 fecero scoprire relazioni ambigue nel mondo di Alleanza nazionale, il partito che con Francesco Storace aveva avuto in mano per cinque anni la Regione Lazio e poi il ministero della Salute. E dove la moglie di Gianfranco Fini, Daniela Di Sotto, risultava socia in affari con la famiglia di Francesco Proietti Cosimi (deputato di An e braccio destro di suo marito) in due strutture sanitarie romane, l'Emmeerre 3000 e la Panigea Poliambulatorio Cave, convenzionata col Servizio sanitario nazionale. Una partita in cui giocava, sia pure con una piccola quota, anche la Tosinvest degli Angelucci, potentissima dinastia della sanità privata capitolina che offre generosi contributi sia alla sinistra sia alla destra e altrettanto ecumenicamente finanzia sia «Libero» (a destra) sia «il Riformista» (a sinistra). E giocava anche un'altra parente, Patrizia Pescatori, che del presidente di An è cognata in quanto moglie di Massimo Fini e nel gruppo Angelucci, per cui lavora come medico, aveva investito circa mezzo milione di euro.

C'è chi dirà: non vorrete sostenere che i parenti dei politici non hanno il diritto di avere una loro libertà imprenditoriale! Giusto. Ma indovinate quanto ci mise la Panigea, in un Paese come il nostro in cui si impiegano mesi o anni per una pratica, a ottenere una convenzione per le risonanze magnetiche, cioè uno degli esami più costosi e a più alto margine di guadagno? Una settimana. Sia chiaro: perfino il giudice precisa che «Fini appare del tutto estraneo alla fitta rete di affari, a tratti poco chiari, gestiti in comune dai due», cioè la moglie e Proietti Cosimi. Lo dice lei stessa, la pasionaria nera, in una delle sue sfuriate registrate con il socio: «L'ho detto a Gianfranco... Ho fatto vedere il foglio a Gianfranco, che ha fatto, dico: "Io ho tirato fuori 'sti soldi, gli ho tirato... E a te non t'ho chiesto 'a' perché tu mi hai detto: non mi mettete più in mezzo". Okay. Però tu sappi che se tiri fuori mille lire per tuo fratello, andiamo a litigare io e te. Primo. Secondo: mi sono rotta il cazzo che la gente c'ha le cose quando pagano gli altri...».

Il solo «essere moglie di», per capirci, pesa. E pesa molto, nei rapporti a cavallo tra la politica e gli affari. Lo confermano un po' tutte le intemerate della signora Daniela. Sulle quali spicca, per l'impronta lessicale estranea alle dame inglesi, l'elegante buffetto all'ex segretario del marito: «Tu vai a rubare a casa dei ladri, ricordati questo... ricordati questo, che l'unica università che ho conosciuto io a differenza di te, è quella della strada, hai capito? Quella del marciapiede. Io ho conosciuto quella... E con quella io ti spacco il culo!».

Ah, le mogli! Ah, la Sanità! Anche la consorte di Cuffaro, Giacoma Chiarelli è stata al centro di rapporti non limpidissimi. Prima di possedere, fino al 2003, il 25% del poliambulatorio La Grande Mela, tra i più grossi di Palermo e ricco grazie alla convenzione con la Regione di cui Totò era presidente, la donna era stata socia nel Centro di medicina nucleare San Gaetano di un uomo di non specchiate virtù. Quel Michele Aiello che prima di finire ammanettato con l'accusa di avere rapporti stretti con la mafia di Bernardo Provenzano, era l'imprenditore più ricco e influente della Sicilia grazie soprattutto a Villa Santa Teresa, la clinica di Bagheria dotata delle più moderne tecnologie che ricevette dal 2001 al 2003 oltre 100 milioni di euro di rimborsi regionali.

Una somma enorme. Cinquanta volte più alta, secondo il procuratore aggiunto Roberto Scarpinato, di quanto le cosche incassano in un anno dal taglieggiamento di un intero quartiere come il Brancaccio. Un affarone. Che aveva bisogno di amicizie politiche se è vero che, come spiegò all'Ansa Francesco Forgione, dal 2006 presidente della Commissione Antimafia, «l'accordo, siglato dall'amministratore giudiziario della clinica, nominato dal tribunale dopo il sequestro, e dai vertici dell'assessorato regionale alla Sanità» garantì la prosecuzione dell'attività del centro consentendo «al Servizio sanitario nazionale un risparmio del 45-70% sulle prestazioni specialistiche».

Ed è questo il tema della sanità privata in Sicilia: se i margini di guadagno possono essere così alti, perché mai i politici siciliani dovrebbero dannarsi l'anima per far funzionare la sanità pubblica? Se ai privati arrivano i soldi e ai «pubblici» le rogne, perché loro dovrebbero trasformare certi nosocomi sgarrupati in cliniche linde ed efficienti? Domande niente affatto retoriche: buona parte delle case di cura private dell'isola sono in mano (direttamente o attraverso mogli, figli, parenti) agli esponenti dei partiti che governano la Regione e le città. I quali da una resurrezione virtuosa del comparto pubblico sarebbero direttamente danneggiati nel portafoglio.

Se l'economia siciliana è malata, il business della malattia scoppia infatti di salute. Nel solo 2006 ha mosso 7.729.922.709 euro. Oltre 15.000 miliardi di lire. Troppi, per un'assistenza come quella offerta. Dove capita di morire perché le ambulanze non arrivano in tempo ma per tirar su voti, stando al rapporto già citato della Ragioneria dello Stato, sono stati assunti al «118» addirittura 3070 autisti e portantini per 221 autolettighe: quasi 14 per ogni mezzo. Dove le convenzioni pubblico-privato sono più numerose che in tutto il resto d'Italia messo insieme. Dove le strutture private che si spartiscono i soldi non sono spesso neppure accreditate: dopo anni di rinvii, le regole per l'accreditamento decise nel 1999 non sono mai state applicate. Risultato: tutte quelle che succhiano alle mammelle di Stato e Regione sono, formula magica, «pre-accreditate». E non hanno sovente alcuna fretta d'uscire dalla precarietà: il rispetto di norme certe potrebbe metterle fuori dal giro.

Quali siano le priorità, in Sicilia, lo dice il confronto sulla civiltà con cui vengono accolti gli anziani nelle case di riposo: un ospite ogni 146 abitanti in Lombardia, uno ogni 5359 (36 volte di meno!) nell'isola. Pochi soldi, tante grane: non interessano. In altri campi, invece, è un affollarsi di mosconi sul miele. Basti dire che in Lombardia ci sono 6,6 centri convenzionati ogni 100.000 abitanti, in Veneto 3, in Sicilia 26,6.

Ovvio, la sanità è la prima «industria» isolana. Ma un'industria, spiega il procuratore aggiunto Roberto Scarpinato, coi difetti dei carrozzoni pubblici. Dove «si assiste a una sinergia tra i vizi della nuova cultura neoliberista del profitto a tutti i costi e i vizi della vecchia cultura tribale premoderna della roba». Dove le 55 cliniche private, delegate a fare quello che in un Paese normale fanno gli ospedali pubblici, vanno a incassare in modo spesso immotivato. I meccanismi di questi pagamenti sono complicatissimi. Il succo è che, dài e dài, i soldi pubblici arrivano ormai a coprire il 92,5% delle rette.

Va da sé che con una Regione così generosa, possedere le cliniche è un affare. E chi trovi, tra i soci o negli immediati dintorni? Il forzista Guglielmo Scammacca della Bruca, già assessore regionale ai Lavori pubblici, che ha quote nella Casa di cura Musumeci e nell'Istituto oncologico del Mediterraneo di Catania. E l'autonomista Antonio Scavone, ex deputato dicì e cognato di Salvatore Zappalà titolare della metà dello studio di diagnostica X-Ray di Paternò. E Salvatore Misuraca, assessore al Turismo di Forza Italia e marito di Barbara Cittadini, socia maggioritaria della Casa di cura Candela di Palermo e del laboratorio Villareale nonché figlia dell'ex assessore regionale alla Sanità Ettore Cittadini. E ancora l'azzurro Francesco Cascio, già vicegovernatore e poi capogruppo azzurro, che ha una quota forte nella Sicilcosmo (costruzioni case di cura).

E poi ancora il medico Giovanni Mercadante, già deputato

regionale forzista, proprietario col figlio Tommaso del gruppo M&F (gestione di case di riposo e centri diagnostici) e padrone della metà dell'Istituto meridionale Angiò-Tac, arrestato nel luglio del 2006 con l'accusa di essere stato «un punto di riferimento per la cura degli interessi di Bernardo Provenzano, nel periodo della sua latitanza». E il Ccd Pierfausto Orestano titolare con la famiglia della Casa di cura Orestano di Palermo. E Carmelo Drago, assessore al bilancio di Modica, socio del Centro di riabilitazione Europa di Ragusa e fratello dell'ex presidente regionale dell'Udc Giuseppe. E poi l'azzurro Alessandro Pagano, ex assessore regionale ai beni culturali e cognato di Angela Maria Torregrossa, padrona della clinica nissena Regina Pacis. E Ferdinando Latteri, sconfitto da Rita Borsellino alle primarie dell'Unione, la cui famiglia è titolare dell'omonima clinica. E suo cugino Filadelfio Basile, già senatore di Forza Italia ora alla Margherita, la cui famiglia possiede la clinica Basile di Catania.

Per non dire del «caso Siracusa». Dove sono padroni del tutto o in parte di questa o quella clinica, questo o quel laboratorio il potentissimo cuffariano Nunzio Cappadona (che guida un piccolo impero di una quindicina di società) e Bruna Cassola, compagna del presidente dell'Antimafia della stagione berlusconiana Roberto Centaro (che nel mondo delle case di cura ha anche il cugino Aldo Centaro) e il deputato forzista regionale Giancarlo Confalone e l'ex assessore comunale azzurro all'ambiente Antonello Liuzzo e altri ancora, ché a far l'elenco non si finirebbe più.

Tutto lecito, per carità. Magari cristallino. Ma resta il tema: questa rete di affari può o no seminare il dubbio che non tutti gli interessati abbiano voglia di battersi come leoni per dare la precedenza al pubblico sul privato? Tanto più che, a Siracusa, si è assistito a fatti curiosi. Come la scelta di non comprare una risonanza magnetica (prezzo: meno di un milione di euro) ma di prendere in affitto senza gara d'appalto una Rmn mobile costata 750.000 euro nei soli sei mesi iniziali. Data della delibera: 10 febbraio 2003. Tre giorni dopo alla Asl avevano già sul tavolo (protocollata!) la lettera d'offerta della società che l'affittava. E il giorno dopo, 14 febbraio, l'affare era già fatto. Miracolo: 4

giorni! Compreso il viaggio della lettera! E poi dicono che è sempre colpa della burocrazia lenta...

È terra di miracoli, la Sicilia. Ricordate la storia degli autobus che, come sant'Antonio, avevano il dono dell'ubiquità? Mentre portavano comitive a Segesta o ad Agrigento figuravano infatti contemporaneamente in servizio nelle valli trentine. Decine e decine. Basti dire che soltanto a Giardini Naxos ce n'erano almeno 14 che lavoravano con le carte avute dai generosi compaesani di Cesare Battisti. O che il solo Comune di Trento aveva emesso 241 licenze: 40 usate su e giù pei monti provinciali e 201 finite coi rispettivi autobus in giro per l'Italia, in larga parte nell'amata Trinacria.

Ogni pullman aveva allora diritto di girare solo se dotato di una propria licenza, data dai Comuni in base a una serie di requisiti. Risultato: quel pezzo di carta, in Sicilia, era diventato una merce preziosissima. E accanitamente difesa cittadella per cittadella. Finché qualcuno aveva scoperto che la Provincia di Trento, unica in Italia, non aveva un tetto alla concessione delle licenze. Certo: occorreva dimostrare d'avere lassù, nella Val d'Adige o in quelle vicine, un rimessaggio o una sede o una parte del lavoro. Ma perché scoraggiarsi?

E fu così che agli albori del nuovo secolo presero a circolare in Sicilia almeno un centinaio di bus a noleggio forniti di una licenza per operare in Trentino e smistati laggiù grazie a un aiutino. La messinese Mediterranea Bus, per dire, risultava avere a Cinte Tesino la sede e una rimessa a casa di Walter Perotto, il messo municipale. A Storo, un paese di 4411 abitanti, risultavano 35 licenze di cui 28 finite in Sicilia. Fino al record di Ruffré, un borgo vicino alla Mendola: un campanile, un albergo, un salumiere, un paio di bar, un ciuffo di case, 436 abitanti e 17 licenze. Una ogni 24 anime.

Finché finalmente, alla fine del 2003, adeguandosi alla legge nazionale appena approvata, la Sicilia non varò le nuove norme. Che fotografavano l'esistente: da quel momento la licenza è aziendale e ogni azienda ha il diritto di avere al massimo il numero di autobus che aveva al momento dell'entrata in vigore del nuovo sistema. Morale: la fotografia premiava, di fatto, quanti avevano fatto i furbi con gli autobus trentini. Tra i quali c'era, pura coincidenza, la Cuffaro Group, l'azienda di famiglia del governatore. Il quale respira cherosene da quando era picciriddu.

Meglio: cherosene e turismo. E proprio nel settore del turismo Totò è andato incontro a un'altra coincidenza. Era il 2000, lui era assessore all'Agricoltura e coi fratelli Giuseppe (che manda avanti la società di pullman) e Silvio Marcello Maria (dipendente regionale) avviò un bell'affare con la Raphael Srl: la ristrutturazione di un antico palazzo appartenuto al principe di Granatelli per farne un albergo a cinque stelle, il Grand Hotel Federico II. Loro misero poco più di un quarto, gli amici Fabio e Giacomo Hopps (eredi di Joseph Hopps, pioniere degli importatori del Marsala a Londra alla fine del Settecento) un altro quarto e il resto lo mise Sviluppo Italia, società controllata al 100% dal Tesoro, che nell'albergo investì un paio di milioni di euro.

Immaginatevi le accuse della sinistra alla scoperta del caso: vergogna! Lui fece spallucce: «Chiarisco che l'intervento di Sviluppo risale all'aprile del 2000. A quel tempo non ero presidente della Regione e l'ipotesi di una mia candidatura era ancora molto lontana». Vero. Come è vero che l'amministratore delegato di Sviluppo Italia nel 2000 era Dario Cossutta, il figlio dell'Armando. Ma che Cuffaro fosse il nuovo uomo forte dell'isola, l'unico a restare incollato alla poltrona per tutta la legislatura nonostante i rovesci di maggioranza, era già evidente a tutti. E fu da governatore che assistette sia all'inchiesta sugli Hopps per una truffa allo Stato sia al versamento dei soldi pubblici alla «sua» società.

Che Sviluppo Italia abbia avuto sempre un occhio di riguardo per chi comanda in Sicilia, del resto, è difficile da contestare. Dei cinque poli turistici che Italia Turismo, una branca della casa madre, ha deciso di promuovere e finanziare nel Sud, quello nell'isola è il più impegnativo. Obiettivo: la costruzione sulla costa vicino a Sciacca, che già era stata al centro di faraonici progetti compreso l'acquisto di due enormi orche marine per il parco acquatico Sciacca-Splash (bestiole poi tenute a pensione a 10.000 euro al mese prima di essere rivendute), di una fantastica struttura: il Golf Resort Rocco Forte. Descritto come «il più grande "luxury resort" del Mediterraneo»: un albergo a cinque stelle superior, 200 camere, piccoli pati interni e terrazze private, arena all'aperto di 500 posti, campi da golf, centro benessere, centro congressi con salone per le feste. Il tutto su 236 ettari di terreno.

Insomma: un progetto strabiliante, di quelli che fanno sempre luccicare gli occhi dei politici siciliani. Tanto da spingere Cuffaro, alle prime lungaggini burocratiche, a scrivere all'Assemblea regionale per sollecitare la massima «urgenza». E l'uomo forte di Forza Italia in Sicilia, Gianfranco Micciché, a benedire entusiasta l'apertura dei cantieri e successivamente tornare sul posto per vedere come andavano i lavori.

La strada all'autista, probabilmente, la indicò lui stesso. Una parte dei terreni scelti per l'ambizioso progetto di Sviluppo Italia era stata comprata infatti dalla famiglia di Roberto ed Elena Merra: il suocero e la moglie dello stesso Micciché. Il quale, al momento in cui era stata istruita la pratica, era sottosegretario con delega allo Sviluppo economico del Mezzogiorno al ministero dell'Economia. Che di Sviluppo Italia possiede il cento per cento.

«I soliti terroni!» dirà qualche razzista. È però probabile che alcune migliaia di leghisti si asterranno dal giudizio. Come la signora Estella Gabello che a un'assemblea dei soci della Credieuronord sbottò schifata: «I nostri manifesti dicevano "Roma ladrona"! Con che coraggio...». Difficile darle torto: di tutti i pasticci fatti in tempi recenti a cavallo tra la politica e gli affari, infatti, il crac della Credieuronord è stato sicuramente uno dei più scandalosi.

Ricordate come cominciò? Con una pubblicità in cui Umberto Bossi sorrideva rassicurante: «Anch'io sono socio fondatore della Credieuronord. E tu?». «Finalmente una banca nostra!» magnificava il leader del Carroccio. «Una banca padana e dei padani.» Lui stesso si faceva carico di illustrare lo sforzo chiesto: «Ogni azione vale 50.000 lire e il minimo d'acquisto è di 20 azioni, un milione, per studenti, casalinghe e pensionati». E tuonava: «Avanti, non perdiamo la grande occasione!».

E nacque la banca padana. Era il gennaio del 2001, aveva 2615 soci, poco più di 17 miliardi di capitale e Gian Maria Galimberti, allora vicepresidente, gongolava sul quotidiano leghista: «Abbiamo dato concretezza agli ideali del Carroccio». Un anno dopo, «la Padania» pubblicava un pezzo esultante: *Credieuronord, una sfida vinta*. Diventato presidente, Galimberti spiegava stavolta che il pareggio era lì lì: «Anzi, l'abbiamo già raggiunto con il primo trimestre 2002». Un trionfo: «Le cifre parlano chiaro: 54 miliardi di lire di raccolta e 20 miliardi di prestiti erogati nei 6 mesi del 2001». Di più: «Ora il capitale è di 13 milioni di euro, circa 26 miliardi di lire». E il futuro era ancora più roseo: «Abbiamo presentato un piano di apertura per 15 sportelli in cinque anni, 4 solo nel 2002 a Bergamo, Brescia, Treviso e Milano. Parallelamente sorgeranno sportelli a Vicenza, Fossano, Cuneo, Busto Arsizio, Como...». Insistere, insistere, insistere, raccomandavano le segreterie provinciali come quella di Bergamo controllata da Roberto Calderoli: «Occorre che i nostri risparmi finiscano sui conti della Banca Popolare Credieuronord».

Come andassero le cose, nella realtà, l'avrebbero ricostruito nel marzo del 2003 gli ispettori di Bankitalia: «Incoerenze nella politica creditizia nonché labilità dei crediti»; «scarni resoconti delle riunioni consiliari» talvolta «redatti a distanza di mesi»; «ridotta cultura dei controlli»; «scarsa cura prestata alle evidenze sui "grandi rischi"»; «ripetuti sconfinamenti autorizzati dal capo dell'esecutivo» e «acriticamente ratificati dall'organo collegiale». Insomma: un colabrodo. Al punto che, a meno di due anni dalla nascita, il buco era già di 8 milioni e mezzo di euro in crediti difficilmente esigibili di cui oltre la metà già dati per persi.

Cos'era successo? Lasciamo rispondere alla *Relazione sul Bilancio 2003*, firmata Stefano Stefani, per molti anni presidente della Lega, che denunciava affranta crediti concessi «in assenza di garanzie reali e/o personali, qualitativamente valide», garanzie «apocrife o rilasciate da soggetti incapienti» o «responsabilità personali riconducibili a una conduzione oltre i limiti della prudente gestione». Traduzione di Bruno Tabacci, all'epoca presidente della Commissione Attività produttive della

Camera: «Con quattro o cinque affidamenti si sono mangiati tutto il capitale».

Soldi dati «senza preventiva individuazione di fonti e tempi di rimborso» scrissero gli ispettori, ad amici. Come la moglie di Franco Baresi, Maura Lari. O il leader dei Cobas leghisti e poi senatore bossiano (destinato a essere processato anche per la truffa sulle quote-latte), Giovanni Robusti. O la società (fallita) Bingo.Net che aveva come soci leghisti di spicco quali Enrico Cavaliere (già presidente del consiglio del Veneto) e Maurizio Balocchi, tesoriere della Lega, sottosegretario e addirittura (*sic!*) membro del CdA della banca. Peggio: stando alle inchieste, la banca era servita a far girare (senza una segnalazione all'Ufficio italiano cambi) un fiume di soldi fatti sparire al tribunale fallimentare da Carmen Gocini per conto di Angiolino Borra, il padrone di Radio 101 che la Lega aveva a suo tempo suggerito per il CdA della Rai.

Risultato: i poveretti che avevano messo i risparmi nella banca della Lega si sono ritrovati con un pugno di mosche: neanche 3 euro ad azione contro i 28 investiti. E sulle teste dei leader coinvolti ai massimi vertici del moribondo istituto bancario (Stefano Stefani, Maurizio Balocchi, Giancarlo Giorgetti...) si addensavano nubi foschissime.

Poi, miracolo, si affacciò un uomo: Gianpiero Fiorani. Che si fece carico, con la sua Popolare di Lodi, dell'ormai defunta banca leghista. Spazzando via gli incubi, anche penali, dei protagonisti della catastrofica impresa. Era il 5 ottobre del 2004. Come sia finita, si sa. Col banchiere lodigiano in galera, il governatore Antonio Fazio messo alla porta, il salvataggio stoppato dai nuovi gestori della Bpi. E «La Padania» che dopo avere strillato titoloni ringhiosissimi (*Roma padrina. / Chi c'è dietro l'attacco a Fiorani e alla nuova finanza padana?*) annaspava davanti alla rivolta dei militanti truffati, scrivendo di Credieuronord negli editoriali del direttore Gianluigi Paragone come di una «banca considerata della Lega».

Il bello è che alcuni dei protagonisti del buco bancario erano recidivi. Una manciata di anni prima, come gli ambiziosi amministratori di Sciacca, avevano coltivato anche loro un grande sogno turistico. Avevano infatti rilevato una società, la Ceit, che doveva costruire un villaggio vacanze a Umago, in Istria. C'erano la moglie di Umberto Bossi, Manuela Marrone, l'ex ministro del Bilancio Giancarlo Pagliarini e i parlamentari Edouard Ballaman, Stefano Stefani e Maurizio Balocchi. Commisero un errore: chiesero un finanziamento alla Hypo Alpe Adria Bank, che ha come primo azionista il Land della Carinzia, all'epoca guidato dallo xenofobo Jörg Haider.

Un'operazione disastrosa, finita con la sparizione di 2 miliardi di lire, il fallimento e la decisione del pm Paolo Luca di contestare all'intero consiglio di amministrazione la bancarotta fraudolenta e il falso. La Hypo chiese il rientro dei finanziamenti, poi pretese la confisca della proprietà. Finì a colpi di carte bollate. Il ricchissimo Stefano Stefani, industriale orafo, si chiamò fuori risarcendo di tasca propria la banca carinziana con 500.000 euro. Maurizio Balocchi e altri 7 furono rinviati a giudizio. E del «villaggio padano» in Istria non si è parlato più.

Eppure, per quanto ripetutamente scottati, agli uomini del Carroccio la fissa del business non è passata del tutto. Prendete Roberto Calderoli. Pochi mesi dopo aver smesso gli abiti da ministro delle Riforme, il senatore dentista di Bergamo ha aperto una ditta di import-export. Si chiama Mibel international. L'ex ministro ha messo un terzo del capitale, il resto è suddiviso fra il suo ex capo di gabinetto Claudio D'Amico e la di lui consorte Svetlana Konovalova, una bielorussa di Minsk che fa da interprete a Bossi. E che probabilmente ispirò al senatore leghista, dopo le Politiche del 2006, il suo estroso commento: «Queste elezioni sarebbero state invalidate perfino in Bielorussia!».

10

Come puntare un euro e vincerne 180

Ma il referendum non aveva abolito il finanziamento pubblico?

Il radiotelegrafista Giancarlo Fatuzzo, giunto alla veneranda età di 43 anni, intercettò sulle onde elettromagnetiche un'ispirazione: molla tutto e datti alla politica. Detto fatto, fondò il Partito dei pensionati. Il più redditizio del mondo. Basti dire che nella campagna per le Europee del 2004 il nostro investì 16.435 euro ottenendo un rimborso 180 volte più alto: quasi 3 milioni. Un affare mai visto. Neanche nella corsa all'oro di Fairbanks alla fine dell'Ottocento.

Eletto dal suo popolo grigio al Parlamento comunitario sia nel '99 sia nella legislatura successiva, ciabatta da allora sfaccendatamente per i corridoi di Strasburgo (dove è stato inserito nella delegazione per i rapporti col Giappone: sayonara!) scodellando di tanto in tanto interventi che scuotono l'aula per il formidabile impatto planetario. Ora chiede cosa vuol fare l'Europa per le vie di accesso a Vivaro, «comune situato nella parte meridionale del conoide alluvionale dei torrenti Cellina e Meduna, in provincia di Pordenone». Ora dichiara, «sia personalmente sia come responsabile del Partito pensionati in Italia», che «l'allargamento dell'Europa deve arrivare a tutto il mondo», comprese quindi l'Europa australe e l'Europa patagonica. Ora si congratula per la fama «dell'onorevole John Bowis sparsa in tutta Europa» al punto che è venuta «dall'Italia, precisamente dalla città di Salsomaggiore (la città dove viene eletta miss Italia), una sua ammiratrice di nome Moggi Silvana che è qui presente in tribuna». Ora chiede notizie sulle protesi dentarie mutuabili sottolineando, con malferma ironia, la necessità «che gli anziani abbiano la possibilità di masticare il cibo prima di deglutirlo».

Lui no, non ha bisogno della dentiera. Anzi, sorride sempre. Ha ragione: meglio di così non gli poteva andare. Perito commerciale, genovese trapiantato a Bergamo, trovò la prima pepita del giacimento quando ancora non aveva quarant'anni, fondando una microscopica casa editrice: Sportello Pensioni. Il 19 ottobre dell'87, santa Cleopatra, la folgorazione: perché, in un Paese con almeno 15 milioni di pensionati non fare un partito per loro? Nessuno ci aveva ancora pensato e davanti a Fatuzzo si spalancò un'autostrada.

Consigliere comunale e provinciale a Bergamo, poi consigliere regionale della Lombardia, poi il salto a Strasburgo. Salutato con un brindisi e un'impennata finanziaria. In campagna elettorale aveva speso 16 milioni di lire: grazie al meccanismo dei rimborsi elettorali lo Stato gli versò 1.276.000.000. Tombola! Ripetuta, come si è detto, alle Europee successive. Segnate da un guadagno, rispetto all'investimento, del 18.000%.

Va da sé che, in un mercato fluttuante come quello politico, dove le azioni di questo o quello schieramento sono continuamente esposte a balzi e inabissamenti improvvisi, occorre avvertire i segnali più ancora che a Wall Street sui futures coreani. Convinto che nei momenti di passaggio va diversificato l'investimento, per esempio, il «promoter» del partito grigio, pur non avendo mai nascosto le proprie tendenze moderate iscrivendosi a Strasburgo al gruppo dei Popolari europei come i destrorsi della Csu bavarese o i forzisti, alle Regionali del 2005 scelse la tecnica delle geometrie variabili: un po' col centrodestra, un po' col centrosinistra. E alle elezioni politiche successive, dicendosi ingannato da Berlusconi, scelse Prodi che in quel momento volava nei sondaggi. «Se il mio partito supererà lo sbarramento del 2%, chiederò un ministero per i pensionati» tuonava bellicoso.

Ma il mercato, dicevamo, è instabile. Appena sei mesi più tardi, già si sentiva «ingannato» da Prodi (ma come: neanche uno straccio di posto di sottogoverno dopo aver portato 340.000 voti?) e passava di nuovo, armi e bagagli, con la Casa delle Libertà. Nei cui dintorni stava già la sua erede, carnale e politica: Elisabetta. Una ragazza con la testa sul collo, che fin dalla tenera età meditava su quella poesia di Guido Gozzano: «Venticinqu'anni!...

Sono vecchio, sono / vecchio!... / Venticinqu'anni!... ed ecco la trentina / inquietante, torbida d'istinti moribondi... / ecco poi la quarantina / spaventosa, l'età cupa dei vinti, / poi la vecchiezza, l'orrida vecchiezza / dai denti finti e dai capelli tinti». Quando pensa alla vecchiaia cui ha dedicato la gioventù, però, lei è serena. Mal che vada avrà un vitalizio consolante: è consigliere regionale della Lombardia fin da quando giocava con le Barbie e papà, guardando i vecchietti al giardinetto, le diceva: «Amore, un giorno tutto questo sarà tuo...».

Ma senza quei finanziamenti elettorali così generosi la premiata ditta familiare Fatuzzo sarebbe arrivata lo stesso lassù, nella casta dei bramini? Domanda più che legittima, perché quei rimborsi sono sempre spropositati, rispetto alle somme realmente sborsate. Due numeri: per le elezioni Europee del 2004 i partiti spesero in tutto 87.988.791 euro, ma quando passarono alla cassa ne ritirarono quasi il triplo e cioè 248.956.810. Con un utile netto di quasi 161 milioni. Frutto di un'anomalia ipocrita e arrogante, introdotta da una legge approvata senza un battito di ciglio nel 1993 e criticata anche dalla Corte dei Conti. La quale nel suo rapporto sui rendiconti delle spese elettorali per le Europee del 1999 sottolineò l'assoluta mancanza di una «correlazione fra entità delle spese sostenute ed entità del contributo spettante agli aventi diritto». Non l'avesse mai detto!

Letto il rapporto sul «Corriere», il diessino Angelo Soda saltò su come un tarantolato, convocando all'istante una conferenza stampa. Come si permettevano, quei giudici? «La Corte doveva limitarsi a verificare i conti in base alla conformità, alla legge e alla regolarità della documentazione prodotta. Qui si doveva fermare. Invece si è inventata un parametro di valutazione: la rilevazione del rapporto tra le spese rendicontate e i rimborsi, criterio che serve solo a creare elementi di delegittimazione dei partiti.» Traduzione dal burocratese: ogni appunto critico genera qualunquismo. Ciò detto, il ringhioso guardiano dell'intoccabilità delle scelte dei partiti arrivò a chiamare in causa il presidente della Camera, Luciano Violante: «Dovrà dire qualcosa sui limiti di esercizio del potere della Corte dei Conti, altrimenti si crea una continua invasione di potere».

Non ce ne fu bisogno: l'osservazione dei giudici contabili, tanto lapalissiana quanto potenzialmente devastante, fu lasciata cadere nel vuoto. Per la fortuna della ditta politica dei Fatuzzo e di tutti i partiti. Esclusi i radicali, gli unici che hanno speso sempre più di quanto poi incassavano: l'eccezione per una regola che dimostra in modo abbagliante come le forze politiche, negli ultimi anni, abbiano davvero esagerato. C'è una tabella più esauriente di mille saggi sociologici. Quella pubblicata nel libro di Salvi e Villone: «Nel 2005 sono stati pagati ai partiti, a titolo di rimborso per le spese elettorali, oltre 196 milioni di euro che sono stati suddivisi tra ben 81 partiti o liste». Ottantuno liste! Il generale De Gaulle, nella sua più celebre battuta, si chiedeva come si potesse governare un Paese come la Francia con 258 tipi di formaggi? Beato lui, che non provò mai il brivido di governarne uno con 81 partiti. Uno più vorace dell'altro.

Il referendum del 18 aprile del '93 era stato chiarissimo: il 90,3% delle persone voleva abolire il finanziamento pubblico. Giuliano Amato, a capo del governo, ne aveva preso atto con parole nette: «Cerchiamo di esserne consapevoli: l'abolizione del finanziamento statale non è fine a se stessa, esprime qualcosa di più, il ripudio del partito parificato agli organi pubblici e collocato tra essi». Certo, il voto era stato influenzato dal vento impetuoso della rivolta morale contro gli abusi della Prima Repubblica, travolta da mille scandali. E magari è vero che conteneva una certa dose di antiparlamentarismo, trascinato da mugghianti mandrie di torelli giustizialisti che presto si sarebbero trasformati in pensosi bovi garantisti. Di più: forse era solo un'illusione velleitaria l'idea che una democrazia complessa potesse reggersi su partiti dalle opinioni forti e dai corpi leggeri come piume.

Ma anche chi da anni teorizza la necessità che la società si faccia carico di mantenere i partiti quali strumenti di democrazia, dovrà ammettere che la deriva fa spavento. Ve li ricordate perché nacquero, i rimborsi elettorali? Per aggirare dopo pochi mesi, senza dare nell'occhio, quel referendum-capestro della primavera del '93. Era il dicembre, al governo c'era Carlo Azeglio Ciampi e sulle prime l'obolo imposto era contenuto: 800 lire per ogni cittadino residente e per ognuna delle due Camere. Totale: 1600 lire. Pari, fatta la tara all'inflazione, a 1 euro e 10 centesimi di oggi. Pochi? Può darsi. Certo è che, via via che l'ondata referendaria, leghista e giudiziaria del biennio '92-93 si quietava nella risacca («Fare demagogia sulla politica perché sia più spartana vuol dire preparare il terreno a un ritorno della corruzione» spiegò il «retino» Giuseppe Gambale) i partiti si sono ripresi tutto. Diventando sempre più ingordi. Fino a divorare oggi, nelle sole elezioni politiche, dieci volte più di dieci anni fa.

Eppure, già la prima sterzata sembrò eccessiva. Era il 1999. L'idea transitoria del 4 per mille (volontario) sul quale i partiti prendevano degli anticipi, si era rivelata un fallimento. A marzo, con un pezzo della destra che denunciava l'ingordigia dei «rossi», passarono l'abolizione delle agevolazioni postali in campagna elettorale e l'eliminazione dell'anticipo: i partiti avrebbero dovuto restituire in cinque anni, nella misura del 20% annuo del totale, le somme «eventualmente» ricevute in più. Macché. Non solo la restituzione fu svuotata dalla scelta di non varare mai (mai) il decreto di conguaglio, col risultato che nessuno ha mai (mai) potuto sapere quanti soldi con quel 4 per mille i cittadini avevano davvero dato alla politica. Ma due mesi dopo, col voto favorevole d'una maggioranza larghissima e il plauso anche della Lega («Questa legge ci avvicina all'Europa» disse Maurizio Balocchi, coordinatore dei tesorieri dei partiti), passò un ritocco assai vistoso: da 800 a 4000 lire per ogni elettore e per ogni Camera alle Politiche. Più rimborsi analoghi per le Europee e le Regionali. Più un forfait, volta per volta, per le Amministrative.

Una grandinata di soldi mai vista prima. Che nel 2001 avrebbe portato le forze politiche a incassare in rimborsi oltre 92.814.915 euro. Una somma enorme. Eppure l'anno dopo, a maggioranza parlamentare ribaltata, mentre invitavano gli italiani a stringere la cinghia perché dopo l'11 settembre i cieli erano foschi, i partiti erano ancora lì, più affamati di prima. Ricordate le risse di quel 2002? La destra irrideva agli anni del consociativismo cantando le virtù della «nuova era» dove mai i suoi voti sarebbero stati mischiati a quelli «comunisti». La sinistra barriva nelle piazze che mai si sarebbe lasciata infettare da un accordo con l'orrida destra. Finché presentarono insieme una leggina, firmata praticamente da un rappresentante di ciascun partito perché nessuno gridasse allo scandalo (Deodato, Ballaman, Giovanni Bianchi, Biondi, Buontempo, Colucci, Alberta De Simone, Dussin, Fiori, Manzini, Mastella, Mazzocchi, Mussi, Pistone, Rotondi, Tarditi, Trupia, Valpiana) che portava i rimborsi addirittura a 5 euro per ogni iscritto alle liste elettorali e per ciascuna delle due Camere. Una scelta discutibile con l'aggiunta di un'indecente furberia: anche il calcolo dei rimborsi per il Senato andava fatto sulla base degli elettori della Camera. I quali sono, senza calcolare gli italiani all'estero, 47.160.244. Contro i 43.062.020 degli aventi diritto a votare per Palazzo Madama: 4.098.224 in meno. Risultato: si sono accaparrati nel solo 2006, con quel trucchetto, 20 milioni e mezzo di euro in più. Il triplo, per dare un'idea, di quanto è costata a Padova la Città della speranza che, grazie alla generosità dei privati, riesce a svolgere il ruolo di Centro diagnostico nazionale a disposizione di tutti gli ospedali italiani per l'individuazione e la cura delle leucemie infantili. O, se volete, quanto è stato investito in dieci anni nella ricerca scientifica dal centro patavino. Totale dei rimborsi elettorali per il 2006: 200.819.044 euro. Una montagna di denaro destinata nel 2007 a crescere ancora di altri 3 milioni e mezzo. E l'anno seguente ancora un po', e via così. Risultato: i partiti assorbono oltre il doppio di quanto assorbivano nel 2001. Il balzello è passato dal 1993 a oggi, con l'appoggio, la complicità o il tacito consenso di tutti (salvo qualche eccezione e un po' di distinguo) da 1 euro e 10 centesimi a 10 euro per ogni cittadino. E ogni ciclo elettorale (Politiche, Regionali, Europee, Amministrative...) ci costa ormai 1 miliardo di euro a lustro. Per limitarsi soltanto al famoso «rimborso».

E smettiamola, di chiamarlo così. È vero che il nostro è un Paese dove, nel peloso rincorrere del «politicamente corretto», è stato sancito che i poveri sono «non abbienti», i disoccupati «incollocati» e gli epilettici persone affette da «crisi comiziali». Ma la parola «rimborso» è pura ipocrisia: i tesorieri dei partiti non la usano quasi mai. Continuano a parlare, tra di loro, di «finanziamento pubblico», come se quel referendum del 1993 non ci fosse mai stato. E così è: il finanziamento pubblico dei partiti, sopravvissuto anche ai passaggi più tumultuosi, non è mai morto. Ha soltanto, di volta in volta, cambiato nome.

E il conto è carissimo. Dal 1976 al 2006 i cittadini hanno versato nelle casse dei partiti l'equivalente, in valuta 2006, di 3 miliardi e mezzo di euro. Per l'esattezza: 3.419.584.022. Una somma enorme, che sarebbe stata più che sufficiente a realizzare la variante di valico tra Firenze e Bologna, considerata l'autostrada più cara della storia con i suoi 55 chilometri di gallerie. O a finanziare la costruzione del canale progettato per riportare l'acqua dal Mar Rosso nel Mar Morto.

Per non parlare dei soldi sporchi. Quelli che un po' tutti i partiti della Prima Repubblica (con rare eccezioni come i radicali) incassarono per anni e anni dalle bustarelle su ogni lavoro pubblico ai tempi in cui, secondo Silvio Berlusconi, dovevi «fare lunghe file per seguire una pratica e poi passare da un ufficio all'altro con l'assegno in bocca, perché così si usava nella pubblica amministrazione». Quanto avesse pesato sulle tasche dei contribuenti quel sistema di tangenti lo calcolò nel febbraio del 1993 il Centro di ricerca e documentazione Luigi Einaudi diretto da Mario Deaglio.

Conclusione: il «presumibile ammontare dei maggiori costi sostenuti dallo Stato per effetto della discrezionalità della decisione politica» era stato, nel solo 1991, tra i 3,3 e i 4,9 miliardi. Anche se, precisava lo studio, era probabile che la verità non stesse «nel mezzo, bensì in prossimità del limite massimo». Per capirci: almeno 4 miliardi di euro l'anno in valuta di oggi. E non era finita: «Queste somme sono state pagate dallo Stato in eccesso a quanto sarebbe stato dovuto e possibile. Hanno quindi aumentato il deficit pubblico. Al fine di finanziare il deficit, lo Stato ha fatto ricorso ai prestiti pubblici. Non potendo restituire i prestiti a fine anno, li ha rinnovati». Una spirale abnorme. Che negli anni Ottanta, quelli in cui il nostro «buco» sprofondò, sempre in moneta attuale, da 137 a 772 miliardi, fu responsabile secondo il Centro Einaudi di almeno un decimo dell'inabissamento debitorio. Con un danno alle pubbliche casse che, nel solo ultimo decennio prima dell'esplosione di Tangentopoli, potrebbe essere calcolato, secondo le stime prudenti del centro studi torinese, in quasi 75 miliardi di euro.

Onestamente: c'è qualche Candido nostrano disposto a immaginare che una classe dirigente così ingorda e rimasta in gran parte la stessa sia diventata virtuosa nonostante diversi ladroni se la siano cavata senza un buffetto? Piercamillo Davigo sorride amaro: «Siccome non è cambiato nulla nei meccanismi che avevano prodotto la degenerazione di Tangentopoli non c'è ragione d'immaginare un miglioramento. Anzi, semmai si sono abbassate le soglie di difesa. E c'è un'idea più diffusa di impunità. Quindi... Insomma, non solo non mi stupirei a scoprire che l'andazzo è quello di prima, ma mi stupirei nello scoprire il contrario».

Ma torniamo ai finanziamenti pubblici. Le cifre vi sembrano enormi? Eppure si tratta solo di una fetta della torta divorata dagli apparati. Sostenuti in larghissima parte dalle pubbliche casse sotto forma di migliaia di posti nei consigli di amministrazione di società ed enti vari e municipalizzate, autoblu, incarichi, prebende, consulenze spesso insensate e altro ancora. Si pensi, per esempio, ai 60 milioni di euro l'anno di finanziamenti ai «giornali di partito». Virgolette obbligatorie: non tutti lo sono davvero. Anzi, quelli che si definiscono tali e hanno buone ragioni di lamentarsi della concorrenza sleale (come fecero tempo fa i direttori di «Europa» Stefano Menichini, di «Liberazione» Piero Sansonetti, della «Padania» Gianluigi Paragone, del «Secolo d'Italia» Flavia Perina e dell'«Unità» Antonio Padellaro con una lettera aperta che denunciava le «forti difficoltà economiche» dovute ai tagli della pubblicità e chiedeva «un finanziamento pubblico sicuro, puntuale e riservato solo a loro») sono solo una minoranza.

Tutto nasce da un «ritocco» alle norme sulla stampa di partito approvato anni fa per accontentare un po' tutti. Volenterosi giornali politicamente vicini alla sinistra e volenterosi giornali politicamente vicini alla destra. Dal settimanale «Avvenimenti», organo dell'associazione Altritalia, alla rivista (poi quotidiano) «L'opinione». Si sa come vanno le cose in Parlamento: un piacere ad «amici» e «nemici», se pensi possa essere utile anche a te, non si nega mai. Tanto più che paga lo Stato. Fu stabilito che per avere i contributi bastava che un giornale si facesse sponsorizzare da due parlamentari pronti a dichiarare di essere i titolari di un movimento politico, a prescindere dal partito di appartenenza, e che quello era il loro organo ufficiale.

La corsa a mettere un timbro di partito sul proprio giornale per passare alla cassa fu frenetica. E non cessò certo quando la Finanziaria del 2001 di Amato mise ordine (formalmente) offrendo però a tutti una via d'uscita: per rimanere attaccati alla mammella statale bastava trasformarsi in una cooperativa. E così fecero quasi tutti. È oggi una cooperativa «il Foglio» (3.511.000 euro di contributi pubblici nel 2003) fondato da Giuliano Ferrara con l'apporto azionario di Veronica Lario in Berlusconi e la qualifica di «organo della Convenzione per la Giustizia», movimento a due piazze fondato dall'azzurro Marcello Pera e dal verde Marco Boato, che fu così duramente contestato dai suoi da dover lasciare la sua piazza al socialista Sergio Fumagalli. Lo è la «Gazzetta politica» dell'ex leader della «sinistra ferroviaria» Claudio Signorile, più difficile da trovare in edicola che un orso polare nel Gabon ma benedetta da oltre mezzo milione di euro l'anno. Lo è il quotidiano cremonese «La Cronaca», che appartiene a un piccolo imprenditore, Massimo Boselli Botturi, il quale ha candidamente ammesso come la politica, agganciata grazie a un deputato diessino e a un senatore popolare, fosse solo una gabola: «L'appoggio di due parlamentari amici ci ha consentito di superare un momento difficile». Tema: se è così, perché i cittadini dovrebbero versare alla «Cronaca» 1.874.000 euro l'anno?

Una domanda obbligata. Tanto più che qualcuno non si è accontentato di inzuppare il biscotto. Massimo Bassoli, con l'editrice Esedra incassava soldi pubblici per 2 milioni e mezzo di euro grazie al «Giornale d'Italia», organo dei «Pensionati uomini vivi» dell'ex parlamentare radicale Luigi D'Amato. Finito in manette, è stato accusato d'aver inventato false collaborazioni giornalistiche per gonfiare i contributi. Fregando, secondo la Finanza, 14 milioni di euro. In piccola parte (197.000), girati alla Lega Nord. «Perché?» gli chiesero i cronisti di *Report*. «Abbiamo fatto un'operazione politica» rispose l'uomo prima dell'arresto. «Hanno fatto un bonifico e possono farlo. Io ho regolarizzato e ho fatto quello che per legge dev'essere fatto, punto e basta» ringhiò il tesoriere del Carroccio Maurizio Balocchi: «I motivi politici che stanno dietro non sono tenuto a dirli a lei».

Ma sempre la stessa domanda vale anche per altri. Per «il Denaro», un periodico napoletano tenuto a galla da quasi 3 milioni di fondi statali l'anno come organo di Europa Mediterranea, un movimento dei forzisti Antonio Marzano, Salvatore Lauro e Claudio Azzolini. Spiegazione fornita al «Mondo» dal fondatore, Alfonso Ruffo: «In questo Paese i giornali o sono di proprietà dei potentati economici o sono di proprietà dei politici, e allora vivono con i contributi dello Stato. Schiacciati in questa morsa i piccoli giornali indipendenti sono costretti a morire. Se mi si offre di recuperare questo svantaggio competitivo con una legge che non ho certamente sollecitato io, ne approfitto».

Come ne approfitta l'ex deputato missino Massimo Massano, titolare di «Torino cronaca» e dello storico «Borghese», già in società nella Edibeta con Vittorio Feltri. Il quale, raggiunto nel 2000 un accordo con il Movimento monarchico italiano (un manipolo di nostalgici che vende on-line gadget come «semisfera commemorativa in cristallo diametro 90 millimetri con inciso il busto di Umberto II» e si definisce come una cosa che «non proviene dall'alto, ma guarda in alto») ha incassato 5.371.000 euro di soldi pubblici nel solo 2003. Integrazioni alle entrate dovute alle vendite, da anni in ascesa.

Guai a ricordarlo, però. Milena Gabanelli, che osò farlo in una puntata di *Report* della primavera del 2006, venne azzannata: «Piantala di fare coccodè». Su un canale della Rai che fa pagare il canone, poi! «Siamo allo zoppo che pretende di insegnare allo storpio a camminare. La verità è un'altra, cara la mia bella gioia: tutti i quotidiani e i periodici hanno degli aiuti in denaro o sotto forma di sconti.» Verissimo. Per esempio i contributi sulla «carta agevolabile» in proporzione alle copie e le tariffe postali tagliate per favorire la lettura e mettere una pezza alle distorsioni di un mercato pubblicitario dominato da Rai e Mediaset. Tagli che, ricordava giustamente Feltri, «compensano il fatto che le Poste funzionano male e i quotidiani (agli abbonati) sono recapitati in ritardo». Un esempio? Nel 2003 la Rcs con tutte le sue testate ebbe per la carta 8,6 milioni di euro, «Libero» 463.000. Conclusione: «Mi dici per favore perché noi dovremmo essere i soli in Italia a non percepire un euro?». Non proprio i «soli», via...

Fatto sta che da quel burrascoso '93 dell'ondata anomala che pareva aver travolto gran parte dei vecchi partiti sembra passato un secolo. Ricordate? Mentre infuriava l'offensiva di Mani Pulite il panico si era impadronito delle segreterie politiche. Chiusi i rubinetti delle tangenti, abolito per referendum il finanziamento pubblico, erano tutti sull'orlo della bancarotta. Il Psi di Bettino Craxi aveva debiti, in valuta attuale, per 54 milioni di euro. Le banche, fino ad allora indulgenti coi debitori politici ben oltre ogni ragionevole limite, si facevano sempre più minacciose. Al punto che il nuovo segretario Giorgio Benvenuto, in una drammatica assemblea assai diversa da quelle di «nani e ballerine», gelò la platea: «Compagni, non c'è più una lira. Dobbiamo vendere il cinema Belsito». Il fiore all'occhiello. Condannato a tornare, da teatro di tanti trionfi socialisti, alla normale programmazione. Aperta con una sceneggiata che pareva la beffa finale: *Isso, Issa e 'o Malamente*.

E la Democrazia cristiana? Quando cominciò a scricchiolare, nel '92, il partito costava l'equivalente di 75 milioni di euro l'anno. Naturalmente, a dar retta ai bilanci, che come è noto non dicevano proprio tutto. Anche lo scudocrociato era indebitatissimo: circa 60 milioni di euro di oggi. Ma le proprietà immobiliari parevano dare sicurezza: nei forzieri del partito c'erano i documenti di proprietà di 508 immobili, dai magazzini in periferia agli appartamenti nei paesi, fino alla villa della Camilluccia dove lo stato maggiore del partito si riuniva intorno al caminetto per le decisioni più importanti, per arrivare al grande palazzo di piazza Sturzo, a Roma: 15.000 metri quadrati all'Eur.

Un patrimonio immenso che secondo i periti valeva già allora, coi prezzi di mercato infinitamente inferiori a quelli di oggi, almeno 65 milioni di euro. Un patrimonio svanito fra scissioni, vendite con plusvalenze miliardarie annegate misteriosamente nelle pieghe dei bilanci, appropriazioni indebite, furbizie di ogni genere. Case messe a bilancio con valori 197 volte più bassi di quelli reali. Appartamenti storici svenduti a prezzi di saldo «in famiglia», come una stupenda residenza a pochi metri da piazza del Campo portata via con meno di 300.000 euro dalla compagna del democristiano più in vista di Siena, Alberto Monaci. Fino all'ultimo atto: la vendita in blocco di ciò che restava, 131 proprietà immobiliari, al prezzo forfettario di 1.557.000 euro, al faccendiere Angiolino Zandomeneghi, che aveva piazzato la sede della società nel gabbiotto all'ingresso di un parco acquatico abbandonato nel Veronese e saldò il conto con un assegno scoperto. Edifici spariti in scatole cinesi incastonate l'una nell'altra fino a portare a una misteriosa finanziaria con sede in un pollaio nelle campagne istriane di Babici e intestata a un croato che scaricava cassette al porto di Trieste.

Sterminato era anche l'«impero» dell'ex Partito comunista, come del resto i suoi debiti: 237 milioni di euro in valuta attuale. Ma contrariamente alla Dc e al Psi, il vecchio Pci continuò a sopravvivere. E i debiti, del partito e dell'«Unità», ad aumentare. Nel 2001, dopo cinque anni al governo, la Quercia era «sotto» di 584 milioni di euro; Piero Fassino era stato già costretto a vendere, tra i sospiri dei militanti, la sede storica di via delle Botteghe Oscure e ritirarsi con la direzione nella ridotta di via Nazionale. Ma non bastava.

L'ancora di salvezza arrivò dalla Tosinvest della famiglia Angelucci che rilevò attività e passività della Beta Immobiliare, nella quale era concentrato l'indebitamento delle società editrici dell'«Unità», insieme alle ipoteche su 261 immobili sparsi per l'Italia. Grazie anche a questa operazione, in quattro anni i debiti dei Democratici della sinistra si sono ridotti magicamente da 584 a 139 milioni di euro, tutti a medio e lungo termine. Un caso da manuale di risanamento di cui il tesoriere diessino Ugo Sposetti mena vanto, ma che lascia aperte due curiosità. La prima: chi glielo ha fatto fare, agli Angelucci? La seconda:

anche a vendere tutto, sarebbero andati a posto i conti, senza i famosi rimborsi elettorali?

Va da sé che, quando i diessini Cesare Salvi e Massimo Villone e la tesoriera dell'Italia dei Valori Silvana Mura hanno proposto nella Finanziaria 2007 non di abolire quel meccanismo, ma di dargli almeno una limatina, i Democratici di sinistra hanno fatto orecchie da mercante. Come tutti gli altri. Ovvio: pochi mesi prima della fine della legislatura berlusconiana avevano approvato una leggina che consente ai partiti di continuare a incassare i rimborsi pure in caso di scioglimento anticipato delle Camere. Anche allora tutti insieme. Come sempre, su questi temi.

Anzi, sventato il taglietto al finanziamento pubblico, i partiti hanno deciso di allargare ancora di più la manica. Pretesto: un disegno di legge presentato nel settembre del 2006 per risolvere un problemino della Svp. I responsabili del partito altoatesino alleato dell'Unione si erano dimenticati di presentare nei tempi stabiliti la domanda per avere i rimborsi elettorali. Col risultato di veder distribuire i loro soldi agli altri partiti. Seccante.

C'era solo un mezzo per rimediare al guaio: una sanatoria retroattiva. Spudorata. Com'è evidente dalla disarmante relazione al provvedimento, dov'era scritto che poiché la legge in vigore «stabilisce che le richieste di rimborso debbano essere presentate, a pena di decadenza, entro dieci giorni dalla data di scadenza del termine per la presentazione delle liste per il rinnovo dei due rami del Parlamento» la nuova norma prevedeva «il differimento dell'anzidetto termine in modo da consentire anche ai partiti e ai movimenti politici dichiarati decaduti dai rimborsi di beneficiare dei medesimi». Tutti d'accordo, o quasi, a sinistra. Bastava leggere le firme sotto la proposta: da Siegfried Brugger della Svp a Dario Franceschini dell'Ulivo, dal rifondarolo Gennaro Migliore al dilibertiano Pino Sgobio. Ma...

Ma l'incredibile sanatoria «ad partitum» è diventata il vagone su cui caricare, trasversalmente, una merce più pesante: un emendamento, firmato dal relatore Marco Boato (non nuovo a iniziative oleose che piacciono a certi pezzi sia della destra sia della sinistra) per consentire ai partiti di costituire fondazioni «politico-culturali». Per farne che? Tante cose. Parcheggiare «cespiti e attività patrimoniali» dei partiti. Accogliere «eredità, erogazioni liberali e donazioni». Ricevere «entrate derivanti da prestazioni rese a terzi su base convenzionale», come fanno i sindacati coi centri d'assistenza fiscale. Di più: queste «fondazioni» potrebbero incassare «contributi pubblici eventualmente previsti per il finanziamento di specifici programmi culturali e di formazione». Chiaro? Chiarissimo: neppure l'aumento abnorme dei «rimborsi elettorali» è più sufficiente alla mostruosa dilatazione delle spese dei partiti. Alla perenne e spasmodica ricerca di altre forme di introiti.

È qui che vedi come le lezioni del passato non siano servite assolutamente a nulla. Che fossero soldi infetti della Cia, del Kgb o delle bustarelle, i partiti italiani si sono ormai abituati a darsi battaglia spendendo moltissimo e, con la nave alla deriva, non cercano neppure più di aggiustare la rotta. Al punto che perfino Cesare Salvi e Massimo Villone, ai quali va riconosciuto il merito di avere tentato la prima analisi autocritica «dal di dentro», hanno finito per dare al loro libro un titolo che in qualche modo, al di là della sottilissima ironia, rischia di essere indulgente: *Il costo della democrazia*. Perché «democrazia»? Cosa c'entrano con la democrazia certe storture, certi privilegi, certi lussi inaccettabili?

L'ultimo pezzo del disegno sulle fondazioni messo in calendario nella primavera del 2007, per esempio, somiglia dannatamente a un altro regalo che si erano fatti i partiti. E cioè alla leggina del luglio del '93 che, firmata da Gino Giugni, donò «il prepensionamento anticipato di anzianità» a più di 500 dipendenti «in nero» delle forze politiche. La sola condizione era appunto quella: che i datori di lavoro, dal Pci al Psi, dalla Dc al Pri, dichiarassero in una lettera che i lavoratori Mario Rossi o Dario Verdi avevano lavorato in nero (pensa te!) a partire da una data precedente a quella di assunzione, così da andare in pensione con 28 anni di servizio.

Una sanatoria indecente, messa a carico dello Stato. Ma guai a polemizzare. Il serafico Enrico Ferri, leader del Psdi, allargò le braccia: «Dov'è lo scandalo? I dipendenti di partito sono persone umane che tirano la cinghia». Grazie. Ma al di là della formula che obbligò i giudici ad aprire un'inchiesta su decine di attestazioni, perché mai la messa a riposo di tutti quei funzionari, portieri, impiegati e centralinisti tirati dentro spesso per motivi squisitamente clientelari doveva pesare sulle spalle dei cittadini? Per non dire della ciliegina sulla torta: tra quanti avevano «tirato la cinghia» c'erano persone già avviate ad avere, come i socialisti Fabrizio Cicchitto e Biagio Marzo, il vitalizio parlamentare.

Bene: poco più di un decennio dopo, ecco il replay. Con la proposta nel «progetto fondazioni», contestata frontalmente solo da radicali e dipietristi, di poter impiegare personale in aspettativa dipendente da aziende pubbliche o private. Cioè? Semplice: ai partiti l'obbligo di pagare lo stipendio, allo Stato (cioè a tutti noi) l'obbligo di pagare il resto, contributi e pensione compresi. Non solo: stando alla leggina, le aziende private potrebbero sostituire i dipendenti «prestati» ai partiti con personale a tempo determinato. Mica male, per una sinistra che chiedeva voti sulla base di un programma contro la precarietà del lavoro...

Ma non è tutto: sapete chi paga, se un «organo di partito» fallisce? I cittadini. In un lontano agosto di tanti anni fa (succede sempre in agosto: sempre) fu infatti stabilito con la legge 416 che non solo gli interessi sui debiti agevolati di questi giornali fossero a carico dello Stato ma che su quei debiti lo Stato offrisse la sua garanzia. Garanzia estesa nel 1998 dal governo di centrosinistra, per dare una mano all'«Unità» sprofondata in un abisso finanziario, a chi si accollava i conti in rosso, in quel caso i Ds. E ulteriormente estesa nel 2007 dal secondo governo Prodi ai debiti di tutti i partiti accumulati fino al 1999. Risultato: in caso di crac (o più semplicemente di mancato pagamento di una pendenza) i creditori comunque vengono risarciti con denaro pubblico. Lo stesso usato per saldare, dopo il naufragio di Bettino Craxi e del Psi sotto l'offensiva giudiziaria, i creditori dell'«Avanti!». Liquidati alla fine del 2003 con 9 milioni e mezzo di euro. Pagati da tutti noi.

11

Meglio a noi che a Madre Teresa

Più sconti fiscali per le donazioni ai partiti che ai bimbi lebbrosi

«InnaMoratti, sempre di piùùù! / in fondo all'anima, ci sei sempre tuuu!» strillavano ridendo gli studenti nei cortei, facendo il verso a *Un'avventura* di Lucio Battisti. Scherzavano, le canaglie. Senza rispetto per l'allora ministro dell'Istruzione. Ma c'è chi è davvero innamoratissimo di Letizia Brichetto Arnaboldi: suo marito Gianmarco Moratti. Gli altri regalano alla moglie un paio di orecchini, un anello di brillanti oppure, se sono ricchi sfondati, una Bentley Continental GT Coupé come quella donata da David Beckham all'amata Victoria? Lui alla moglie ha regalato Milano.

Di più: in occasione della presentazione ufficiale della candidatura della signora a sindaco, arrivò a uscire dal suo proverbiale silenzio (il papà Angelo fece due figli, uno ciarliero e uno muto: lui è quello muto) per concedere alla stampa addirittura qualche dozzina di parole. Cosa che, sui cronisti, ebbe l'impatto di una loquace chiacchierata di Bernardo, il servo afasico di Zorro. Spiegò dunque a Elisabetta Soglio del «Corriere» che lui era proprio contento della candidatura della moglie: «Con Letizia ho passato 36 anni di felicità e spero, anzi sono certo, che lei potrà dare la stessa gioia anche a Milano».

Quanto peso ha avuto il suo parere sulla decisione di candidarsi? «Io ho spinto molto, perché so che mia moglie potrebbe essere il miglior sindaco per la nostra città.» Ha seguito questa campagna elettorale? «Sì, ed è stato molto importante aver conosciuto da vicino i problemi della città.» Come si risolvono? «Letizia saprà come fare, perché lei è abituata. Una persona che da 27 anni segue una comunità di emarginati sa come si affrontano i problemi.»

L'accenno a San Patrignano, dove i due si spendono da una vita con i ragazzi decisi a disintossicarsi, spinse anzi Gianmarco ad andare più in là. E a spiegare che, per carità, lui non temeva affatto che lei, se eletta, fosse molto esposta: «Quando una persona non vive per la propria ambizione ma per un ideale profondo, quando è estremamente onesta e moralmente integerrima, non può avere paura». Aggiunse infine di essere entusiasta del primo assaggio della vita da «first sciùr» perché in quelle settimane aveva avuto «modo di incontrare molte persone e conoscere i veri problemi della gente». Insomma: «La campagna elettorale ci ha molto arricchiti». Lei, commossa da tante coccole pubbliche, ricambiò: «Tutti i giorni della mia vita sono dedicati a lui, perché è una persona splendida e solo grazie a lui sono diventata quella che sono».

Giustissimo. Soprattutto per quanto riguarda la conquista di Palazzo Marino. Se il marito uscì dalla campagna elettorale «arricchito» umanamente, finanziariamente invece si svenò. Meglio: si sarebbe svenato se lui e il fratello Massimo, presidente dell'Inter, non fossero più ricchi del conte di Montecristo. Dai soli atti ufficiali risulta infatti che l'imprenditore Moratti Gianmarco, socio forte dell'industria petrolifera Saras, versò al comitato elettorale di Moratti Letizia, alla voce «contributi», la bellezza di 6.335.000 (seimilionitrecentotrentacinquemila) euro. Per capirci: con quei soldi, di lussuosissime Bentley Continental GT Coupé, poteva regalarne alla moglie quarantuno. Con l'autoradio e il frigobar.

Gli domandarono: è vero che ha pagato lei questa campagna elettorale? Sorrise: «È vero che in casa i conti li tengo io». L'idea che qualche avversario potesse chiedersi maliziosamente se un atto d'amore così costoso fosse anche un investimento sul futuro non lo sfiorò neppure. Del resto, se suo fratello Massimo aveva speso 19 milioni e mezzo di euro per un ronzino come Javier Farinós (Farinós!) e altri 21 per un brocco come Sergio Conceição (Conceição!), non era forse libero, lui, di puntare su una bella puledra purosangue sulla ruota di San Siro?

Che Letizia Brichetto Arnaboldi Moratti sia sempre stata trattata bene dal consorte è, d'altra parte, una leggenda finita perfino in Consiglio dei ministri. Successe il giorno in cui, taglia qua e taglia là, per poter tagliare un po' le tasse Silvio Berlusconi mise le mani pesantemente sui bilanci dell'Istruzione. Scandalizzata, lei tentò una ribellione. Al che Giulio Tremonti, aggiustandosi gli occhialetti e strascicando perfido la «evve» moscia, le sibilò: «Letizia, renditi conto che il governo non è mica tuo marito».

Un dettaglio di cui ebbe modo di rendersi conto anche Bruno Ferrante, l'ex prefetto che alle Comunali correva per le sinistre: «Ce l'ho messa tutta, ma era quasi impossibile. Sono partito che non avevo un euro, un telefono, un ufficio, un collaboratore. Noi spendevamo uno, loro cinque». E così scrissero, in un comunicato, anche i Ds. Secondo i quali Ferrante aveva speso per tutta la campagna elettorale 694.000 euro rastrellati tra i militanti e i comitati di base e le collette e un po' di soldi dei partiti della coalizione, e la Moratti 3.642.900. Errore: dal solo marito ebbe in realtà (ufficialmente) nove volte più del denaro investito dall'avversario.

E il bello è che Gianmarco Moratti, su quei soldi spesi per la campagna della moglie, risparmiò più tasse che se li avesse dati a un laboratorio scientifico dedito, tra mille difficoltà e carenze di attrezzature e ricercatori pagati 900 euro al mese, agli studi sulla leucemia infantile. Penserete: non è possibile! Invece è così. Dice la legge che «le erogazioni liberali in denaro» a organizzazioni, enti, associazioni onlus (cioè non lucrative di utilità sociale) si possono detrarre dalle imposte per il 19% fino a un tetto massimo di 2065 euro e 83 centesimi. Tetto che per i finanziamenti politici è cinquanta volte più alto: 103.000 euro. Facciamo un esempio? Prendiamo un imprenditore con moglie, due figli, un reddito tondo tondo di un milione di euro l'anno e 423.170 euro di imposte da pagare. Se dona 100.000 euro a una onlus (per dire, una comunità di disabili o i bimbi lebbrosi di Madre Teresa di Calcutta) va a pagare tasse per 422.777 euro con un risparmio di 393. Se invece versa un contributo di 100.000 euro a un partito va a pagare di Irpef 404.170 euro, con un risparmio di 19.000 euro tondi. Riassumendo: a dare una mano a chi dedica la vita ad alleviare il dolore ti avanzano i soldi per un masterizzatore. A ingraziarsi la simpatia di una giunta o di una segreteria che possono venire utili per gli affari, risparmi quanto basta per andare in crociera in otto, con moglie, figli, genitori e suoceri a Tahiti e Bora Bora.

Va da sé che, con regole così, un mucchio di imprenditori, soprattutto quelli che sapevano di avere bisogno, spesso o saltuariamente, di un «aiutino», hanno distribuito per anni contributi e omaggi e regalie varie. Talvolta solo agli amici di una parte, come Alfio e Alvaro Marchini, i mitici costruttori rossi che impastavano la fede comunista, la spregiudicatezza degli imprenditori d'assalto, i rapporti col Vaticano e la presidenza della Roma Calcio, amalgamando tutto sotto il motto «calce e martello». O l'altrettanto famoso Gaetano Caltagirone Bellavista che secondo Franco Evangelisti era sempre così generoso con la Dc che il braccio destro di Andreotti, nella celeberrima intervista a Paolo Guzzanti, non aveva manco idea della quantità dei soldi ricevuti: «Chi se lo ricorda? Ci conosciamo da vent'anni, ogni volta che ci vedevamo lui mi diceva: "A Fra', che te serve?"».

Il patron della Parmalat Calisto Tanzi, invece, ha avuto politicamente più amanti di Caterina di Russia. E ha finanziato, mettendo i soldi a carico dei risparmiatori, larghissima parte delle forze politiche. Alla luce del sole e anche di nascosto. Secondo la procura di Parma, scrivono in *Onorevoli wanted* Peter Gomez e Marco Travaglio, «è sicuro che Calisto Tanzi a partire dal 1993 abbia fatto uscire dalle esangui casse del gruppo Parmalat almeno 12 milioni di euro per finanziare illecitamente "membri del Parlamento nazionale, consiglieri regionali, provinciali e comunali, presidenti, segretari e direttori politici e amministrativi dei partiti". E altrettanto sicuro è che tutto questo denaro non sia stato speso per semplice amicizia. Collecchio foraggiava la politica per avere a disposizione le persone giuste a cui rivolgersi nel momento del bisogno. Cioè sempre, visto che già a partire dall'anno della sua quotazione in Borsa, il 1990, il gruppo era tecnicamente fallito. Sarebbe bastata una verifica approfondita da parte della Consob, della

Guardia di Finanza o della magistratura di Parma per rendersene conto. E invece, nel corso degli anni, il buco Parmalat si gonfiò a dismisura. Le banche italiane ed estere lo finanziarono fino a fargli toccare la quota record di 14 miliardi di euro, per poi provare a scaricare il debito sul parco buoi dei risparmiatori, convinti di acquistare i bond di un'azienda fondamentalmente sana».

Come sia finita si sa. Tornato dalla fuga in Ecuador (con Ettore Giugovaz, l'amico di Pietro Lunardi) e messo dentro, Calisto Tanzi sventagliò nomi su nomi. Pochi mesi e tutto evaporò. Nel nulla. Eppure il Gran Lattaio, anche se gli stessi giudici avevano il dubbio che vedendo crollare «il suo impero industriale, da sempre fondato anche sul favore politico» volesse «lanciare un messaggio ai suoi protettori», di cose ne aveva dette.

Su Silvio Berlusconi: «Quando è stata fondata Forza Italia sono stato chiamato da Berlusconi e l'ho incontrato ad Arcore. Mi chiese se volessi entrare nel gruppo dei suoi sostenitori. Aggiunse che l'impresa che voleva portare avanti con la creazione di un partito era piuttosto onerosa. E mi chiese se il mio gruppo poteva aiutarlo sia dal punto di vista finanziario che organizzativo. Io gli risposi che non era mia intenzione schierarmi con lui ufficialmente, ma che ero comunque disponibile a contribuire economicamente al progetto Forza Italia. Insieme concordammo di utilizzare il canale della pubblicità per finanziare occultamente il nuovo partito». Sdegnata smentita: falso.

Su Romano Prodi: «Sia in occasione delle elezioni politiche del 1996 sia recentemente, circa un anno fa, ho fatto erogare al presidente Romano Prodi del denaro. Si è trattato di due versamenti da 150 milioni di lire cadauno. Il finanziamento mi venne richiesto direttamente da Gianni Pecci, amico personale di Prodi, il quale ricevette il denaro da Pietro Tanzi [solo omonimo di Calisto, *NdA*] che è il capo della mia segreteria. Il denaro venne prelevato dalle casse della Parmalat SpA in contanti». Sdegnata smentita: falso.

Su un po' tutti: «Il rapporto con il sistema politico a livello nazionale è durato ininterrottamente sino al 2003 e posso dire che nel tempo ho finanziato le seguenti persone (preciso che l'elenco non è completo, sempre per un problema di mera memoria e stanchezza): Colombo Emilio (tramite Crocetta); Sanza; Scotti; Evangelisti; De Mita (tramite Maggiali); Signorile; Gava; Goria; Androni; Sanese; Gargani; Bonalumi; Citaristi; Mannino; D'Alema; Minniti; Castagnetti; Tabacci; Buttiglione (tramite Duce); Fini; Casini; Alemanno; La Loggia (tramite un contratto di consulenza legale). Ovviamente le modalità di finanziamento sono state diverse e in alcuni casi realizzate in maniera indiretta. Mi riservo di dettagliarle nel prossimo interrogatorio». Sdegnate smentite: falso.

E le vacanze? Come dimenticare le crociere o i soggiorni tropicali? Tanti politici prenotavano per esempio con la tanziana Hit, Holding italiana turismo, partivano, si indoravano al sole e al ritorno, stando alle carte, si dimenticavano di pagare. Si dimenticò di pagare 14.253 euro (per saldare poi il conto all'esplodere dello scandalo) il ministro delle Risorse agricole Gianni Alemanno, partito per Zanzibar con moglie e figlio il giorno stesso in cui aveva chiuso i lavori la Seconda Commissione Interministeriale che doveva dare il via libera al latte Frescoblu. Si dimenticò di pagarne 9375, almeno fino all'intervento della Finanza, Totò Cuffaro, andato in vacanza con la famiglia in un villaggio a Pantelleria. Si dimenticò di pagarne 7238 il sottosegretario forzista Giovanni Dell'Elce. Si dimenticò di pagarne 8050 Maurizio Gasparri, ministro delle Telecomunicazioni...

Così è, la politica. Preso da mille impegni, uno dimentica. Silvio Berlusconi, per dire, scorda spesso di essere stato il più grande finanziatore privato del sistema politico italiano, con un metodo originalissimo: gli sconti praticati sugli spot elettorali. Dalla metà degli anni Novanta e fino al 2000, quando la legge sulla par condicio rese di fatto impossibile la réclame politica in televisione, Fininvest ha dato indirettamente ai partiti, attraverso quel meccanismo, contributi per quasi 108 milioni di euro in valuta 2006. Oltre 200 miliardi di lire.

La somma più grande, ovviamente, è finita a Forza Italia. Che già era nata nel '94 grazie a un impegno della concessionaria pubblicitaria del gruppo (parole di Marcello Dell'Utri: «Publitalia non ha contribuito alla campagna elettorale di Forza

Italia: Publitalia ha "fatto" la campagna elettorale e ha creato dal nulla il più forte partito italiano») costato solo di buste paga al personale 842.339 euro. Totale dei contributi dati da Berlusconi imprenditore a Berlusconi politico: quasi 24 milioni di euro attuali. Una somma astronomica, rispetto ai soliti finanziamenti contabilizzati nei bilanci delle imprese più generose con i partiti. Ma spesa, ulteriore esempio di creatività, senza tirare materialmente fuori un cent. Ed economicamente redditizia, vista la soddisfazione di Mediaset al varo della legge Gasparri di cui abbiamo detto.

Neppure il Psi di Craxi, che al Cavaliere era così legato da rientrare precipitosamente nel 1984 in Italia per firmare da presidente del Consiglio il decreto legge che bloccò l'oscuramento delle tivù berlusconiane, ebbe mai da lamentarsi. Prima della nascita di Forza Italia, era infatti il principale beneficiario degli sconti sugli spot elettorali. Al punto di avere avuto complessivamente da Fininvest poco meno di quanto sarebbe poi stato dato agli azzurri: 23.733.554 euro di oggi. Seguiva al terzo posto la Democrazia cristiana (13 milioni e mezzo), al quarto il Movimento sociale poi Alleanza nazionale (7 milioni abbondanti), al quinto i liberali e al sesto gli odiati comunisti «travestiti da democratici di sinistra» bollitori di bambini: quasi 5 milioni e mezzo.

Tutto pubblico, tutto dichiarato. Almeno su questo versante. I contributi del Biscione, oltre alla specificità di essere per loro natura quasi «immateriali», sono stati i primi concessi ai partiti alla luce del sole e denunciati regolarmente alla Camera da un titolare di concessioni pubbliche. Senza che ciò suscitasse non diciamo scandalo, ma neanche un accenno di polemiche.

Anche i contributi deliberati poco prima delle Politiche del 2006 dalla società Autostrade in favore di tutti i partiti sarebbero stati accolti dall'indifferenza generale, se non fosse successo quel che raramente accade. Verdi e Rifondazione rifiutarono l'obolo: no, grazie. Colto di sorpresa, l'allora amministratore delegato Vito Gamberale mandò una lettera al presidente del Sole che ride Alfonso Pecoraro Scanio: «Con questo gesto la holding Autostrade non intende affatto acquisire benemerenze o condizionare minimamente la libera posizione che ciascun partito può e deve avere verso le singole tematiche del Paese, ivi comprese quelle di più diretto interesse del gruppo e delle singole controllate. Autostrade ha sempre rispettato anche le posizioni più critiche, specialmente se alimentate da buona fede. E siccome anche le posizioni critiche hanno comunque un forte e autentico valore democratico; anche esse e chi le rappresenta devono poter avere libero spazio e quindi mezzi di espressione e di pensiero. Da qui la decisione del nostro consiglio di amministrazione di rivolgere attenzione, modesta ed equamente ripartita, ai vari partiti politici». Traduzione di «modesta ed equamente ripartita»: 20.000 euro per le formazioni politiche più piccole, 150 per quelle più grandi. *Prosit.*

Ma la cosa non finì lì. Perché fu impossibile non notare la successione temporale, risoltasi in un autogol, fra quei «regali» e l'annuncio del progetto di fusione fra la concessionaria italiana, privatizzata nel '99 con la vendita ai Benetton, e il gruppo spagnolo Abertis. Operazione cui il governo non poteva restare insensibile. «Quei soldi sono un fatto di una gravità inaudita!» tuonò il segretario della Cisl Raffaele Bonanni. E anche il ministro delle Infrastrutture Antonio Di Pietro, che inizialmente non si era rivoltato contro il contributo, rispedì i soldi al mittente. Arrivando a usare quell'episodio, di fronte alla Commissione europea critica sul no alla fusione, come prova che le Autostrade volevano condizionare la politica per avere spianata la strada dell'accordo. E gli altri? Se la cavarono così: niente «aiutini» all'operazione, ma niente restituzione del dono.

L'idea di «tenersi buoni tutti» è comunque diffusa. Certo, Francesco Gaetano Caltagirone preferisce dare i soldi (700.000 euro per le Politiche del 2006: un obolo da taccagno, per uno che di sole plusvalenze sulle sue quote nella Bnl vendute a Giovanni Consorte ha guadagnato la bellezza di 255 milioni) all'Udc del «quasi-genero» Pier Ferdinando Casini. Giannino Marzotto, procurandosi il pubblico dissenso non solo dei fratelli Pietro e Paolo ma della stessa figlia Margherita (« avrei preferito che finanziasse associazioni umanitarie come Emergency o Medici senza frontiere») ci tenne a far sapere di avere dato un milione di euro a Forza Italia e un altro alla Lega: «Della politica non mi importa, della libertà sì». E dieci anni prima Malvina Borletti, erede della dinastia delle macchine per cucire («Borletti: punti perfetti!») e della Rinascente, aveva dato oltre 3 milioni e mezzo di euro a Romano Prodi e Antonio Di Pietro: «Riflettono il meglio degli italiani e credo nella loro assoluta buona fede».

Per non dire dei finanziamenti a senso unico delle Cooperative rosse, da sempre accusate dagli avversari di essere la vera cassaforte della sinistra. Nonché di essere spesso «disinvolte» negli affari e nella scelta degli alleati. Come nel caso della costruzione di un villaggio per gli alluvionati nel paese più povero della Calabria, Nardodipace, dove gli sbancamenti vennero affidati alla cosca Mazzaferro. O quello del «Palazzo Lebbra» (chiamato così perché nessuno lo voleva più toccare) di Ferrara, un complesso bellissimo e abbandonato quando già c'erano gli abat-jour sui comodini dell'hotel di lusso (mai aperto) dopo l'esplosione dello scandalo intorno al Cavaliere di Catania Gaetano Graci e alla sua alleanza con la Coopcostruttori di Argenta, andata in crisi dopo la condanna per tangenti del suo storico presidente Giovanni Donigaglia. O infine della scalata di Unipol alla Bnl, condotta al fianco di uomini come Emilio Gnutti e Gianpiero Fiorani da quel Giovanni Consorte al quale Piero Fassino disse: «E così abbiamo una banca...». Una battuta incauta per gli amici, indecente per gli avversari.

Molti preferiscono però strizzare l'occhiolino un po' a destra e un po' a sinistra. Marcellino Gavio, l'imprenditore di Tortona che gestisce la Torino-Milano, ha finanziato alle Politiche del 2006 tanto Romano Prodi quanto l'Udc dell'ex socio Vito Bonsignore, già deputato democristiano, sottosegretario del primo governo Amato e tornato alla politica come eurodeputato nel 2004 (quando autofinanziò se stesso con un milione di euro) dopo una condanna a 2 anni di carcere per corruzione. Nel 2004 il patron di Air One Carlo Toto versò 25.000 euro a Forza Italia, 20.000 ad Alleanza nazionale, 20.000 al ministro diessino Pier Luigi Bersani e 25.000 a Massimo D'Alema, baciato da altri 15.000 euro (buttali via...) dell'impresa di costruzioni Todini, presieduta da Luisa Todini, già europarlamentare di Forza Italia.

Indimenticabile, alle Politiche del 2001, la scelta di Farmindustria. Che si coprì su tutti i fronti dando 155.000 euro a Forza Italia, 23.000 alla futura sottosegretaria azzurra alla Salute Elisabetta Alberti Casellati e poi 12.000 ciascuno al medico-deputato aennino Giulio Conti, all'ex sottosegretaria diessina alla Sanità Grazia Labate, all'ex primario senatore di Alleanza nazionale Antonino Monteleone, alle diessine Monica Bettoni (commissione sanità del Senato) e Marida Bolognesi, autrice di varie proposte di legge sui farmaci... Per non dire della società di traghetti Caronte & Tourist che nel giro di pochi mesi piazzava un socio (Francantonio Genovese) sulla poltrona di sindaco di Messina per il centrosinistra e versava un contributo di 15.000 euro agli azzurri berlusconiani per il centrodestra.

Ma vale la pena di tirar fuori i soldi? L'uomo giusto per rispondere potrebbe essere Giampaolo Angelucci che coi fratelli Alessandro e Andrea governa quell'impero di cliniche private fondato dal padre, l'ex portantino Antonio cui abbiamo già accennato.

Vista dai nemici (rari) come teorica del «cerchiobottismo» e dagli amici (tanti) come virtuosa portatrice di ecumenismo, la dinastia è stata a lungo finanziatrice del centrosinistra, azionista dell'«Unità» e poi del «Riformista» ma insieme editrice del più grintoso dei giornali della destra, «Libero». Una scelta trasversale che ha portato bene alla famiglia. Per esempio con l'assenza di reazioni alle denunce del Parco dell'Appia Antica che, sulla base delle fotografie aeree, dimostrò che due vecchie baracche pre-esistenti su quattro ettari e mezzo degli Angelucci a pochi metri da porta San Sebastiano erano diventate, nonostante l'inedificabilità assoluta (mattoni transgenici?), una villa di 292 metri quadrati più una «casa custode» di 106 più un «magazzino attrezzi agricoli» di 120 più un «recinto cavalli»...

La prova di quanto si erano fatti benvolere arrivò il giorno dell'arresto di Giampaolo, accusato di corruzione e illecito finanziamento ai partiti per un mucchio di soldi dati all'allora governatore Raffaele Fitto nella speranza fosse rieletto e confermasse le sue scelte sulla sanità pugliese. Bene: quel giorno, dopo oltre un decennio di insanabili contrasti tra giustizialisti e garantisti, ghigliottinisti e perdonisti, colpevolisti e innocentisti, calò la quiete. E i sinistrorsi del «Riformista» e i destrorsi di «Libero» si unirono finalmente nello stesso coro: massima fiducia e solidarietà...

12

AAA Cercasi poltrona per trombato

Migliaia di cariche nelle società pubbliche per sistemare gli «ex»

L'arzillo polentone Ernesto Cravos, classe 1914, si è gagliardamente lanciato col paracadute, nel cielo sopra il Piave, a 90 anni passati: «Mi preoccupava un po' solo un piede malandato». L'attore Philippe Leroy, reduce della guerra d'Indocina, si è buttato a 75 atterrando con un inchino e un baciamano galante alle signore. E un gruppo di pazzi guidato dalla signora Karina Willerup ha battuto ogni primato allacciando in un girotondo aereo sotto il sole di Bangkok, mano nella mano, 357 paracadutisti. Ma se ne facciano tutti una ragione: nessuno atterra col paracadute come i politici italiani.

Disse un giorno Giuliano Ferrara dopo una sconfitta, per il gusto dello sberleffo: «La caduta è il momento magico della politica, quello in cui essa ti si rivela con le sue maschere, le sue debolezze, le sue vanità. E in cui riassapori il piacere di gironzolare per Roma. È bellissima, la caduta». Sarà. Ma la grande maggioranza dei nostri deputati, senatori, sindaci, governatori, assessori regionali, ci fa una malattia, a cadere.

C'è chi reagisce sventagliando insulti, come Vittorio Sgarbi dopo esser stato trombato dagli elettori veneti nel '96: «Sono dei deficienti. Egoisti. Stronzi. Destrorsi. Unti. Razzisti. Evasori. Hanno scelto la Lega? Complimenti. Risultato: si ritrovano a essere governati dai meridionali democristiani e dai comunisti. (...) Voglio fare un'Antilega al Sud, incitando i meridionali a non comprare più prodotti veneti. Questi qui ormai coltivano il razzismo puro. Questa gente non è stupida. È peggio: ignorante e plebea. Il concetto di fondo è: questi elettori sono tutti delle teste di cazzo».

La maggior parte dei trombati, però, si accascia distrutta

sul divano con gli occhi fissi al soffitto: oddio, e adesso? L'unica che un giorno ha avuto il coraggio di confidarlo è stata Emma Bonino, dopo la botta alle Politiche del 2001 in cui s'era illusa di ripetere il trionfo delle Europee: «Mi sento come un limone spremuto. Non ho fame, non ho sete, non ho sonno. Mi sento una disadattata in questo Paese. Dico e credo in cose aliene rispetto alla cultura generale dell'Italia. L'impegno civile, la passione per la nobiltà della politica... Ma cosa pensa la gente? Forse ho parlato arabo. Marco Pannella ha una tigna di reazione diversa... Io invece sono un limone spremuto, adesso ho solo bisogno di curarmi: perdo i capelli, mi ballano i denti, soffro di fotofobia. Porto gli occhiali neri, non sopporto più la luce, non riesco più a mangiare. Ho ripreso a mangiare minestrina, ricotta... ma non mi va giù niente, sono sotto anestesia».

Niente paura, però. Se come obiettivo non hai quello di ottenere spazi per portare avanti le tue idee ma avere piuttosto una bella busta paga, una segreteria, un'autoblu, una piccola corte di potere, il Palazzo non ti molla mai. E se la poltrona di assessore e quella di parlamentare e quella di consigliere regionale hanno fatalmente una scadenza, la tessera di fedeltà a un partito (o la disinvolta disponibilità a cambiarlo in corsa) è un contratto a tempo indeterminato. Più sicuro di un posto in banca. Intoccabile e millenario come il Dente di Buddha a Kandi. Basta essere di bocca buona e accettare tutto. Sei un chimico? Eccoti la presidenza di un Istituto letterario. Sei un letterato? Eccoti nel consiglio d'amministrazione d'un ente idraulico. Sei una soubrette? Eccoti ai vertici di un organismo atomico. Sei un elettricista? Eccoti all'Enea.

Come successe a Claudio Regis. Un tizio di Biella che in gioventù aveva fatto il rappresentante dell'Ampex e gironzolava nei dintorni di Telebiella, famosa per essere stata la prima emittente privata del Paese. Giovanotto sveglio ed elettricista provetto si era guadagnato, per la capacità di risolvere ogni problema, un soprannome divertente: Valvola. Va da sé che, svelto com'era nel cogliere le novità, all'arrivo della Lega aveva subito scoperto una grandissima fede in Alberto da Giussano. Fede che lo aveva portato prima in Consiglio comunale e poi dritto a Palazzo Madama. Dove aveva scritto di suo pugno nel curriculum fornito alla celebre Navicella che raccoglieva le autobiografie dei parlamentari: «Laureato in ingegneria. Imprenditore. Ha studiato presso l'Ecole Polytechnique. Presidente di una società operante nel settore della ricerca aerospaziale. Esperto di relazioni internazionali». Quale Ecole Polytechnique? Quali relazioni internazionali? Mistero.

Mancata la riconferma al Senato non si sa bene cosa faccia. Per un po' non solo conserva, in attesa della nomina del successore, il ruolo di responsabile della delegazione italiana alla Nato, ma partecipa a una riunione ad Atene parlando «a nome del presidente del Consiglio della Padania» e diffondendo su carta intestata di Palazzo Madama (*sic!*) un appello ai parlamentari stranieri in favore della secessione. Quanto basta, insomma, per guadagnare le critiche di tutti e la riconoscenza di Umberto Bossi. E il 3 settembre del 2003, con la benedizione della Lega, l'«ing. Claudio Regis» viene nominato da Letizia Moratti, con tanto di stipendio e segretaria e prebende varie, nel consiglio d'amministrazione dell'Enea, l'Ente per le nuove tecnologie, l'energia e l'ambiente.

Anni d'oro. Uomo giusto al posto giusto, campeggia nel sito internet dell'organismo come «ing. Regis». Firma come «Claudio Regis, ingegnere Enea» articoli dal titolo *Idrogeno fonte di energia, realtà o mito* sulla rivista on-line «Kosmos». Querela gli ex soci facendo scrivere nell'atto giudiziario, nero su bianco, che lui è l'«ing. Regis» nonché il «consigliere del Premio Nobel Rubbia». Viene fatto da Silvio Berlusconi vicecommissario con la conferma del titolo addirittura nel decreto di nomina: «ing. Regis». Finché, dopo che aveva liquidato Rubbia come un somaro («Nessuno mette in discussione le sue competenze sulle particelle, ma quando parla di ingegneria è un sonoro incompetente») viene smascherato: macché ingegnere! La famosa Ecole Polytechnique di Friburgo, ammesso che ci sia andato davvero visto che è stata fondata quando lui era già adulto, non è affatto un'università.

Vero, ammette lui, ma precisa di considerarsi «comunque un ingegnere a tutti gli effetti». Anzi, guai a chi osa mettere in dubbio la sua preparazione: «Non ho sostenuto alcun esame di abilitazione all'esercizio della professione poiché ho poi scelto la via dell'imprenditoria privata». Minaccia querele. Emette comunicati: «Preciso sempre che non desidero venir chiamato ingegnere ma non posso impedire ad altri di farlo». In ogni caso, ci tiene a far sapere: «Come parlamentare mi sono battuto per l'abolizione del valore legale del titolo di studio». Fatto sta che, dopo esser finito in prima pagina con una storia del genere, in qualunque altro Paese del mondo un finto ingegnere vicecommissario per meriti politici in un ente scientifico come l'Enea verrebbe sbattuto fuori all'istante. Lui no: resterà ancora per 18 interminabili mesi. Inamovibile. Finché il nuovo ministro delle Attività produttive, Pier Luigi Bersani, non ci darà un taglio, ai primi di febbraio del 2007.

E chi li schioda, i paracadutati? Chi la tocca quella rete di interessi, relazioni, serbatoi elettorali, rapporti consolidati con le camere di commercio e le associazioni artigiani e le accademie culturali e insomma quel reticolo di conoscenze così preziose il giorno delle elezioni? Prendete, per esempio, Franco Bonferroni. Ai più giovani non dirà nulla, ma un tempo era un potentissimo senatore democristiano, luogotenente di Arnaldo Forlani in Emilia. Si eclissò dopo Tangentopoli, come una parte della classe dirigente dello scudocrociato, vittima fra l'altro d'una «disavventura» singolare. In un impeto di generosità aveva regalato un giorno al vescovo di Reggio Emilia, Paolo Gibertini, una fiammante Fiat Croma, avuta a sua volta in dono dall'imprenditore Costantino Trabucchi. Il magistrato, sospettando fosse una tangente, l'aveva mandato a processo. Assolto. Sia lui sia Trabucchi avevano concordato: «Nella caldissima estate del 1991 incontrammo il vescovo su una vecchia Uno e noi, che viaggiavamo su una Mercedes Coupé, decidemmo assieme di donargli la Croma». Uomini pii. Evidentemente male interpretati anche dal vescovo, che aveva restituito subito le chiavi della macchina, protestandosi in buona fede.

L'incomprensione non lasciò però alcuna traccia nei rapporti fra il nostro e la Chiesa. Tanto che nel settembre del 2006, al matrimonio di Marcello Bonferroni, a tagliare la torta col caro Franco c'erano il massimo esponente dei vescovi Camillo Ruini, il braccio destro del massimo esponente del centrosinistra Angelo Rovati (l'amico Prodi non ce l'aveva proprio fatta a venire) e il massimo esponente del centrodestra Silvio Berlusconi. Prova provata che, al di là delle cariche ufficiali, c'è in politica un peso specifico che spesso è personale. Tanto che 15 anni dopo essere stato sottosegretario all'Industria nell'ultimo governo Andreotti, il bravo Bonferroni ha avuto in dono nel luglio del 2005 una piccola poltrona in un'impresa pubblica. Nel consiglio di amministrazione della Finmeccanica.

E Antonio La Pergola ve lo ricordate? Presidente della Corte costituzionale, ministro dei governi di Ciriaco De Mita e Giovanni Goria, parlamentare europeo socialista, dotato di capelli miracolosamente neri come la pece a dispetto del passare degli anni, fu uno dei tre saggi che nel '94 venne incaricato da Berlusconi, fresco conquistatore di Palazzo Chigi, di studiare una via d'uscita dal conflitto d'interesse. E lì, avendo già l'autoblu perenne e un paio di belle pensioni, avrebbe potuto chiudere. Ma s'annoiava. Così nel 2006, a 75 anni suonati, lo fecero atterrare alla presidenza del Poligrafico dello Stato. Accettata, s'intende, con lo stesso spirito di servizio che spinse Giuseppe Garibaldi a rispondere da Bezzecca: «Obbedisco».

L'ex ministro dei Trasporti dicì Giancarlo Tesini, ormai quasi ottantenne, ha così accettato la presidenza dell'Agenzia nazionale per la logistica: «Obbedisco». Roberto Radice, ministro dei Lavori pubblici nel primo governo Berlusconi, ex parlamentare forzista e candidato trombato alla poltrona di sindaco di Monza, ha accettato la presidenza della Consip, la società del Tesoro incaricata di fare gli acquisti per la pubblica amministrazione: «Obbedisco». E così ha risposto Maretta Scoca (già deputata berlusconiana e poi casiniana e poi mastelliana e sottosegretaria ai Beni culturali nel governo di Massimo D'Alema e autrice di una proposta di legge per far cantare agli alunni delle elementari l'inno di Mameli prima dell'inizio delle lezioni) accettando prima la nomina nel Consiglio di presidenza della Corte dei Conti e poi quella di consigliere della Consip: «Obbedisco». E così l'ex sindaco di Formia, Clemente Carta, lui pure transfuga verso lidi mastelliani prima di tornare all'ovile casiniano, ritorno benedetto dall'offerta di uno strapuntino nel consiglio di amministrazione delle Ferrovie: «Obbedisco».

E via così. A centinaia e centinaia. Con qualche caso particolarmente spassoso. Come quello del commissario straordinario nominato nel 2006 dal governatore calabrese Agazio Loiero alla camera di commercio di Cosenza, Pietro «Pierino» Rende. Un settantenne, ai bei tempi tre volte deputato della Dc, che della sua stagione d'oro ha conservato un eloquio che ricorda i ghirigori sul marzapane di una volta, con appelli a tutti gli imprenditori «considerati non particelle elementari di solitudine ma elementi essenziali di comunione produttiva». Poffarbacco!

Doveva mettere pace, grazie a questi modi vellutati e mielosi, nella rissa da saloon scoppiata tra i protagonisti dei vertici precedenti. Nella battaglia giudiziaria di ricorsi e controricorsi davanti al Tar un faro ha finito invece per illuminare lui. Mettendo in luce un dettaglio strepitoso: fatto commissario per il «physique du rôle» da pacificatore, Pierino il fisico non ce l'aveva proprio. Sedici anni prima, quando era ancora poco più che cinquantenne, aveva ottenuto infatti di lasciare la sedia di funzionario della Provincia e di andare a riposo perché non ce la faceva più.

Stando alla visita medica, il poveretto lamentava «dispnea (cioè respiro affannoso) a volte anche a riposo, di tanto in tanto edemi (gonfiori) agli arti inferiori, insonnia, sudorazioni, tremori, episodi di tachiaritmia (alterazione del ritmo cardiaco), digestione laboriosa, stipsi (stitichezza) e miopia». Quanto bastava perché la commissione, dando il via libera alla pensione (2.400.000 lire al mese, di allora, da sommare al vitalizio parlamentare), lo riconoscesse «inidoneo permanentemente non solo alle proprie mansioni ma a ogni proficuo lavoro». Sedici anni ed è tornato in forma. Prova provata che la politica non fa male alla salute...

Direte: ma ci capiscono, almeno? Talvolta. Come l'ex deputato missino Antonio Parlato, barbuto recordman delle interrogazioni parlamentari ed esperto di diritto della navigazione, piazzato alla presidenza dell'Ipsema, l'ente previdenziale dei marittimi. Oppure, volendo riderci su, come Giuseppe Fortunato, schierato nel 2005 dal governo Berlusconi all'authority per la Privacy. Uomo giusto al posto giusto: qualche anno prima era stato infatti condannato fino in Cassazione per avere violato la privacy di alcuni avversari politici. Consigliere comunale a Napoli nelle file di Alleanza nazionale, era riuscito a procurarsi i tabulati delle telefonate fatte coi cellulari di servizio dagli assessori comunali. E aveva subito convocato i cronisti per svergognare la giunta: «C'è chi telefona ogni notte alle centraliniste erotiche!».

Franco Bassanini, parlamentare per quasi un trentennio, ministro e sottosegretario nella stagione ulivista, cose che gli garantivano comunque un buon vitalizio, nel 2006 era, per i suoi ritmi di lavoro, praticamente sfaccendato. Era già ministro la moglie Linda Lanzillotta, come potevano portarlo al governo? E finì nel consiglio della Cassa Depositi e Prestiti, la banca del Tesoro. Lui abbozzò: «Perché mi hanno nominato? Forse perché non avevo altri incarichi». Al primo rilievo, negò: «Non mi hanno nominato i partiti ma le Fondazioni bancarie!». Vero. E che la politica non c'entrasse assolutamente nulla lo dimostrava la seconda nomina da parte delle Fondazioni: l'ex senatore della Margherita Renato Cambursano.

Vi chiederete: ma non esistono regole precise sulla scelta di questi bramini, destinati a guadagnare spesso stipendi favolosi? Sì e no. Prendiamo l'Antitrust: può annoverare fra i suoi componenti, oltre a professori universitari e alti magistrati, anche «personalità provenienti da settori economici dotate di alta e riconosciuta professionalità». Una formula così generica da aver permesso anche la nomina di Giorgio Guazzaloca, l'ex sindaco di centrodestra di Bologna buon amico dell'ex presidente della Camera Pier Ferdinando Casini. Uomo intelligente, spiritoso, buon organizzatore, autoironico, lettore onnivoro e di gusti non grossolani, era stato catalogato dal grande Sergio Saviane (che lo chiamava «Copaoche», ammazza-oche) come un «macellaio umanista». E sia chiaro: se il «Franchino», cioè il socio della sua macelleria, dice che «non si è mai visto nessuno svelto di coltello come lui perché gli dai un quarto di vacca e in un quarto d'ora ti serve le fettine», è altrettanto vero che il «Guazza» ha alle spalle una lunga esperienza come presidente dei macellai bolognesi e poi presidente dei commercianti e poi presidente dell'Unione regionale delle camere di commercio. Insomma: ci sono in giro un mucchio di dottoroni che non hanno la sua statura.

Detto questo, è difficile dare torto a Sabino Cassese che in un articolo sul «Corriere» ha denunciato nella nomina all'authority dell'ex sindaco di Bologna, al di là delle qualità dell'uomo, un esempio da manuale di come queste investiture siano mille miglia lontane da quelle caratteristiche ormai definite solo sulla carta. Soprattutto sui due punti centrali: «Non ha una "alta e riconosciuta professionalità", essendo stato attivo solo quale operatore e solo nel campo del commercio. Non ha "notoria indipendenza", essendosi presentato a elezioni locali in uno dei due schieramenti». Un limite, quest'ultimo, comune a molti. Non era di «notoria indipendenza» Stefano Rodotà, per quattro legislature deputato (indipendente di sinistra) prima del Pci e poi dei Ds quando fu nominato garante della Privacy. Non lo era il socialista ed ex presidente del Consiglio Giuliano Amato quando fu messo all'Antitrust. Non lo era l'ex deputato comunista (indipendente di sinistra) Luigi Spaventa, sfidante di Silvio Berlusconi alle elezioni del '94 nel collegio Roma uno e ministro del Bilancio con Carlo Azeglio Ciampi, quando fu nominato presidente della Consob, la Commissione nazionale per le società e la Borsa. Non lo era l'ex ministro iperberlusconiano alle Attività produttive Antonio Marzano, che aveva accarezzato addirittura la speranzella di trasferirsi dal governo alla presidenza dell'Antitrust («massì, esageriamo» direbbe Totò) prima di accontentarsi del lussuoso stipendio di presidente del Cnel, il Consiglio nazionale dell'economia e del lavoro.

A farla corta: la fragile diga eretta a difesa delle authority, la cui imparzialità dovrebbe essere il primissimo dei punti fermi, si è a mano a mano sgretolata fino a crollare in una nuvola di polvere. Ed ecco ammucchiarsi alla Privacy l'ex deputato verde Mauro Paissan e l'ex deputato di An Gaetano Rasi e l'ex governatore azzurro calabrese Giuseppe Chiaravalloti. E poi all'autorità delle Comunicazioni delegata al sistema televisivo, dove la «notoria indipendenza» sarebbe indispensabile in un Paese come il nostro, l'ex sottosegretario forzista alle Comunicazioni Giancarlo Innocenzi, già a capo dei servizi giornalistici delle reti berlusconiane e poi l'ex senatore della Margherita Michele Lauria e l'ex sottosegretario casiniano Gianluigi Magri e gli ex parlamentati aennini Stefano Morselli ed Enzo Savarese e l'ex senatore dell'Udeur Roberto Napoli. Per non dire dell'ex deputato casiniano Alfredo Meocci, che dopo aver passato otto anni all'authority fu imposto, nonostante la plateale incompatibilità (che sarebbe poi stata sanzionata da una sentenza che annullò tutto e costrinse il nostro a restituire i soldi) alla direzione generale della Rai. «Imparziali», loro? Delegati a rispettare l'articolo 1 della legge istitutiva, dove si spiega che l'authority «opera in piena autonomia e con indipendenza di giudizio»? Loro? Ma dài...

«Spirito di servizio» ovvio. Tutti mossi da «spirito di servizio», sono. È una vita, per esempio, che Silvestre detto Silvio Liotta accetta di essere strapagato con soldi pubblici per «spirito di servizio». Prima come segretario generale dell'Ars, ruolo che per status, stipendio e prebende ha precedenti storici solo nella carica di gran visir di Solimano il Magnifico. Poi deputato forzista nella prima stagione berlusconiana. Poi emigrato tra i diniani in soccorso del centrosinistra. Poi pugnalatore di Romano Prodi (fu suo il voto decisivo) il giorno della caduta nel '98. Poi di nuovo parlamentare della destra e ricandidato da Pierferdy Casini nel collegio blindato di Partinico per un'ultima anonima legislatura. Poteva uno come lui restare senza uno straccio di poltrona ad appena 70 anni suonati e con due sole pensioni sia pure faraoniche? No. E così, poche settimane prima delle Politiche del 2006, il Tesoro lo nominò nel consiglio di amministrazione dell'«Acquirente unico», una delle società pubbliche create per sostenere la liberalizzazione del mercato elettrico: forza, Silvestre, un altro sforzo al servizio della collettività.

E le Poste? Avendo un solo azionista, lo Stato, potrebbero avere un consiglio di amministrazione, giusto perché non decida un uomo solo, ridotto all'osso. Tanto è vero che Tommaso Padoa-Schioppa, appena ha messo mano a un paio di società pubbliche, Sviluppo Italia e la Sogin (Società gestione impianti nucleari) ha ridotto i membri dei CdA a 3. Bene, alle Poste sono 11. C'erano infatti da sistemare un po' di trombati e amici vari: l'ex parlamentare diessino Salvatore Biasco, l'ex deputato leghista Mauro Michielon, l'ex assessore socialista della Provincia di Trapani Francesco Pizzo, l'ex sindaco forzista di Monza Roberto Colombo...

Potremmo andare avanti per pagine e pagine. Ma a far la lista di tutti i trombati, tutti gli ex collaboratori in disuso e tutti i feudatari elettorali consolati con una poltrona pubblica non si finirebbe più. Come non finirebbe più l'elenco dei soldi che vengono distribuiti, dai 51.600 a Franco Bonferroni ai 371.099 dati a Giorgio Guazzaloca. Lasciamo stare, la sintesi è già chiara: la Casta politica, una volta che sei dentro, ti permette quasi sempre di campare tutta la vita. Un po' in Parlamento, un po' nei consigli di amministrazione, un po' ai vertici delle municipalizzate, un po' nelle segreterie. Basta avere un po' di elasticità. Come quella di Mario Rigo, via via sindaco rosso di Venezia, senatore ed eurodeputato socialista, deputato della Lega autonoma veneta, senatore ulivista fino all'ultimo giorno della legislatura sinistrorsa e da quello successivo capo di gabinetto del presidente del Senato destrorso Marcello Pera. Per fermarsi poi quasi ottantenne a Palazzo Madama come collaboratore di uno dei questori. Fedele sempre a se stesso e devoto, sia pure venezianamente, al vero atto costitutivo di un certo mondo politico: l'antica *ammuina* dei marinai del Regno delle Due Sicilie. Che alle visite a bordo di Franceschiello avevano la seguente disposizione: «Al comando di: "Facite ammuina", tutti chilli che stann' a prora vann'a poppa e chilli che stann'a poppa vann'a prora; chilli che stann'a dritta vann'a sinistra e chilli che stann'a sinistra vann'a dritta; tutti chilli che stann'abbascio vann'ncoppa e chilli che stann'ncoppa vann'abbascio passann' tutti p'o stesso pertuso; chi nun tiene nient'a ffa, s'aremeni a 'cca e a 'llà».

13

Sa tutto di carceri: commercia pesce!

Quei 146.000 consulenti spesso inutili, dalle maghe agli enti ippici

«Oggetto: consulenza rimozione sfiga cosmica cagionata alla Provincia di Massa Carrara da Iosif Stalin, Pol Pot, Giovanni Quarantillo e altri comunisti toscani.» C'era scritto più o meno così, a sentire l'autore dell'iniziativa, nell'incarico dato tempo fa a un gruppo di fattucchiere guidato dalla maga Mirka. Il turbocraxiano sindaco di Aulla, Lucio Barani, già noto al mondo per avere scritto all'ingresso del paese «comune de-dipietrizzato» e aver concesso la cittadinanza onoraria «ai cromosomi X e XY, dei maschi di casa Savoia», ne era assolutamente convinto: senza il malocchio bolscevico il suo borgo sugli Appennini, la provincia massese, la Toscana e l'Italia tutta sarebbero da tempo in vetta ai Paesi più sviluppati e felici del mondo. Qual era dunque il dovere d'un coscienzioso amministratore? Arruolare gli specialisti con le competenze necessarie a liberare il territorio dai malefici miasmi.

Certo, il «brain trust» delle streghe non ha dato i risultati sperati. Così va coi consulenti: promettono promettono ma poi... La strampalata idea del sindaco toscano, tuttavia, almeno un merito l'aveva: la fattura per le fatture delle fattucchiere, scusate il gioco di parole, non incise per niente sui bilanci del comune. Merito non da poco: le consulenze sono infatti diventate uno dei grandi buchi neri delle amministrazioni pubbliche italiane. Che, come incessantemente martella la Corte dei Conti, se ne servono in maniera spropositata. E spesso sono solo l'occasione per fare dei regali agli amici e agli amici degli amici.

C'è un caso che dice tutto: quello del commissariato all'Emergenza idrica di Reggio Calabria. Siamo nell'agosto torrido del 2003, la città sullo Stretto è assetata e il governo Berlusconi stanzia 8 milioni di euro e nomina commissario il sindaco, Pino Scopelliti, uno stangone col fisico del giocatore di basket e la tessera di An. Un mese dopo la sua segreteria chiede al ministero dell'Ambiente «se e in quale misura si possono attribuire degli emolumenti». Tre settimane e il ministro Altero Matteoli, lui pure di An, fa rispondere che per carità, «nulla osta». Fino a che cifra? «In consimili situazioni, detti emolumenti risultano essere stati determinati in 5165 euro mensili.»

Incamerata la propria paga, con quei soldi in aggiunta allo stipendio, il sindaco-commissario si pone quindi il problema dello staff. Mica facile, gestire un'emergenza idrica. Servono esperti, ingegneri idraulici, studiosi in grado di individuare soluzioni. Insomma, servono professionalità di alto livello. Lui stesso, per esempio, volendo una città bella e floreale, si è preso come consulente un'addetta del settore: la fiorista Nelly Falzea, rose ed azalee. Quindi chi si prende per consulenti idrici? Il suo vicesindaco Giovanni Rizzica, il suo capo di gabinetto e consulente giuridico Franco Zoccali, il suo consulente economico Orsola Fallara. Più il giocatore di basket Sandro Santoro quale «responsabile dei rapporti tra l'organo politico e quello tecnico» (cioè «anello di congiunzione tra il commissario Scopelliti e il suo capo di gabinetto Zoccali» rise il margheritino Demetrio Naccari Carlizzi), più un ingegnere vero, Domenico Barrile, e quattro ragazzi di cui uno candidato alle Comunali dall'Udc e due militanti, guarda coincidenza, di Alleanza nazionale. Fischia, che scienziati...

Sia chiaro, non è una questione di destra o di sinistra, di Settentrione o Meridione. I più generosi dispensatori di consulenze, infatti, stanno esattamente agli antipodi, politici e geografici, di Pino Scopelliti. In Alto Adige. La Provincia autonoma paga come «consulenze» cose che da altre parti vengono annotate sotto voci diverse. Al punto che dei 55 consulenti che nel 2004 e 2005 hanno avuto dallo Stato o dagli enti locali più di 300.000 euro, 35 li hanno avuti dalla giunta guidata da Durnwalder.

Trovi di tutto, nella lista dei grandi consulenti. Comprese alcune curiosità. Come quella che riguarda l'Unire, l'Unione nazionale incremento razze equine voluta nel 1932 da Benito Mussolini, che da neoricco si era invaghito dell'equitazione e faceva diffondere sviolinate di demenziale retorica: «Il giovedì Egli salta tutti gli ostacoli con facilità da perfetto audace cavaliere. Il suo cavallo bianco, che Egli circonda di ogni cura e che è davvero focoso, sa comprendere l'affetto del Suo padrone nitrendo in modo significativo allorché sente la Sua voce». Indovinate: a chi ha affidato la sua consulenza più costosa l'ente equino? Allo studio del socio di maggioranza di una società registrata col nome Criniere al vento, Giovanni Puoti, docente di Diritto tributario, console onorario del Principato di Monaco a Roma ed ex sottosegretario ai Trasporti (non equini) del governo Dini.

Ed è lì, dove incroci la politica, che il mondo delle «prestazioni» esterne è più interessante. A scorrere l'elenco l'occhio cade per esempio su Franco Verzaschi, che nel 2004 fu benedetto da una consulenza commissionata dal ministero degli Esteri per «lavori di manutenzione straordinaria, adeguamento sismico e funzionale dell'ambasciata di Algeri»: 347.000 euro. Chi c'era in quel momento alla Farnesina? Il berlusconiano Franco Frattini. E chi è Franco Verzaschi? Il fratello (nonché futuro socio in una società immobiliare, la Fra.Mar. Srl) del berlusconiano Marco Verzaschi, allora assessore alla Sanità della Regione Lazio. Un dettaglio divertente. Tanto più che questo fratello politico, ai tempi in cui era legatissimo a Cesare Previti e segretario romano di Forza Italia (partito poi lasciato per diventare mastelliano e sottosegretario alla Difesa nel secondo governo Prodi) aveva attaccato frontalmente l'allora sindaco Francesco Rutelli proprio su cosa? Sulle consulenze. Che secondo lui erano troppe.

Probabile, che lo fossero. Perché su questo versante le pubbliche amministrazioni sono diventate, a dispetto dei moniti della Corte dei Conti, sempre più spendaccione. Avete idea di quanti siano i dipendenti pubblici, in Italia? Secondo il dipartimento della Funzione pubblica, circa 3.350.000. Quanti gli abitanti della Toscana. Tutti compresi: dai militari ai magistrati, dai bidelli agli impiegati comunali, dai funzionari regionali ai docenti universitari. Un'enormità. Soprattutto in rapporto ai 15 milioni e mezzo di lavoratori dipendenti. Fate i conti: ogni 5 dipendenti (scarsi), uno viene pagato dalle casse pubbliche. Un patrimonio umano e professionale imponente, sottolineano i magistrati contabili: che bisogno c'è, dunque, di ricorrere a un'infinità di consulenze esterne, spesso strapagate?

La risposta è sempre la stessa: «C'era bisogno di una professionalità specifica che facesse "quel" determinato lavoro e un'assunzione definitiva sarebbe costata molto di più». Ovvio. E corretto, se fosse davvero e sempre così: che senso c'è a mantenere 6 rammendatrici di arazzi al Quirinale se potresti affidare il rammendo a laboratori esterni? Ma è una risposta pelosa, e il più delle volte imbrogliona. Con una mano il politico fa assumere precari, raccomandati, stabilizzati, amici, parenti, elettori, portaborse e reggipanza senza un concorso serio da decenni e senza che neppure i più scadenti o almeno i ladri e i corrotti vengano buttati fuori. E con l'altra mano distribuisce all'esterno lavori profumatamente pagati sostenendo che nessuno tra i dipendenti è all'altezza di farli. Un circolo vizioso micidiale.

Che gli uffici pubblici siano molte volte un colabrodo perché riempiti troppo spesso a casaccio per motivi clientelari, è poco ma sicuro. Per non dire dei danni fatti dalla miscela perversa tra questo problema e il blocco del turn-over. Secondo un'analisi condotta su dati del 2004 della Ragioneria dello Stato da due ricercatori dell'Istat, Maria Letizia D'Autilia e Nereo Zamaro, «a fronte di un'età media della popolazione italiana in età lavorativa pari a 41 anni, l'età media dei dipendenti in servizio nelle amministrazioni pubbliche è pari a 45 anni, e sale a 52 anni per i dirigenti mentre scende, ma di poco, a 43 per i non dirigenti». Di più: considerando i soli ministeriali (quasi 2 milioni di persone) 1 su 6 ha più di 55 anni, quasi 1 su 20 più di 60 e 1 su 10 è statale «da prima del 1974». Quando in Spagna era al potere Francisco Franco, la Nazionale di calcio era allenata da Fulvio Bernardini, la «nonna» di internet si chiamava «arpanet» e molti funzionari scrivevano ancora vezzosamente le disposizioni con pennino e calamaio. Quanto ai dirigenti, che altrove sono giovanotti svegli e proiettati nel futuro, quasi la metà (il 43,8%) ha oltre trent'anni di anzianità.

Diranno: non conta l'età, ma la professionalità. Vero. Ma anche qui la difesa zoppica.

Nel 1999 il governo D'Alema, con Angelo Piazza alla Funzione pubblica, tentò una scrematura. E con la legge 286 cercò di «privatizzare» la macchina amministrativa introducendo alcuni criteri che valgono in tutte le imprese private da Oslo a Brisbane: questi sono i conti, questi sono i dipendenti, questi sono gli obiettivi da raggiungere, questi sono i tempi per farlo. Da quel momento in avanti, la busta paga sarebbe stata dunque composta di due parti: una fissa (legata all'anzianità e alla funzione, buona sia per i fuoriclasse sia per i ronzini) e l'altra mobile (tra il 10 e il 15%) legata alla capacità o meno di raggiungere gli obiettivi anno dopo anno assegnati. Bravissimo? Premio grande. Bravino? Premio medio. Scadente? Nessun premio.

Tutto chiaro? Un po' di anni dopo, dicono le pagelle compilate dai superiori, la situazione è questa: sono tutti bravissimi.

Tutti, dai 336 direttori generali ai 3433 direttori di seconda fascia, per un totale di 3769 dirigenti. Tutti fenomenali. Laboriosissimi, brillantissimi, scrupolosissimi, onestissimi, preparatissimi... Tanto da meritare tutti il massimo dei voti. Tutti tutti? «Praticamente» rispondono al ministero. Cioè? «Saranno il 99 e passa per cento.» Quindi, qualche zuccone conclamato c'è? «Eccezioni. Magari per motivi di carattere.» Due o tre eccezioni? «Ecco, forse due o tre...»

Va da sé che, invece che affrontare di petto «il» problema, la politica ha preferito non disturbare il quieto vivacchiare della macchina pubblica ricavandone anzi la scusa per distribuire, a spese dei contribuenti, consulenze a pioggia. Dicono le tabelle della Funzione pubblica che questi «collaboratori» censiti nell'ultimo anno disponibile (2004) sono stati 146.518. Quasi 30.000 più degli abitanti dell'intera Val d'Aosta. Un esercito sterminato e costosissimo. Che ha pesato sulle pubbliche casse per oltre 1 miliardo e 100 milioni (di cui 42 pagati a esperti esterni dal solo ministero dell'Economia che contemporaneamente chiedeva agli altri sobrietà), con un aumento di quasi il 20% sull'anno prima.

Cifre da brivido, che hanno indotto il governo a mettere

agli incarichi esterni un tetto di 250.000 euro l'anno. La cui efficacia sarà però tutta da verificare. Non solo perché il tetto non vale per gli enti locali, che nel 2004 hanno speso per i consulenti quasi un terzo più che l'anno precedente, per un totale di 632 milioni. Ma anche perché nel 2004 gli incarichi di importo superiore a 100.000 euro sono stati solo 373 (di cui 34 oltre il mezzo milione e 13 oltre il milione) su 217.000. A riprova che il problema è il fiume di denaro ingrossato da migliaia di rivoli. Spesso sgorgati da scelte curiose.

Qualche esempio? La consulenza affidata dalla Regione Piemonte alle gentili Maria Luisa Ghibaudo e Gianna Rolle per valutare se fosse opportuna «l'attivazione di una figura a supporto dell'esperta in materia di pari opportunità», cioè l'arruolamento di un altro consulente. Quella commissionata dalla Regione Emilia sull'«itinerario gastronomico del pesce azzurro». Quella affidata a un «professionista» dal Comune siracusano di Rosolini sulla «valutazione delle bollette telefoniche». O quella data dalla Regione Molise a Luca Palazzo (un giovanotto neolaureato che si era proposto direttamente con una lettera al governatore Michele Iorio) per collaborare allo «svolgimento dell'attività di progettazione preliminare (studio di fattibilità), definitiva, esecutiva, coordinamento per il Molise degli interventi previsti dall'Azione 3 del "Programma straordinario pro Argentina"». O, per finire, quella per l'«analisi delle caratteristiche del lavoro femminile» affidata dal Comune di Roma, tra le urla di indignazione della destra, a Silvia Baraldini, condannata per terrorismo negli Usa e fatta rientrare col solenne impegno italiano a non scarcerarla.

Tutte assolutamente necessarie? Mah... A leggere le relazioni e le sentenze della Corte dei Conti, che proprio sulle consulenze folli basa gran parte delle citazioni per «danno erariale», no. Anzi, per i giudici contabili certi misteriosi «incarichi esterni» servono a volte a mascherare dell'altro. Come capitò anni fa quando saltò fuori che l'Alumix, una società del settore alluminio che perdeva 750.000 euro al giorno ed era controllata dall'Efim, disastrato ente pubblico presieduto da Gaetano Mancini, un deputato socialista riciclato e cugino del più famoso Giacomo, aveva pagato una fattura di quasi 4 milioni e mezzo di euro attuali per una consulenza sulla fusione fra alcune società a una ignota agenzia di revisione, la Moberis associated auditing, che non risultava iscritta all'albo della Consob, era stata costituita un attimo prima di ricevere l'incarico e chiusa un attimo dopo aver incassato l'ultima rata. Il dettaglio che diceva tutto era la genesi di questa Moberis benedetta da Efim con giudizi lusinghieri «per capacità ed esperienza professionale»: un negozio da parrucchiere per signora nel quartiere romano della Balduina. Finanza & Bigodini.

Le sentenze della Corte dei Conti offrono un formidabile spaccato di come funzioni questo mondo. All'inaugurazione dell'anno giudiziario 2007 il procuratore regionale del Lazio Luigi Mario Ribaudo ha rivelato che dei 166 atti di citazione per danno erariale emessi dal suo ufficio, 20 riguardavano consulenze illegittime, per un totale di 1.600.000 euro. Nella sentenza dei giudici contabili che condannava l'ex ministro delle Infrastrutture Pietro Lunardi a pagare oltre 2,7 milioni di euro di danni all'Anas per aver concesso una buonuscita stratosferica ai vecchi amministratori di cui voleva liberarsi, c'è anche un capitolo su una strana prestazione esterna. Nell'accordo con l'ex amministratore delegato Giuseppe D'Angiolino, oltre a indennità varie, il ministero si era impegnato a dargli anche una consulenza triennale per 309.874 euro. Oggetto della consulenza? Boh... Durante l'istruttoria della Corte dei Conti saltò fuori una nota del capo di gabinetto di Lunardi, Claudio Gelati, dov'era scritto che il ministero in realtà non aveva «conferito al dott. Giuseppe D'Angiolino alcun incarico» del genere. Vero? Falso? Fatto sta che, per la procura, queste consulenze non erano mai state concretamente né commissionate né eseguite ma i soldi erano «stati comunque in parte pagati».

Anche Stapino Greco, un socialista già commissario della Fiera del Mediterraneo di Palermo, è stato condannato nel 2005 a pagare 295.272 euro di danni all'ente che aveva guidato per 3 anni. Non aveva versato all'Inps un milione di euro di contributi, costringendo la Fiera a pagare poi sanzioni salatissime. Colpa, diceva lui, delle casse vuote. Che però, ha notato il magistrato contabile, non gli avevano impedito di elargire in quegli anni in consulenze ben 1.098.597 euro e altri 213.000 in spese di missioni e rappresentanza, fra cui l'acquisto di tappeti persiani per 8580 euro.

Vanno matti, in Sicilia, per le consulenze. Un giorno, davanti al diluvio di oltre 200 esperti esterni pagati da una Regione che ha già 16.000 dipendenti, il difensore civico Lino Buscemi ha preso carta e penna e chiesto quanto venissero pagati. La risposta di Salvatore Taormina, capo di gabinetto della presidenza della Regione, resta immortale. E merita di essere riportata integralmente, punteggiatura compresa: «In merito a quanto richiesto con la nota in riferimento, di cui all'oggetto, indirizzata anche ai destinatari della presente, si richiede alla S.V. di far conoscere allo scrivente ufficio il contenuto delle indicazioni operative sulla scorta delle quali l'ufficio richiedente ha ritenuto di avviare il processo ricognitivo di cui in oggetto. Ciò nella considerazione che le attivazioni inerenti la fattispecie in parola – in ragione della loro delicatezza e complessità correlabile, anche, alla disomogeneità funzionale degli atti che avviano i rapporti privatistici di interesse per la norma in oggetto – di certo, necessitano di opportuni approfondimenti tesi a focalizzare sia il reale ambito di riferimento operativo, sia il soggetto, per opportunità sistematica, competente alla trattazione, sia le modalità procedurali da attivare conseguentemente. In tal senso, le indicazioni operative di cui in premessa, laddove rese, risulteranno stimolo di riflessione prezioso per le determinazioni presidenziali che si riterranno opportune».

Cioè, illustrissimo dottore Taormina? Semplice: secondo lui la legge italiana sulla trasparenza non vale, in Sicilia! Privacy! Privacy! Possibile? Correzione del ministero: no, deve essere tutto pubblico. Tira e molla, alla fine gli elenchi sono così usciti. Con sei buchi, però: i soldi dati ai collaboratori più stretti (3 dell'ufficio di gabinetto e 3 della segreteria particolare) di Totò Cuffaro. E perché? Tesi del ministero: il ruolo dei 6 lascia «presumere che gli incarichi in questione implichino lo stabile inserimento del soggetto nell'organizzazione dell'amministrazione, con affidamento di importanti funzioni istituzionali tramite un "contratto di diritto privato a tempo determinato" che sembrerebbe costituire fonte di un rapporto di lavoro subordinato a tempo pieno». Insomma: cose afferenti l'autonomia siciliana, sono.

Dall'altro capo dell'Italia, in Val d'Aosta, non fanno di questi misteri. Si sentono infatti così sicuri che mettono tutto in piazza. Certi che comunque, al di là di qualche strillo d'indignazione, nessuno attaccherà davvero, a fondo, quella buona vacca grassa della Regione, che come dimostra un'inchiesta del «Giornale», ha una mammella per tutti. Ed ecco la consulenza legale da 61.000 euro all'avvocato Alberto Caveri, fratello dell'allora assessore al Turismo e futuro governatore, Luciano Caveri, uomo forte dell'Union valdôtaine. Eccone altre all'agronomo Italo Cerise, all'ingegner Bruno Cerise e all'esperta di beni culturali Chantal Cerise, rispettivamente fratello, figlio e figlia dell'assessore ai Lavori pubblici Alberto Cerise, dell'Union valdôtaine. E poi all'ingegnere Renato Dannaz, figlio del vecchio sindaco di Ollomont, lui pure, manco a dirlo, dell'Union valdôtaine...

Tutti esperti? Espertissimi! Nessun esperto, però, è mai stato tanto esperto quanto l'esperto scelto da Roberto Castelli. Il quale, appena fatto ministro della Giustizia, si guardò intorno, spulciò i curriculum dei dipendenti, monitorò a uno a uno gli specialisti a disposizione e disse: no, qui mi serve un vero specialista di edilizia carceraria. E lo individuò in Giuseppe Magni. Un amico leghista che aveva fatto il sindaco a Calco, vicino a Lecco.

Esperienze precedenti? Artigiano metalmeccanico, fili da saldatura. E poi? Grossista alla Seamar, «commercio di prodotti ittici vivi, freschi, congelati e surgelati». E poi? «Deputato» per la Provincia di Lecco (così era scritto nel curriculum irriso dalla Corte dei Conti) «al Parlamento di Chignolo Po», l'assemblea padana dove i bossiani giocavano ai piccoli statisti negli anni del Dio Po. E poi? Fine. E che ne sapeva lui, di edilizia carceraria? Niente: «Ho detto al ministro che di carceri non so niente. Mi ha risposto che comunque avrei fatto dieci volte meglio del mio predecessore».

Il guardasigilli leghista, del resto, dev'essere rimasto soddisfatto del suo «esperto»: gli rinnovò il contratto, lussuoso, per sette volte consecutive. Per un totale di quasi 200.000 euro. Più prebende varie. Risultati? Risposta della Corte dei Conti: relazioni insipide sempre «senza alcuna documentazione» e «senza allegati», «affermazioni del tutto generiche»...

Insomma: aria fritta. Ma pagata cara, coi soldi dei cittadini. Tanto da spingere i giudici contabili, data «l'eclatante illegittimità e illiceità del comportamento del ministro», a condannare Castelli a risarcire allo Stato 98.876 euro e 96 centesimi, il 50% di quanto pagato al prestigioso ex grossista di pesce. Successivamente finito sotto inchiesta proprio per la sua attività di «esperto» a proposito di sette carceri. Attività finita anche in un video, rivelato da Marco Lillo sull'«Espresso», ripreso di nascosto nell'ufficio di un costruttore, Angelo Capriotti. Video in cui Magni «parlava di appalti e di sue "esigenze" con il progettista Giorgio Cravedi e il costruttore Capriotti». «Esigenze» che secondo i magistrati «potrebbero essere mazzette».

«Assolto» successivamente dal tribunale dei ministri, l'ex guardasigilli pare tuttavia non aver cambiato idea sulla bontà del sistema: «Ho fatto il consulente per vent'anni. I consulenti portano, se capaci, una mentalità nuova, improntata all'efficienza, all'interno della pubblica amministrazione lenta, burocratica e tesa unicamente alla verifica formale delle carte». Vuoi mettere l'apporto di un grossista ittico?

14

Una casta nel cuore della Casta

Perché i Grand Commis sono quasi più potenti dei ministri

Il giudice Corrado Calabrò dice che quando gli appare la Musa lui cade letteralmente in trance. «Siamo come due gemelli siamesi uniti dalla schiena che tirano in direzione opposta, due emisferi cerebrali che convivono, da anni, ognuno con la propria autonomia.» Il gemello è poeta e letterato: «Diciotto volumi di versi tradotti in quindici lingue, la prima raccolta me la pubblicò a vent'anni la grande Guanda di Parma: sa, quella di García Lorca e Prévert...» ha raccontato a Paolo Conti del «Corriere», arrossendo pudico.

Non va lui in cerca di onori. È che gli scrosciano addosso. E ha vinto il Premio Città di Tropea e il Premio Rhegium Julii, il Brutium e il Bergamo, il Tagliacozzo e il Brianza, il Vanvitelli e il Troccoli... Ha guadagnato una laurea ad honorem dell'università ucraina Mechnikov di Odessa e un'altra rumena della Vest Din di Timişoara. È stato insignito del titolo di cavaliere di Gran Croce del Sacro Militare Ordine costantiniano di San Giorgio dal principe Carlo di Borbone delle Due Sicilie, duca di Calabria. È stato baciato dai critici letterari del sito internet «Poetry for you» come un poeta «dotato della purezza di tocco dei lirici greci». È arrivato terzo al Premio Strega del 1999 ma solo perché, dichiarò a caldo, vittima di «un complotto».

Organizzato da chi? Forse dall'«Osservatore romano». Che proprio il giorno prima dell'aggiudicazione dello Strega aveva pubblicato uno sferzante commento contro il premio, accusato di aver accolto «romanzi in cui domina un erotismo del tipo più sperticato, volgare e ingiustificato». Con chi ce l'aveva, il giornale vaticano? Con lui e certe pagine del suo romanzo *Ricorda di dimenticarla*, ambientato in una Roma «borghesuccia e sporcacciona». Dove si potevano leggere passaggi non apprezzati di là del Tevere: «Alceo si ritrovò le labbra pubiche di lei sulle proprie labbra...». Oppure: «Il suo utero inguainava il membro di lui come un guanto...». Anche in famiglia non capirono: «Mia figlia ha rifiutato il libro e ciò mi ha addolorato. Mia moglie pure. Ma lei mi avvolge da quarant'anni con tenerezza e comprensione. Mi ama e mi prende tutto intero, con i miei sicuri difetti e qualche qualità».

Così è la vita degli artisti. Come diceva un collega argentino del nostro, Jorge Luis Borges, «la gloria è una forma d'incomprensione, forse la peggiore». L'ha spiegato mille volte, lui, rispondendo a brutto muso a quel «gruppo di benpensanti» che lo aveva attaccato: «*Ricorda di dimenticarla* fu accusato di essere un racconto erotico. Nulla di tutto ciò. La scrittura e la storia erano legate a un'inesauribile necessità». Macché. Quell'impunito di Alberto Statera arrivò a irridere un altro romanzo, *Deliri d'amore*, scrivendo che narrava «di un signore con un coso "grosso come un wurstel" e di una signora con una cosa "vogliosa come una mula"». Barbaro.

Meno male che l'altro gemello, il magistrato che tira in direzione opposta, è ancora più in auge del Poeta. Da sempre. Prima di diventare presidente del Tar del Lazio ed essere infine promosso dal governo delle destre alla guida dell'authority per le Comunicazioni su indicazione di Gianfranco Fini lo stesso giorno in cui il «suo» tribunale escludeva dalle Regionali la fastidiosa lista di Alessandra Mussolini («Non hanno manco aspettato un giorno. È un premio dopo la sentenza!»), Corrado Calabrò aveva passato più tempo nei dintorni della politica che delle aule giudiziarie.

Entrato al Consiglio di Stato («primo classificato» precisa sempre) nel maggio del '68, mentre Roma e Parigi erano in fiamme, aveva allora 33 anni e per cinque anni era stato il capo della segreteria tecnica di Aldo Moro. Un ruolo che gli aprì la strada a una sfilza di incarichi ministeriali più lunga ancora della lista dei premi letterari. Basti dire che uno studio presentato al forum della pubblica amministrazione del 6 maggio del '95 sul peso crescente dei capi di gabinetto spiegava che nessuno era al livello del nostro gemello siamese: «La graduatoria è guidata da Corrado Calabrò, magistrato amministrativo, che ha ricoperto ben 12 incarichi di capo di gabinetto, per complessivi 3962 giorni». Cioè 11 anni. Prolungati da allora in avanti con altri incarichi dentro il governo Dini e il governo Prodi. Al fianco di democristiani come Alberto Marcora e Riccardo Misasi, Filippo Maria Pandolfi e Giovanni Galloni, ma anche di repubblicani (Antonio Maccanico), leghisti (Giancarlo Pagliarini) e «tecnici» come Mario Arcelli e Rainer Masera.

Cosa ne pensi della poesia, a noi che la frequentiamo meno, non è chiarissimo (un giorno spiegò in un'intervista: «Viviamo in una logosfera che ci esteriorizza senza estrinsecarci»), ma sappiamo benissimo cosa pensi dei rapporti incestuosi (il sesso qui non c'entra) tra la magistratura amministrativa e il mondo dorato di incarichi extra, arbitrati milionari, collaborazioni varie governative che sta a cavallo tra la politica e il business. La sua stessa vita, arbitrati compresi (nel solo 1991 ne sbrigò per un totale di 29 milioni di euro in valuta attuale, sui quali la percentuale ai giudici era in genere tra l'1 e il 3%) è una risposta alla domanda: tutto normale.

In realtà, sul tema è aperto da molti anni un dibattito. Così acceso che perfino il futuro ministro degli Esteri Franco Frattini (che poi si sarebbe adattato al sistema partecipando addirittura a un Consiglio dei ministri in cui si discuteva di un tratto della Tav di cui era arbitro lui!) attaccava l'andazzo con tale fervore che pareva l'Heinrich Kramer alle prese con la stesura del *Malleus maleficarum* contro la stregoneria. E bollava come «indecorosa» la vergogna degli arbitrati con cui si arricchivano troppi magistrati. E strapazzava i colleghi consiglieri di Stato che tenevano i piedi in due staffe. E firmava con l'Intergruppo per la Legalità di Elio Veltri la richiesta «d'incompatibilità totale fra lavoro istituzionale dei giudici e altri incarichi».

Perché questo è il tema: come possono avere degli arbitrati sulle liti tra imprese private ed enti pubblici o lavorare per chi governa lo Stato, le Regioni o i Comuni, magistrati che per il loro ruolo al Tar o al Consiglio di Stato hanno già avuto sul tavolo o possono averli in futuro, fascicoli che riguardano quel governo, quella giunta regionale, quell'amministrazione municipale? Eppure non solo le cicliche polemiche e le cicliche speranze di una riforma che faccia pulizia sono state puntualmente rimosse. Ma l'andazzo si è fatto ancora più scandaloso.

Oltre a quello dei ministri, dei viceministri e dei sottosegretari, il governo di Romano Prodi ha battuto nel 2006 anche il record dei magistrati amministrativi ingaggiati in vari ruoli (generalmente come capi di gabinetto o responsabili dell'ufficio legislativo) nell'esecutivo. Fino ad arrivare a 37. Ai quali vanno sommati 3 giudici al Quirinale, uno al Comune di Roma, una decina alle authority. Un organico mostruoso. Che automaticamente ha non solo ingigantito ulteriormente l'annoso problema di incompatibilità. Ma ha svuotato uffici, dai Tar al Consiglio di Stato, che già erano sepolti sotto montagne di processi arretrati che oggi sono ancora più difficili da smaltire.

La relazione del presidente del Consiglio di Stato per l'inaugurazione dell'anno giudiziario 2007 dice che in quel momento i suoi uffici sono sepolti sotto 20.465 cause arretrate. Il che significa, stando alle tabelle prestabilite che fissano in circa 4800 le cause che a pieno organico possono essere definite annualmente, che se per un miracolo smettessero di arrivare nuovi processi, il «tribunale d'appello» della giustizia amministrativa andrebbe avanti per anni, prima di liberarsi dei fascicoli vecchi. Eppure, in una situazione tale di emergenza, su 122 consiglieri complessivi, 39, quasi un terzo, sono stati «prestati» al governo. Direte: perché nessuno blocca l'emorragia? Risposta facile: perché un magistrato che viene distaccato a lavorare in un ministero può prendere insieme due stipendi: quello che conserva di giudice (dai 6000 euro netti al mese in su) più quello di «tecnico» al servizio del governo. Direte ancora: al di là dell'umano egoismo dei singoli che ovviamente preferiscono prendere due stipendi invece di uno, perché non interviene il Consiglio di presidenza degli amministrativi? Per due motivi. Il primo è che ogni tentativo di moralizzazione ha sempre incontrato l'ostilità della corporazione. Il secondo è che nell'organo di autogoverno, alla faccia dell'opportunità morale della cosa, ha un incarico ministeriale una buona metà dei membri.

Vi chiederete: quanto guadagnano con questi incarichi extra tutti questi magistrati prestati al governo? Una volta, oltre al prestigio e al potere, incassavano un paio di milioni in più al mese. Ma dal 2001 la legge è cambiata. E il capo di gabinetto di un ministero importante può essere pagato (sempre al di là dello stipendio da consigliere di Stato) centinaia di migliaia di euro. Ma esattamente quanto, visto che si tratta di soldi pubblici dati a funzionari pubblici e regolati dalla legge del '96 sulla trasparenza degli stipendi pubblici? Il Consiglio di presidenza lo chiese nel 2003 al governo con una lettera ufficiale. Risposta firmata da Antonio Catricalà, consigliere di Stato e segretario generale di Palazzo Chigi prima di essere promosso all'Antitrust: informazioni riservate. Meglio: spettava ai singoli interessati comunicare all'Amministrazione di appartenenza l'esatto ammontare degli importi. Insomma: fatevelo dire da loro. Privacy.

Una tesi sconcertante. Successivamente smontata: oggi sappiamo, per esempio, che Corrado Calabrò e lo stesso Catricalà, come presidenti delle rispettive authority guadagnano circa 420.000 euro l'anno. Ma una tesi che dà l'idea di quanto potere abbia sempre avuto questo battaglione di capi di gabinetto, capi degli uffici legislativi e capi delle segreterie che di fatto sono i veri direttori d'orchestra della pubblica amministrazione. Un potere così solido e roccioso che quando si è cercato di infilare nel disegno di legge di riforma delle autorità indipendenti una norma che impediva ai consiglieri di Stato di diventare membri delle authority, quella norma saltò all'istante: giù le mani dalla lobby delle toghe amministrative.

Quanto ai capi di gabinetto, c'è chi guadagna buste paga molto più alte di quelle dei ministri. «Scandalose» secondo Vincenzo Visco, convinto che certe retribuzioni «andrebbero riportate alla normalità.» Un'idea che già era stata espressa da Luigi Mazzella, ministro della Funzione pubblica dell'ultimo governo Berlusconi: «Ci sono dirigenti dello Stato che prendono mezzo milione di euro l'anno». Con disparità evidenti. Un capo dipartimento di provenienza ministeriale, aveva spiegato, stava sui 261.000 euro, un suo collega strappato al mercato poteva arrivare, già nel 2002, a 490.000. Con chi ce l'avevano?

Con Vittorio Grilli che, nominato ragioniere generale dello Stato, era stato premiato secondo Andrea Monorchio («al mio giovane successore hanno dato tre volte quello che davano a me che guadagnavo 400 milioni di lire») da uno stipendio di 600.000 euro l'anno, pari a quella che spettava all'allora direttore generale del Tesoro Domenico Siniscalco?

No. Secondo lo stesso Visco «il direttore generale puoi anche pagarlo tanto perché ha una professionalità molto richiesta sul mercato. Ma non vedo perché si dovrebbero pagare tutti allo stesso modo». E allora? Nel mirino, quasi sicuramente, c'era Vincenzo Fortunato, che nella legislatura berlusconiana era il capo operativo del ministero dell'Economia e della sua stanza dei bottoni. Uno squadrone composto, tra dipendenti fissi e distaccati e staff di fiducia del ministro e dei sottosegretari, da 369 persone. Salite addirittura, alla fine dei cinque anni «azzurri», a 442.

Figlio d'arte, aveva ricevuto dal padre, potente capo di gabinetto del Tesoro all'epoca di Emilio Colombo, un consiglio: a restare ai bordi della politica non si rischiano mai rovesci elettorali e si guadagna di più. Parole d'oro. Che Fortunato ha messo a frutto facendo il braccio destro di Tremonti nella prima stagione berlusconiana e poi di Fantozzi nella breve stagione ciampiana e poi di Visco e Del Turco nella stagione ulivista e poi di nuovo di Tremonti... Incassando stipendi che già nel 2003 gli avevano fatto fare una denuncia dei redditi di 449.000 euro.

Altri si sarebbero accontentati. Lui no. O almeno così dice una relazione della Corte dei Conti. Ricevuta nell'era del centrodestra anche la poltrona di rettore della scuola superiore dell'Economia e delle Finanze, dalla quale l'avrebbe rimosso solo Tommaso Padoa-Schioppa nel 2006, riuscì nel 2004, con una delibera del consiglio direttivo da lui proposta e «poi approvata con decreto del ministro dell'Economia» a «rideterminare retroattivamente, a partire dal 2001, i compensi per il rettore, il prorettore, i capi dipartimento e i professori ordinari (in numero di 22 con due unità in più rispetto al precedente esercizio) per un ammontare pari al 180% del trattamento precedente». In pratica, quasi un raddoppio dello stipendio. Con gli arretrati. Non bastasse, venne nominato dal Parlamento, uomo giusto al posto giusto, membro laico (6000 euro al mese) del Consiglio superiore della giustizia amministrativa. Dove, dopo la nascita del governo Prodi, ha continuato a vigilare sulla moralità dei rapporti tra giudici amministrativi e politica facendo contemporaneamente il capo di gabinetto del ministro Antonio Di Pietro, integerrimo fustigatore dei cattivi costumi nazionali. Busta paga? Settantamila euro lordi, assicura Tonino. Più, secondo «L'espresso», i 430.000 conservati come docente della scuola superiore dell'Economia.

Andiamo avanti? Basta: a far l'elenco dei Grand Commis e dei loro privilegi non si finirebbe più. Almeno un cenno, però, lo merita un dettaglio nella vita di Mauro Masi, già dirigente della Banca d'Italia, già portavoce di Lamberto Dini al ministero del Tesoro nel primo governo Berlusconi e poi capo del dipartimento per l'Editoria e poi commissario della Siae e poi vicesegretario generale di Palazzo Chigi e poi segretario della presidenza... Finché, una bella mattina, quando mancava un mesetto alle elezioni del 9 aprile del 2006 e pareva tirare una brutta aria per la destra, pensò che fosse venuto il momento di chiedere al Cavaliere un piacerino.

Un decreto di una pagina, firmato da Silvio Berlusconi: «Ritenuto opportuno istituire presso la presidenza del Consiglio dei ministri un albo speciale dei consiglieri della presidenza che abbiano ricoperto, per almeno un anno, incarichi di segretario generale della presidenza, di organi costituzionali o di rilievo costituzionale. Considerato che sia il cons. Mauro Masi sia il cons. Salvatore Cervone ricoprono i rispettivi incarichi di segretario generale da più di un anno...

«Articolo 1) È istituito l'albo speciale dei consiglieri della presidenza del Consiglio. Articolo 2) Sono inseriti nell'albo speciale il cons. Mauro Masi e il cons. Salvatore Cervone.»

Ma dài! Un albo speciale per due-persone-due? Perfino Totò, che pure ricorse al giudice per farsi riconoscere il titolo di «Sua Altezza imperiale Antonio Porfirogenito della stirpe costantiniana dei Focas Angelo Flavio ducas Commeno di Bisanzio, principe di Cilicia, di Macedonia, di Dardania, di Tessaglia, del Ponto, di Moldava, di Illiria, del Peloponneso...» ne avrebbe riso.

Al di là della vanità umana, però, c'era una ragione meno eterea. Un successivo decreto berlusconiano avrebbe infatti stabilito che gli appartenenti a quell'albo, anche in futuro, non avrebbero potuto percepire uno stipendio inferiore all'80% di quello che avevano in quel momento. Un contrattino indecente, scoperto dal governo Prodi e subito abolito. Peccato, povero Masi, era proprio una bella polizza vita.

15

Fate largo: Sua Maestà il Governatore!

Sprechi, clientele e manie di grandezza delle Regioni ordinarie

Per rilanciare l'immagine di Napoli e della Campania, Antonio Bassolino non fa «'o peducchiuso». Nel 2004, stando al bilancio, alla voce «Spese di rappresentanza del presidente della giunta regionale» c'era scritto: 962.506 euro e 26 centesimi. Il quadruplo di quanto il governatore aveva sganciato per promuovere personalmente la sua terra quattro anni prima, quando di euro se n'era fatti bastare 258.000. Ma soprattutto dodici volte più di quanto è stato assegnato nel 2006, alla voce «Spese di rappresentanza del presidente della Repubblica federale di Germania», a Horst Köhler.

Ora, che quegli sparagnini dei tedeschi tengano a stecchetto il loro capo dello Stato con 78.000 euro, lesinandogli champagne e pasticcini, è possibile. Ma il dubbio che il nostro «Re 'o Sole» esageri deve turbare anche chi, come l'entusiasta regina dei salotti «rossi» Giuliana Olcese, salutò in lui «un grande re borbonico democratico e di sinistra». Come può, il presidente di una Regione come la Campania, spendere in fiori e babà e spumante e regali e party e spagnolesche cortesie una somma così immensamente sproporzionata e pari a quanto guadagnano in un intero anno di lavoro 207 abitanti della napoletana Melito, all'ultimissimo posto della classifica per reddito pro capite di tutti i comuni italiani, classifica in cui sono campani quattro su quattro dei municipi più poveri?

La progressiva grandeur partenopea, che per certi versi ricorda lo straordinario reportage su *I Borboni di Napoli* di Alexandre Dumas («Eravi a Napoli un lusso di carrozza che non si vede in nessun'altra parte del mondo, nemmeno a Parigi

(...) Nessun'altra città d'Europa racchiude un egual numero di domestici che indossano livrea, formicolante nelle anticamere, ammonticchiati dietro le carrozze ed appollaiati sui sedili di esse. Potrebbesene contare quasi sessantamila») ha un solo difetto. Quale? Che non serve a un fico secco investire un fantastiliardo e prendere i maghi della pubblicità e schierare i più grandi fotografi del mondo se poi il buon nome di un territorio viene sputtanato da episodi come quello di San Pietroburgo.

Lo conoscete? È l'autunno del 2006 e l'Ersva, un carrozzone regionale da 4 milioni di euro deputato allo sviluppo del settore artigiano e commissariato da tre lustri, organizza una strepitosa missione alla fiera di San Pietroburgo. Settecentomila euro di spesa, decine di imprese artigiane coinvolte, stand prenotati a caro prezzo. Obiettivo: conquistare la nuova Russia. Peccato che, ahi ahi, a nessuno sia venuto in mente di mettere le mani avanti con i permessi necessari. Risultato, gli artigiani con i dépliant in tasca si ritrovano nella città degli zar senza i loro prodotti: cammei e coralli di Torre del Greco, collezioni di moda di Positano, ceramiche e tutto il resto sono rimasti bloccati alla frontiera. «Maronna mia! Ce simme scurdate 'a dugana!»

Ma la grandeur partenopea ha un secondo difetto. È così vistosa ed esuberante che calamita in maniera irresistibile l'attenzione di chi cerca di capire come le Regioni italiane siano state infettate dal virus della «gigantite». E con i suoi eccessi e le sue battute folgoranti rischia di fare apparire virtuose Regioni che così virtuose non sono affatto.

Se fosse napoletano, infatti, anche di Roberto Formigoni si potrebbe dire che fa «'o gallo 'ncopp' a munnezza», cioè il gallo sull'immondizia. Per carità, sotto il cielo manzoniano, così bello quando è bello, i cassonetti non traboccano di pattume come a Nola e l'inceneritore di Brescia è stato costruito senza le rivolte popolari di Tufino. E la paghetta per le spese di rappresentanza personali del Governadùr, per quanto sia aumentata del 67% in cinque anni (altro che l'inflazione...) e sia quadrupla rispetto al fondo del presidente Köhler, è comunque lontana coi suoi 345.000 euro da quella del collega campano.

Anche la più forte e motivata delle Regioni italiane, però, offre panorami qua e là stupefacenti. Se non scandalosi.

Ma ve li immaginate i titoloni se in Irpinia ci fosse una tenuta agricola di 382 ettari di proprietà della Regione affittata per 2 euro e 75 centesimi al mese? Eppure in Lombardia c'è. A Valvestino, in provincia di Brescia: affitto annuale 32 euro e 98 centesimi. Lo dice il bilancio ufficiale: meno di un cent a ettaro. E non è l'unica sorpresa fornita dalla lista delle proprietà regionali, dove vivai, terreni, fabbricati rurali, aziende agricole sono inventariati per 145 milioni e mezzo di euro. Dall'affitto di un fabbricato «mensa-foresteria» di 170 metri quadrati nel vivaio di Curno, Bergamo, arrivano ogni mese 12 euro e 7 centesimi. Da quello di un terreno di 156 ettari a Morterone, provincia di Lecco, 308. Da un ufficio di 120 metri quadrati a Voghera 176 euro. Da un edificio di 690 metri quadrati in condizioni «ottime» e del valore di oltre un milione affittato a Canzo, Como, al Centro educazione ambientale 473 euro. Per non dire di fabbricati che, stando al bilancio, sono abbandonati a se stessi come due colonie marine a Celle e a Pietra Ligure, che valgono insieme 15 milioni di euro.

Bruscolini, in rapporto al tesoro edilizio regionale. Sotto la guida di Bobo Formigoni la Lombardia ha messo insieme infatti un immenso patrimonio immobiliare. Valutato nel bilancio consuntivo del 2005 (al di sotto dei valori di mercato) in quasi 972 milioni di euro. Una somma enorme, soprattutto in rapporto a una manciata di anni fa: alla fine del 2000 il valore degli immobili era di 298 milioni e mezzo: più basso di 674 milioni di euro. E i fabbricati, saliti a fine 2005 a 124, erano inizialmente 88. Tema: era proprio indispensabile, con questi chiari di luna, comprare 36 nuove proprietà immobiliari spendendo per un solo palazzone, quello milanese di via Pola dove sono stati spostati larga parte degli uffici, 182 milioni di euro cioè quasi quanto l'Italia ha dato al Fondo globale per la lotta all'Aids, alla tubercolosi e alla malaria per il triennio 2005-2007?

Immaginiamo la risposta: sì. Così come è stato considerato assolutamente in-dis-pen-sa-bi-le ammazzare il boschetto che stava tra via Melchiorre Gioia e via Rastelli per tirar su una nuova sede. Un «complesso architettonico in ferro e vetro di andamento sinusoidale, al centro del quale si innalzano due torri intersecate di 32 piani, alte 160 metri e 20 centimetri, 33 metri in più del Pirellone». Insomma, ha spiegato il governatore, «un edificio all'avanguardia dal punto di vista tecnologico, molto funzionale per le persone che ci lavorano; simbolico e bello insieme». Costo? Eccolo: 78 milioni di euro per l'acquisto del terreno più 112 e mezzo stanziati nel 2005 più il necessario a finire.

Che lo spazio per il governo regionale sia sempre più angusto è probabile. Nel 1986, tre lustri dopo il varo delle Regioni, stando a un articolo del «Corriere», l'assemblea regionale aveva 200 dipendenti: adesso ne ha 320 più un altro centinaio «fluttuanti» che dipendono dai gruppi. Quanto alla presidenza, lasciamo la parola a Bruno Tabacci, che della Lombardia fu a capo tra il 1987 e il 1989 e oggi ridacchia: «Il passaggio dai presidenti ai "governatori" eletti direttamente ha comportato un mutamento genetico delle strutture. Che si sono via via appesantite sul versante di attività di gestione diretta dedicando meno attenzione alla regolazione e ai controlli». Risultato? «Quando c'ero io il numero di quanti lavoravano alla presidenza non raggiungeva il centinaio. Adesso siamo oltre i 1300, con l'intero Pirellone in pratica monopolizzato quando ai miei tempi bastavano due piani.»

Sia chiaro: questa progressiva elefantiasi non riguarda la sola Regione Lombardia. Anzi, ci sono macchine regionali che sono molto più pesanti. Stando ai dati della Ragioneria generale, se Formigoni ha complessivamente 3729 dipendenti cioè uno ogni 2518 abitanti circa, il suo collega campano Antonio Bassolino ne ha 6685 cioè quasi uno ogni 866, quello calabrese Agazio Loiero 4044 cioè quasi uno ogni 497. E qui non si tratta di Regioni a statuto speciale quali il Trentino Alto Adige i cui organici sono gonfi anche perché dipendono dalle due Province pure i ferrovieri o i maestri che altrove sono a carico dello Stato. Il gigantismo, in questi casi, è tutto figlio dell'idea che Mamma Regione «deve» assumere più gente possibile. Fino al delirio della Sicilia, dove secondo l'Aran (l'agenzia regionale che stipula i contratti) la Regione aveva alla fine del 2006 «oltre 18.000 dipendenti diretti». Ai quali, spiega il difensore civico Lino Buscemi che da anni fa le pulci alla Grande Chioccia sicula, «andrebbero aggiunti di fatto gli oltre 50.000 forestali e decine di migliaia di persone degli ex patronati e dei lavori socialmente utili e così via, fino al punto che dai soldi regionali dipendono forse 200.000 persone».

Tornando ai dati ufficiali: che senso c'è, ad assoluta parità di competenze, che il Molise abbia un dipendente regionale ogni 357 abitanti e cioè, proporzionalmente, sette volte più della Lombardia pur dovendo gestire una realtà più povera ma anche meno complessa? È qui che vedi come queste cose non siano affatto dettate da una realtà obbligata: tot pratiche da sbrigare, tot dipendenti. Non è così. È la politica (meglio: la sua versione via via più ingorda) che fissa i suoi parametri ormai senza alcun rapporto con la corretta amministrazione. Ognuno, ovvio, riempie gli otri che meglio rispondono alle proprie esigenze.

La prima urgenza elettorale di Roberto Formigoni, in una Regione come la Lombardia dove il tasso di disoccupazione è basso, non è fare più assunzioni possibili ma piuttosto coltivare il ceto medio, l'imprenditoria, il mondo dei servizi. È lì che trova i consensi e raccoglie le spintarelle, come la lettera oscena mandata agli ex ricoverati dal professor Raffaele Pugliese, direttore del dipartimento dei trapianti dell'ospedale Niguarda di Milano, due settimane prima delle Regionali del 2005: «Caro paziente, mi permetto di scriverLe in virtù dell'incontro che abbiamo avuto e del servizio che abbiamo potuto offrirLe in occasione della Sua degenza nel mio reparto». Seguiva una lenzuolata di elogi alla Regione fino alla sviolinata finale: «Fatta salva la libertà elettorale di ciascuno e sperando di non recarLe disturbo o offesa, mi permetto di suggerirLe di sostenere la rielezione dell'attuale presidente della giunta regionale Roberto Formigoni».

Perché dovrebbe assumere gente, il nostro Casto Divo? Meglio distribuire consulenze. Risultato: stando a uno studio del ministero della Funzione pubblica sul 2003, la Lombardia da sola distribuisce oltre un quarto (il 26,7%) di tutte le consulenze italiane. Pari a 16 euro per abitante. Contro gli 8 della Liguria o addirittura i 2 euro e mezzo della Campania, dove a Bassolino conviene investire piuttosto nella distribuzione del maggior numero possibile di posti di lavoro.

Girala come vuoi, il dato complessivo fa impressione. E dice che nel 1973, quando le amministrazioni a statuto ordinario erano nate da un paio di anni e avevano già avuto le prime competenze e i primi, massicci, travasi da altri enti pubblici, le Province e le Regioni insieme avevano 91.676 dipendenti. Oggi le Province passano i 56.000 e le Regioni, da sole, stanno a 81.536. Pari a un «regionale» ogni 717 persone. Direte: man mano che le competenze passavano in periferia saranno dimagriti i ministeri e le altre amministrazioni statali. Magari! Il numero totale dei pubblici dipendenti, standi ai dati introduttivi alla relazione del Bilancio, era nel 1973 di 2.799.000 unità. E non c'erano quasi i computer, non c'erano le e-mail per smaltire la montagna di corrispondenza quotidiana, non c'erano le banche dati. Oggi, dopo decenni di promesse («Ridurremo...»), blocchi del turn-over, rinvii e abolizioni dei concorsi, rattoppi usati per imbarcare precari e sanatorie sono saliti a 3.350.000. Cioè oltre mezzo milione in più.

Su «come» siano stati gonfiati gli organici regionali per motivi squisitamente clientelari e dettati da esigenze partitiche, potremmo raccontare decine di storie, spassose e irritanti. Tempo perso. Almeno una però val la pena di ricordarla. Perché riassume tutto. Siamo nell'autunno del 2001. Governatore della Calabria è l'azzurro Giuseppe Chiaravalloti. I giornali sono inondati dai dispacci del portavoce più adorante di tutti i tempi, Fausto Taverniti, che descrivono un'era di entusiasmanti promesse berlusconiane e poggioli fioriti, di officine operose e ospedali rinascenti, di macchinari luccicanti e autostrade californiane, di plausi internazionali e orazioni poetiche per la «Calabria dai mille volti: boschi, rocce, fiumare, albe sullo Jonio e tramonti sul Tirreno» non a caso proclamata davanti a «cinque milioni di telespettatori» la «regione preferita» dalle ragazze del concorso di miss Italia. Per non dire del comunicato stampa più spettacolare mai visto, in cui si spiega che il governatore amministra «con il benevolo sostegno divino».

Insomma: un mondo meraviglioso. Nel quale tutti i partiti pensano di avere diritto a un pizzico di felicità. O almeno a qualche assunzione da distribuire agli amici. E così, chi inneggiando alla rivoluzione azzurra e chi alla rossa, chi alla rinascita finiana e chi a quella rutelliana, i consiglieri votano una leggina. Con la quale si danno licenza di fondare gruppi parlamentari in versione mono: un consigliere, fine. Voti contrari? Nessuno. Venticinque presenti, 25 sì.

Un anno dopo, di gruppi ce ne sono 19: quasi uno ogni due consiglieri. E di questi 19, 12 sono composti da una sola persona. Come lo stesso Chiaravalloti (Gruppo misto), Pasquale Maria Tripodi (Centro popolare calabrese), Mario Pirillo (Margherita), Giuseppe Marrone (Unione democratici della Calabria) o Nuccio Fava, candidato alla presidenza per l'Ulivo e ora in Calabria democratica. Direte: ma che fanno? Risposta: presiedono se stessi. Si auto-convocano, si auto-consultano, si auto-contestano, si auto-compiacciono... Una vita solitaria. Ma col piacere di sentirsi dire dall'usciere: «Presidente...».

A proposito: gli uscieri? Un problema. La leggina assegna infatti a ogni presidente di se medesimo (chi presiede perfino un altro consigliere o addirittura tre o quattro ha diritto naturalmente a molto di più) una serie di benefit. Primo: una decorosa sede di almeno tre stanze in città, col risultato che siccome l'immenso palazzo regionale «non basta», esistono 19 uffici sparsi per il centro di Reggio Calabria che a spese delle pubbliche casse sono stati affittati, arredati, dotati di telefono, computer... Secondo: una quota annua per le spesucce di 5165 euro, che si raddoppiano, si triplicano e si quadruplicano a seconda del numero dei consiglieri. Con in più la comodità di presentare a fine anno, spiega il «Bollettino ufficiale», una semplice «nota riepilogativa» delle spese fatte senza il fastidio di dover mostrare qualche ricevuta.

Va bene, direte voi, ma gli uscieri e i collaboratori personali? Ed ecco, un anno dopo, una seconda leggina. Che assegna a ogni uomo-partito (anche qui i gruppi più grandi possono largheggiare) la possibilità di farsi uno staff tutto proprio a carico della Regione. Ogni monogruppo ha diritto ad assumere 3 collaboratori. Dei quali almeno uno deve (deve!) essere inquadrato nel settore direttivo. Di più: dato che ogni monopartito deve (deve!) avere un «segretario particolare» e un «responsabile amministrativo» (presumibilmente addetto alla gestione finanziaria della famigliola politica), è ovvio che se questi sono laureati vanno «funzionalmente equiparati ai dirigenti».

Potrebbe mai Mamma Regione, a questo punto, fare la spilorcia sugli stipendi? No. Ed ecco l'integrazione della paga con 80 ore di straordinario e 8 missioni forfettizzate al mese, per un totale di oltre 4000 euro. Create le nicchie, non resta che assumere la gente giusta. Detto fatto, arriva la lista: 86 persone. Da dividere in due parti. Di qua funzionari di partito, deputati trombati o portaborse. Di là i parenti. Tra i primi, ecco sistemati per esempio l'ex consigliere regionale diessino Nicola Gargano, il segretario provinciale dilibertiano Enzo Infantino, la componente del Comitato centrale rifondarolo Silvana Stumpo, l'ex consigliere comunale missino di Palmi Ernesto Reggio, il segretario provinciale della Quercia cosentina Carlo Guccione, il collaboratore di Fava Emanuele Raco...

Tra i parenti c'è di tutto. Il figlio di un assessore comunale reggino dell'Udeur. La sorella di un consigliere regionale della lista Sgarbi. La cugina di un deputato regionale neodicì. La nipote di un consigliere regionale buttiglioniano. La sorella di un sottosegretario folliniano. Il fratello e il cognato del presidente del consiglio forzista Luigi Fedele, che già aveva piazzato le due segretarie Valentina e Antonia... Il figlio di un deputato regionale della Margherita. La figlia di un ex consigliere provinciale reggino di An. Insomma: tranne i verdi, ognuno porta a casa i suoi.

«Non sono parenti, i nostri assunti! Non sono parenti!» strilla Marco Minniti. Ma la bufera tra i diessini, il cui segretario Nicola Adamo se la prende con gli «anatemi moralistici», infuria. Come infuria tra i rifondaroli di base, che ottengono la testa del segretario regionale. E tra i precari laureati che si sono visti scavalcare. Perfino i vescovi, scandalizzati, saltano su. Firmando una lettera collettiva alle parrocchie che denuncia come «la mafia stia prepotentemente rialzando la testa» e censura i «cattivi esempi di assunzioni» fatte «in modo privatistico» con il «terribile principio che l'appartenenza a certe forze» conti «più della competenza».

Passano tre anni, lo scandalo si placa, Chiaravalloti viene spazzato via malgrado il «benevolo sostegno divino» e arriva alla guida di una giunta di sinistra Agazio Loiero. Il quale, nonostante una clamorosa intercettazione col ras della sanità Carmelo D'Alessandro che si offriva di assumergli un po' di *clientes* (risposta: «Queste cose le gestisce un pochino mia moglie») si presenta così: «Siamo stati eletti per moralizzare la vita pubblica in Calabria e su questa linea saremo inflessibili».

Sì, ciao. «Non posso appoggiarmi solo allo staff messo a disposizione della Regione, mi servono persone di assoluta fiducia» dicono uno a uno tutti i consiglieri. Ed ecco, nell'ottobre del 2005, un'altra ondata di assunzioni. Quasi 200, stavolta. E a chi vengono distribuite le buste paga da un minimo di 2080 a un massimo di 5856 euro al mese? Di nuovo a figli, cognati, zii, cugini... O mogli, come quell'assessore rinfondarolo Egidio Masella di cui abbiamo già scritto nel capitolo su parentopoli.

Pino Guerriero, il presidente socialista della Commissione regionale antimafia assume come autista suo nipote. Ma come, gli chiede Attilio Bolzoni della «Repubblica», non dovrebbe proprio lui dare l'esempio? Risponde: «Quel disgraziato che avevo prima ha tentato di uccidermi tre volte in un mese sull'autostrada. Maurizio sa guidare come un dio, è stato per sette anni nei carabinieri e ha preso la patente con le Gazzelle dell'Arma». Il capolavoro, però, lo tenta il capogruppo dell'Udc Gianni Nucera. Che prima, a spese della Regione, assume come collaboratrice la moglie Felicia. Poi il figlio Carmelo. Poi l'altro figlio Francesco. Una porcheria così sfacciata che Bolzoni fatica a crederci: «Sul serio?». «Tutto vero» risponde l'uomo, sospirando perché il trambusto sui giornali gli ha fatto saltare il giochino: «Volevo organizzare la mia segreteria in un certo modo ma poi mi sono reso conto che non era possibile».

L'impunità: questo colpisce. L'idea che tutto possa restare

impunito. E non solo in Calabria, dove il putiferio per queste ultime assunzioni ha spinto infine a varare una leggina che proibisce le assunzioni di parenti fino al terzo grado, norma peraltro già aggirata dalle assunzioni incrociate: tu assumi la moglie a me, io assumo il nipote a te. Vale per il Mezzogiorno, dove c'è voluta l'esplosione dello scandalo perché la Campania si decidesse ad abolire un po' delle 18 commissioni inventate per dispensare una presidenza, un'autoblu, un po' di soldi a quanti più amici e oppositori possibili fino a dare vita a una commissione sul Mare e una sul Mediterraneo. Vale per il Centro, dove sia nel Consiglio regionale abruzzese sia in quello toscano (per opera del già citato Jacopo Maria Ferri) e in altri ancora c'è stato chi ha cercato di disinnescare la decisione del governo di diminuire del 10% gli stipendi anche dei parlamentari regionali con leggine ad hoc che escludevano dal taglio questa e quella voce della busta paga. E vale per il Nord, dove la crisi seguita all'11 settembre pare avere colpito duramente i portafogli di tutti, tranne quelli dei deputati delle assemblee veneta o lombarda.

Sapete quanto sono costati alla «virtuosa» Lombardia, per le indennità di carica e di missione, i suoi 83 consiglieri e assessori esterni nel 2005? Quasi 20 milioni di euro. Per l'esattezza 19.737.000. In un anno. Pari a 19.816 euro a testa al mese. Con un aumento rispetto al 2000, tolta l'inflazione, del 52% reale. E i «cugini» veneti non sono poi così distanti. Bilanci alla mano, i 60 consiglieri veneti sono costati alla Regione guidata da Giancarlo Galan, nel 2006, tra indennità di carica e di missione e prebende, 18.310 euro al mese a persona. Più di quanto costa un deputato nazionale pur essendo l'indennità regionale fissata all'80% di quella di un «onorevole». Com'è possibile? È possibile. Con i rimborsi, con altre voci e soprattutto con la distribuzione di un mucchio di cariche aggiuntive che lasciano solo a due o tre persone il ruolo di soldatini semplici senza neppure un grado sulla spallina.

A farla corta: certe regioni del Sud sono state governate con tale sciatteria da gridar vendetta a Dio. Ma nessuno può scagliare la prima pietra. L'elefantiasi ha colpito un po' tutte. Basti dire che, con una popolazione italiana aumentata di pochissimo (poco più di 200.000 persone tra i censimenti del 1981 e del 2001) abbiamo visto dilatarsi le assemblee regionali in maniera esagerata: da 50 a 70 consiglieri in Puglia, da 50 a 65 in Toscana, da 60 a 71 nel Lazio, da 40 a 50 in Calabria... E ogni consigliere in più significa più uffici, più stipendi, più dipendenti, più autoblu, più commissioni in un rincorrersi di privilegi ormai impervi da ricostruire in tutti i dettagli.

Per non dire dei costi dell'«indotto». Come i 7 milioni e mezzo di euro usati nel 2004 dalla Lombardia (che ha una sua agenzia di stampa: quasi 2 milioni di euro l'anno) per pagare il «personale delle segreterie dei componenti della giunta», con un aumento del 38% sul 2000. O i 2.304.000 euro spesi lo stesso anno per far marciare gli «uffici di diretta collaborazione del presidente della giunta» della Campania: dieci volte di più di quanto impegnato per l'«acquisizione al patrimonio regionale di beni artistici storici di rilevante interesse».

O più ancora, sempre nell'«indotto», i soldi distribuiti a pioggia alle piccole clientele. Un esempio per tutti? Quello del Lazio. Dove il 23 dicembre del 2006, approfittando della distrazione degli elettori impegnati ad affollar botteghe natalizie, l'assemblea varò una Finanziaria del 2007 che conteneva, nonostante gli appelli al risparmio di questi anni di magra, ben 25 milioni di euro (350.000 a consigliere) per «iniziative sportive, culturali e sociali di carattere locale». Traduzione: regali ai collegi elettorali di questo o quel parlamentare. Della maggioranza ma anche dell'opposizione.

L'idea della giunta di Piero Marrazzo, scrisse Alessandro Fulloni sulla cronaca romana del «Corriere», era di tagliare questa marea di contributi perché «incompatibili» con i sacrifici «ma i consiglieri sono insorti». Al che il governo regionale abbozzò (con la sola opposizione dei Comunisti italiani, gli unici a denunciare «prassi clientelari») ottenendo solo un taglio rispetto all'anno precedente.

Tra i 712 finanziamenti (spesso microscopici) c'era di tutto: dai 150.000 euro all'associazione romana «Arte in soffitta» per un «villaggio artistico itinerante» ai 15.000 per «i pongisti del tennistavolo Arpino», dai 10.000 agli aspiranti Kasparov della

«Lazio scacchi» perché diffondessero la scacchiera nel «IV municipio» agli altri 10.000 ai promotori del progetto «benefici e potenzialità del Tae-kwon-do». Per non dire dei soldi elargiti alle sagre del fungo porcino o agli amanti del camper di Guidonia che dovevano dar vita alla «IV festa del plein air», al Football Club Borgo Carso o allo spettacolo di danza «Mai e poi mai». Doni fatti spesso soltanto perché destinati a tornare al donatore sotto forma di voto. Buon Natale, cari elettori!

Nulla, però, spalanca scenari spettacolari sul crescente gigantismo regionale quanto la «mania» dei rapporti diretti con l'estero. Che vede rivaleggiare sia le regioni ordinarie sia quelle a statuto speciale. Come la Trinacria. Dall'Empire State di New York alle piramidi di Giza, dalla pampa argentina alla pagoda Huata: sulla «Casa Sicilia» non tramonta mai il sole. La sera, prima di andare a letto, Totò Cuffaro può sorridere contento: da qualche parte nel mondo c'è un pezzetto dell'amata isola irradiata dalla luce che Egli le ha donato. È stato lui, infatti, a volere che il globo intero venisse punteggiato da «ambasciate» della sua Regione.

E ha voluto una Casa Sicilia a Parigi in boulevard Haussmann, perché la Ville Lumière fosse «la prima vetrina europea della nostra terra» e potesse ospitare, per esempio, l'aratro e il bue e lo zampognaro, insomma tutto il presepe di Caltagirone a partire dalla Bedda Madri del Bambin Gesù. Poi ne ha voluta una in una zona «in» di Amburgo per promuovere l'isola nella Germania settentrionale e aprir la strada a una Casa Sicilia a Berlino. E poi una a Matanza, dalle parti di Buenos Aires per fare sentire meno soli i siculo-argentini. E poi una in Cina nella regione di Canton «perché i nostri imprenditori abbiano un punto di riferimento» nello sterminato e febbricitante impero di mezzo. E poi una a Tunisi, in un antico convento francescano, per testimoniare «la convivenza tra due popoli con oltre due millenni di storia comune». E poi una, in attesa delle promesse aperture di altre «ambasciate» regionali in Brasile e in Australia (Paesi benedetti in visite ufficiali dal sindaco di Palermo Diego Cammarata e dall'assessore Raffaele Stancanelli) perfino al Cairo, col plauso del governatore del Qalyubya, Adly

Hussein, venuto apposta a Palazzo dei Normanni per firmare il protocollo d'intesa.

Una specie di rete diplomatica parallela a quella della Farnesina su cui svetta, dal 36° piano del grattacielo simbolo della Grande Mela fin dai tempi delle arrampicate di King Kong, la Casa Sicilia newyorchese dell'Empire. Voluta fortissimamente dal governatore siciliano per «diffondere la vera immagine della Sicilia, lontana dai negativi cliché ormai diffusi ovunque» e far conoscere la regione per «il calore e il sapore dei suoi prodotti».

Direte: chi paga? «Noi!» vi risponderanno il presidente siciliano e i suoi fedeli, dipingendo panorami di sinergie e project financing e coinvolgimenti di privati che, appena il motore ronzerà a pieni giri, dimostrerà ineluttabilmente la bontà dell'investimento. E così vi risponderanno un po' tutti i suoi colleghi delle altre Regioni italiane, che si sono tirati addosso in questi anni un mucchio di polemiche (oltre a una proposta di legge presentata da Salvi, Vallone e Spini: abolirle tutte) per questa fissazione di aprire ciascuno una «propria» ambasciata, un «proprio» consolato, un «proprio» sportello in giro per il pianeta. Come se ciascuno avvertisse nella rappresentanza diplomatica e consolare e commerciale nazionale una sorta di inadeguatezza a difendere sul serio gli interessi di questa o quella Regione.

E così a Bruxelles, con l'eccezione di una specie di consorzio messo su dalle Regioni del Centro Italia, hanno voluto una «loro» sede la Lombardia e il Veneto (350.000 euro di spese nel 2006: 40% in più rispetto al 2002), il Piemonte e la Val d'Aosta, la Calabria e l'Abruzzo e la Provincia di Trento e la Provincia di Bolzano e insomma tutte, per un totale di 21 «ambasciate» regionali. Un investimento utilissimo per rastrellare fondi europei, dicono. E per il quale val la pena di fare qualche spesuccia. Come l'acquisto deciso dal governatore forzista del Molise (316.000 abitanti), Michele Iorio, di un palazzo di 500 metri quadrati pagato 1.600.000 euro: «Senza aumentare di un centesimo rispetto al costo che oggi la Regione elargisce con l'affitto di due stanze in un ufficio regionale». Una scelta analoga a quella del governatore di sinistra della Puglia Nichi Vendola. Il quale, dopo aver lanciato il progetto «AAA Cerco casa a Bruxelles» per uscire dalle anguste mura di un appartamento per il quale veniva pagato un affitto di 60.000 euro l'anno, ha investito su un immobile di 1000 metri quadrati in avenue de Tervuren 2.700.000 euro. L'equivalente di 45 anni di canone della vecchia sede. Spiegazione: «Consentirà un abbattimento dei costi di affitto della sede presso l'Ue rendendo disponibile a imprese, università e istituzioni pugliesi un utile spazio di rappresentanza e riunione».

Quanto costano, questi uffici? Vai a saperlo... I bilanci regionali non solo sono uno diverso dall'altro, ma hanno spesso voci diverse da un anno all'altro. Al punto che quelli siciliani, per esempio, prevedevano nel 2002 «spese per la costituzione e il funzionamento dell'ufficio di Bruxelles» per un totale di 896.000 euro e nel 2006 solo 50.000 per il «funzionamento». Con un dettaglio: in un'altra voce il personale che tiene aperto quell'ufficio risulta pesare quest'anno, in stipendi e indennità, per 1.600.000 euro. Da sommare ad altre voci di non cristallina chiarezza come quella che dice: «Ufficio per le relazioni diplomatiche e internazionali: 350.000».

Chi paga? Questo resta il mistero principale. Anche per Regioni come la Lombardia. Che dopo anni di circumnavigazioni di Roberto Formigoni ha oggi 25 consolati propri («antenne») in 21 Paesi, da Cuba alla Polonia, dall'Uruguay al Giappone. Soldi che tornano, dicono i governatori.

Sarà. Ma forse non sempre, se è vero che una delle polemiche più roventi sull'uso dei soldi pubblici fu sollevata addirittura da Sandra Mastella, presidente del Consiglio regionale campano. La quale, sbarcata nell'autunno del 2005 a New York, chiese a cosa servisse il costosissimo ufficio regionale (1.140.000 euro l'anno di affitto) sopra il negozio del sarto partenopeo Ciro Paone (celebre come Kiton) se «il responsabile viene solo alcuni giorni ogni mese» e «la struttura funziona a stento con tre addetti contrattualizzati» pagati per organizzare eventi domestici dove non c'era tra il pubblico non solo «alcun esponente americano» ma addirittura «alcuno che parlasse inglese».

Sprechi? Difficile definirli altrimenti. Ma non fatevi sentire: qualcuno potrebbe farci su una commissione ad hoc. Come quella voluta da alcuni leghisti veneti sugli sperperi regionali in ambito sanitario. Dopo 3 anni dall'insediamento, la Corte dei Conti ha chiesto come avessero fatto i cinque commissari a spendere 340.000 euro per produrre in 36 mesi la miseria di tre documenti. E aveva concluso: che spreco, la commissione antisprechi...

Mai quanto, però, il call-center del Pan (Protezione ambiente e natura) di Napoli. Se vi suonerà un nome ignoto, niente paura: è ignoto anche ai napoletani. Doveva essere il punto di riferimento dei cittadini nel grande disegno di ammodernamento della raccolta differenziata dei rifiuti. Un progetto che, partito col nazional-alleato Antonio Rastrelli e proseguito con Antonio Bassolino, entrambi commissari straordinari alla «monnezza» in quanto presidenti regionali, ha visto crescere due montagne parallele. Una montagna di immondizia arrivata nella primavera del 2007 a quasi cinque milioni di maleodoranti «ecoballe» che per essere bruciate, dice l'ex presidente della commissione parlamentare d'inchiesta Paolo Russo, occuperebbero un inceneritore per 45 anni consecutivi. E una montagna di assunzioni: 2316 precari presto inquadrati definitivamente a 2000 euro al mese per 14 mensilità senza che due terzi, accusa il commissario all'emergenza, avessero mai «assegnata una mansione». Cosa fanno? Boh?

Perfino quelli che una mansione l'avrebbero, come gli operatori del call-center, hanno ore e ore per filosofeggiare. Lo dice un documento della Camera del 2006: «L'emergenza, pure invocata, sembra essere riferibile più alla necessità di assumere e stabilizzare una folta schiera di Lavoratori socialmente utili che all'urgenza di avviare il call-center ambientale».

Sempre lì stiamo: agli organici gonfiati per interessi politici. Sapete in quanti lavorano, a quel centralino? In 34. Otto volte i centralinisti di Buckingham Palace. Per ricevere, secondo «l'esplicita ammissione dei vertici» della società «quattro o cinque chiamate al giorno». Una telefonata a testa alla settimana.

16

Ultimo lusso, atterrare sotto casa

Dalla Sicilia alla Val d'Aosta, le spese pazze delle Regioni autonome

«Pani vecchiu, ciciri, cipudde e meusa»: ecco cosa vide nel suo futuro da incubo, il 27 gennaio del 2006, il presidente del partito Patto per la Sicilia Nicolò Nicolosi. Già si immaginava ridotto, meschino, a mangiare pane vecchio, ceci, cipolle e budella di scarto. Levò un urlo: «È un'assemblea selvaggia che non ragiona!». Come avrebbe fatto a campare, senza lo stipendio dell'Agenzia regionale per le politiche mediterranee appena abolita con una incredibile congiura di deputati della destra e della sinistra accampando la scusa che era un ente del tutto inutile?

«Pani schittu, vita d'afflittu» sospirò sull'antico adagio: pane senza companatico, vita disperata. Poi, asciugatosi la lacrima, pensò che il contratto di circa 200.000 euro era di tipo privato quindi non era facile per la Regione smettere di dargli i soldi. Pensò che gli restava la baby pensione di dirigente dell'Ars che incassa dal lontano 1986, quando era ancora vivo Fred Astaire. Pensò che gli restava la pensione di deputato regionale per 3 legislature arricchite da un mucchio di cariche tra cui quella di vicepresidente. Pensò che gli restava lo stipendio di 3610 euro mensili più benefit vari quale sindaco di Corleone. Pensò infine che gli restava il vitalizio di ex deputato alla Camera in arrivo nel giro di poche settimane. E, finalmente, si rilassò: quattro buste paga extralusso potevano consentirgli di riposare sereno.

La quinta, poi, non era affatto perduta. Contro l'abolizione dell'Agenzia, fondata con «la mission di promuovere e coordinare azioni per lo sviluppo e l'integrazione tra popoli» del Mare Nostrum (sarebbe meglio dire, scusate la battuta maccheronica, «Mare Lorum») si è rivoltato non solo il governatore Totò Cuffaro, ma perfino Gianfranco Fini, che dopo aver attaccato per anni il clientelismo e gli sprechi e «il sistema dei partiti di potere profondamente marcio», aveva un problema: e adesso dove lo sistemava il suo fedele Fabio Granata, già assessore regionale siculo di An piazzato come direttore generale nell'organismo disciolto?

Un problema non solo suo: l'Agenzia era nata apposta per sistemare politici che per un motivo o per l'altro non avevano più uno stipendio all'altezza del loro tenore di vita. Sistemazione bipartisan. Nel consiglio di amministrazione, sotto l'illuminata guida di Nicolosi che per pura coincidenza aveva fatto confluire il suo partito nell'Udc, c'erano i cuffariani Salvino Barbagallo e Stefano Salvato, i nazional-alleati Alessandro Dagnino e Ignazio Caramanna voluti dall'ex presidente del Consiglio Guido Lo Porto prima di cedere il posto a Gianfranco Micciché (cui vengono imputati l'agguato e lo scioglimento dell'Agenzia, per il dispetto d'esser stato tagliato fuori) e i sinistrorsi Gianfranco Zanna e Giuseppe Messina, della direzione regionale diessina.

L'asse con la sinistra non deve meravigliare affatto. Su certe cose c'è sempre stato. Al punto che il giornalista e storico siciliano Alfio Caruso, autore del pamphlet *Perché non possiamo non dirci mafiosi*, è arrivato a scrivere che esiste un Pus. Il «Partito unico siciliano, capace al momento opportuno di amalgamare gli interessi più disparati. Il Pus vince sempre: vince con la faccia di Lima, vince con la faccia di Orlando Cascio, vince con la faccia di Micciché, vince con la faccia di Mattarella, vince con la faccia di La Loggia. Facce importanti, facce che contano: dietro ognuna di esse si dipanano decenni di tradizione, di esperienze, di consolidati rapporti parentali». Ma soprattutto rapporti di convenienza.

Un tema non solo siciliano. Se in Sicilia c'è il Pus, nel resto della Penisola c'è il Partito unico italiano. Che opera compatto almeno sulle società miste usate per sistemare i trombati. Il Veneto destrorso, per dire, ha quote proprie (alcune di controllo) in 22 società, con un patrimonio da distribuire di 238 posti da consigliere di amministrazione. La Campania sinistrorsa è presente in 37, con 6000 dipendenti e 255 cariche nei consigli di amministrazione per accontentare amici e avversari.

Certo, i conti sono diversi perché le venete non sono arrivate a perdere quasi 22 milioni di euro l'anno come le cugine campane. Lo smistamento delle poltrone però è più o meno lo stesso. Ed ecco alla presidenza di Veneto Strade SpA Marino Zorzato, già deputato forzista. Alla testa di Venezia Terminal Passeggeri SpA Sandro Trevisanato, già sottosegretario alle Finanze berlusconiano. Alla guida di Obiettivo Nord Est Tiziano Zigiotto, ex consigliere regionale azzurro. A quella di Informest Pierluigi Bolla, ex assessore regionale trombato come candidato a sindaco di Verona.

E così va a Napoli, solo che tutto è rovesciato e da anni i posti migliori vanno ai trombati di sinistra. È lo «spoils system», bellezza. Un criterio al quale non si è sottratto neppure il governatore autonomo del Friuli-Venezia Giulia Riccardo Illy. Al quale va però riconosciuto un merito: data l'impossibilità di sfuggire all'andazzo anche per le resistenze degli alleati, si è autodenunciato. Facendo comporre e distribuire, tra le ire di amici e nemici, un «libro bianco» come mai si era visto, nella lottizzatissima storia d'Italia. Con tutte le cariche assegnate: nome, cognome, compenso, partito. Della maggioranza (larghissima parte) e dell'opposizione. Un elenco interminabile nel quale mancava una nomina curiosa che sarebbe arrivata solo successivamente. Quella alla presidenza di Autovie Venete, la concessionaria delle autostrade Venezia-Trieste e Palmanova-Udine, di Giorgio Santuz, ex ministro dei Trasporti, ex sottosegretario agli Esteri e ai Lavori pubblici, ex deputato democristiano per due decenni. Scelta bizzarra: dieci anni prima, l'uomo aveva patteggiato una condanna proprio per le mazzette pagate alla Dc da una società. Quale? Autovie Venete.

Ma torniamo in Sicilia. Perché lì è stata più forte, sugli interessi corporativi, la saldatura tra destra e sinistra. Un esempio? La storia dell'«on.» Calogero Gueli, che in onore di Lenin chiamò un figlio Vladimiro e in omaggio a Castro chiamò l'altro Fidel ma per nulla al mondo rinuncerebbe a quella sigla «on.» che pomposamente sventola da sempre davanti al nome anche se non è mai stato parlamentare a Roma e non è più da lustri manco deputato regionale. «Bucata» una legislatura all'Ars, dove era stato eletto dal 1976 al 1981 e dal 1986 al 1991, accettò benvolentieri, per esempio, che amici e avversari di partito (anche quelli contro i quali si scagliava nelle vesti di fustigatore di costumi) costruissero su misura una leggina tutta per lui. La cosiddetta «Legge Gueli». O «legge tre per due». Che chiedendogli di versare un po' di contributi (poco più di 9000 euro l'anno, in valuta attuale) gli riconobbe la possibilità di tappare il buco tra le due legislature così che oggi, invece che ricevere un vitalizio intorno ai 57.000 euro l'anno, ne riceve uno di 80.000 come se di legislature ne avesse fatte tre consecutive. Ma come: e la moralizzazione? Guai a dirglielo: «Che volete da me? Con tutti i soldi che si è fottuta la Dc! Perché state dietro a queste minchiate, ah?».

Non contento di avere creato questo precedente, che dopo aver tappato il buco previdenziale suo tappa da allora la bocca a tutta la sinistra perbene che contesta il malcostume amministrativo («Parlate voi! I compagnucci di Gueli!»), il compagno Calogero aveva gongolato qualche anno dopo per un'altra graditissima «sorpresa». L'Ars aveva infatti deciso di comprare un bel po' di copie di uno dei suoi libri: *Il bastone e lo scialle*. Una raccolta di poesie di cui vale la pena di ricordare almeno un passo: «Io, che affondo il mio essere nella magia, nell'incantesimo, in un mondo premoderno sono portato a vivere dentro anelli magici, in una realtà che non ha la pesantezza della materialità e della provvisorietà». Versi in linea con una carriera letteraria salutata da Antonino Cremona, nella prefazione a un altro libro, *Ballata per un uomo*, con parole di elogio per uno stile che «si fa di volta in volta antico e contemporaneo, arcaico e tecnologico, letterato e folklorico, sempre addensato in una versificazione che ha forza di poema e precisione lirica a volte sorprendente: la tensione apologetica sfuma nell'aderenza lirica».

Ah, la pensione! Anche sull'altra grande isola italiana, la Sardegna, l'autonomia ha ispirato delle gran pensate sul versante previdenziale. Nel bel mezzo della stagione berlusconiana, per dire, il presidente del Consiglio regionale Efisio Serrenti, un politico di lunghissimo corso passato attraverso mille alleanze, si pose la domanda: perché i politici devono essere diversi dagli altri lavoratori? Detto fatto, si diede da fare per introdurre finalmente l'«invalidità di servizio». Se un tassista si rovina i polmoni a guidare in mezzo allo smog, se un muratore si ammala di ernia a sollevare pesi, se a un sistemista si indebolisce la vista a passare gli anni al computer, perché non riconoscere lo stress di chi fa politica?

Un quesito, ammettetelo, sacrosanto. Lesiona o no il fegato essere trombati alle elezioni? Fa venire o no le vene varicose passare la vita in piedi a tagliare nastri? Rovina o no l'apparato gastrico perdere l'assalto a una municipalizzata? Fu dunque deciso: anche i consiglieri regionali dovevano essere uguali ai cittadini comuni. Un po' meno comuni, però. Dice infatti la legge che un invalido civile che vive senza complicazioni con un cuore trapiantato ha diritto a un assegno di invalidità di 223 euro al mese, ma solo se guadagna meno di 3600 euro l'anno. Oppure, se è rimasto invalido per ragioni di servizio, tipo il tassista o il muratore di cui dicevamo, ha diritto a un assegno (da rinnovare ogni tre anni, nel caso guarisse) non cumulabile a un altro reddito se questo è superiore ai 15.682 euro lordi l'anno. Figuratevi: un consigliere regionale sarebbe rimasto automaticamente a secco.

Che fare? Occorreva una regoletta speciale. E la fecero. Riconoscendo a tre «invalidi da politica» di destra e di sinistra, che già si erano premurati di farsi fare la visita medica al vicino ospedale militare, il pieno diritto ad avere una pensione aggiuntiva. Di quanto? Vai a saperlo... Pare che a Serrenti, che per pura coincidenza aveva appena salvato la giunta di destra di Mauro Pili col suo voto determinante, avessero deciso di dare un «equo indennizzo» di 350.000 euro più un assegno di invalidità mensile di 7500 euro da sommarsi allo stipendio di deputato sardo per un totale di 15.000 euro al mese. Pare, però. Nonostante l'authority della Privacy neghi ogni riservatezza alle questioni in cui sono spesi soldi pubblici, l'ufficio di presidenza sardo, dopo avere opposto mille ostacoli alle domande dei cronisti che chiedevano la delibera (chi scrive fece inutilmente 21 telefonate) diffuse una paginetta spiegando che tutti i dati dovevano «essere considerati riservati e quindi non divulgabili».

Ne venne fuori un vespaio. Ma come: l'«invalido» Serrenti non era quello che diceva nelle interviste di lavorare «incessantemente»? Che dal trapianto di cuore era uscito così in forma da fare successivamente il deputato regionale e l'assessore allo sport e il capogruppo e il segretario di partito e le campagne elettorali e un'infinità di altre cose faticosissime delle quali non si era mai lamentato? Non era lui che sul sito stesso della Regione faceva il bullo dicendo che il lavoro non l'aveva «mai spaventato» e che andava in ufficio verso le nove e mezzo di mattina per trattenersi «sino alle nove e mezzo, dieci di sera» e «spesso anche il sabato»? Un «cuore toro», ironizzò sulla «Nuova Sardegna» Giorgio Melis. E la cosa, tra le polemiche, saltò.

Fosse passata, avrebbe aggiunto un buchetto a un colabrodo. Nel tormentato lustro 1999-2004, ha spiegato il governatore Renato Soru a Sergio Luciano di «Economy», l'indebitamento era salito da 300 a 3000 milioni di euro, con un milione di euro al giorno di interessi da pagare: «E si stava accumulando ulteriore debito a velocità spaventosa. Erano già stati autorizzati nuovi mutui per 1,3 miliardi. Saremmo saliti a 4,3. E perché, poi? Incomprensibile, solo rivoli di spesa consociativa».

Taglia di qua e taglia di là, ha scritto la rivista, il governatore sardo «in meno di 30 mesi ha dimezzato le spese del bilancio regionale, da 1,3 miliardi di euro a 670 milioni, portandolo in pareggio. Ha mandato a casa 1000 persone, ha eliminato 60 società idriche, 7 agricole...». Più larga parte delle comunità montane. Prova provata che, se si vuole tagliare sul serio, si può. Tanto che la rivista, che appartiene al gruppo Berlusconi e certo non può essere sospettata di simpatie sinistrorse, ha riequilibrato il titolone in copertina (*L'isola dei virtuosi*) sfidando Romano Prodi ad adottare «la via sarda al buongoverno» e cioè a impostare «un programma di tagli alla spesa pubblica in grado di abbattere il debito italiano da 1581 a 759 miliardi di euro da qui a novembre del 2008». Come a dire: Professore, ce l'hai il fegato per farlo?

Alla larga dalle beatificazioni. Ma alcune sforbiciate decise dal «Monaco» (così qualcuno irride a Soru per certe scelte come l'abolizione dello champagne dal bar interno alla sede regionale o il taglio dei giornali nelle mazzette) la dicono lunga su come venissero buttati via i soldi. Esempi? Giunte regionali convocate non nella sede deputata ma all'Hotel Forte Village (slogan: «Tuffatevi nel lusso a 5 stelle del miglior resort del mondo») con conti finali arrivati in un caso a 50.000 euro. Un appalto per il sistema informatico della contabilità interna concesso a 40 milioni di euro, annullato e rifatto per 8 e mezzo. Un altro appalto da 8 milioni per il portale internet del turismo, contestato, ricontrattato e concluso per una cifra venti volte più bassa: 400.000 euro. Quanto alle spese di rappresentanza, basta prendere a confronto l'ultimo bilancio di Mauro Pili del 2003 e quello di Soru del 2006: da 390 a 190.000 euro. Meno della metà.

Certo, non è che il virus della spendaccionite abbia lasciata immune la giunta del fondatore di Tiscali. Un cocktail troppo costoso, però, è entrato nella leggenda. L'assessore alla Cultura Elisabetta Pilia aveva offerto agli ospiti dell'apertura di una mostra di arte moderna un rinfresco da 4000 euro. Caruccio, ma non più di decine di tavolate simili offerte dalla Val d'Aosta alla Puglia. Narrano però che alla notizia del conto, che si sommava a un budget che gli pareva esagerato per il livello degli artisti coinvolti, il governatore sia saltato su come Rinaldo nel *Morgante* del Pulci dopo avere sguainato la Frusberta: «Punte rovesci, tondi e stramazzoni / mandiritti, traverse con fendenti, certi stramazzi, certi sergozzoni...». Conclusione: l'assessore pagò di tasca sua e se ne andò sbattendo la porta.

Diciamocelo: da altre parti non si sarebbero neppure accorti di un conto così. Le diffidenze diffuse intorno alle mani bucate delle Regioni a statuto speciale sono infatti in larga parte meritate. A partire dai grandi numeri. Sui motivi storici che dettarono la concessione dell'autonomia (esempio: ha ancora ragione d'essere lo statuto speciale per il Friuli-Venezia Giulia che non solo non è più schiacciato sul confine comunista ma si ritrova nel cuore dell'Europa?) lasciamo perdere. Ma cosa c'entra con l'autonomia l'abbondanza esagerata di deputati regionali friulani e giuliani (uno ogni 20.000 persone) o addirittura il diluvio della Val d'Aosta, dove c'è un consigliere ogni 3511 abitanti e cioè trentatré volte più che in Lombardia? Cosa c'entra con l'autonomia la busta paga dei fortunati rappresentanti del popolo che incassano in Sicilia o in Val d'Aosta (vedi tabella in Appendice) immensamente di più di un collega emiliano o molisano? Cosa c'entra con l'autonomia la sperequazione abissale tra il monte indennità della Sardegna (10 milioni abbondanti di euro) e quello delle Marche (meno di 2 milioni e mezzo) pur avendo più o meno gli stessi abitanti?

Qui le competenze supplementari dovute al pagamento dei maestri di scuola piuttosto che dei ferrovieri non c'entrano nulla. E allora perché stipendi, prebende e pensioni dei consiglieri regionali, come mostra ancora la tabella in Appendice, pesano per 1 euro e 6 centesimi ad abitante in Lombardia e 30 euro e 24 centesimi in Val d'Aosta? Per non dire dei dirigenti, il cui costo è un costo squisitamente politico dovuto alle scelte della politica. Dicono i censimenti che gli italiani che vivono entro i confini delle Regioni e delle Province a statuto speciale sono meno di 9 milioni. Diciamo un settimo della popolazione. Eppure i dirigenti delle regioni ordinarie, come spiega la tabella in Appendice, non arrivano neppure alla metà del totale. Anzi: la Sicilia coi suoi 5 milioni di abitanti ha da sola oltre un terzo di tutti i funzionari nazionali. Al punto che c'è un dirigente (pagato immensamente più che dalle altri parti) ogni 7 dipendenti. Cosa c'entra, con l'autonomia?

Ma è una domanda che si può fare per altre mille cose. Esempio: perché la Regione governata da Cuffaro ha regalato 105.492 euro di soldi pubblici a testa, per il campionato di calcio 2005-2006, al Palermo, e somme analoghe al Catania e al Messina? Come mai le spese «di rappresentanza, cerimoniale e relazioni pubbliche per la partecipazione e l'organizzazione degli incontri di studio, lavori, convegni, congressi, mostre e altre manifestazioni a carattere solidaristico» della presidenza sono salite nel 2006 alla cifra pazzesca di 5.504.500 euro e cioè oltre 4 milioni in più rispetto ai 1.360.863 euro del 2001, quando già bastavano a portare tutti i giorni a mangiar pesce al Delfino di

Sferracavallo 153 persone, vino e limoncello compresi? Quale motivo c'è perché, come si ricava dalla voce «oneri per il personale utilizzato per le auto blindate e gli autisti assegnati agli ex presidenti della Regione» (271.000 euro) i predecessori di Cuffaro abbiano diritto per tutta la vita alla macchina con autista come i maharajah del Rajasthan?

Sono così tante, le spese «eccentriche» siciliane, che non c'è modo di fare una lista. La voce «acquisto di libri, riviste e giornali anche su supporto informatico», per esempio, è ripetuta 7 volte in 7 caselle distanziate del bilancio per non dare nell'occhio ma a far la somma vengono 128.000 euro: come se negli uffici della presidenza ci fossero 50 persone (cinquanta!) col diritto ad avere, tolte le ferie e le feste, una mazzetta di 14 quotidiani al giorno. Più le spese per acquisto libri e rilegatura della «Gazzetta ufficiale»: altri 60.000 euro. Più l'abbonamento ad «agenzie di informazione giornalistiche italiane ed estere»: altri 680.000.

Per non dire delle «spese riservate» di cui il governatore può servirsi a sua discrezione per motivi eccezionali. Lo scandalo che ha visto l'ex presidente regionale Beppe Drago condannato per avere svuotato la cassaforte «allorché era già dimissionario» (così disse la sentenza) non è servito a niente. Era il '98 e la somma fregata dall'assai disinvolto esponente dell'Udc, poi premiato con l'elezione a Montecitorio, fu di 146.000 euro di oggi. Adesso Totò «Vasa Vasa», cioè bacia-bacia per l'«inesauribile bisogno d'affetto» (parole sue) può spenderne riservatamente più del doppio: 310.000. Il quadruplo (quadruplo!) della analoga dotazione di Giorgio Napolitano al Quirinale.

E il parco zoologico del Palazzo d'Orleans sede della presidenza? Tutte le mattine va a dare da mangiare agli animali una signora, Maria Narzisi, presidente dell'E.di.ga., l'Ente difesa gatti. Applausi. Ma c'è chi, per tenere in ordine il giardino affidato per oltre 250.000 euro l'anno addirittura a un «sovrintendente di palazzo» (minchia!) nella persona di Sua Eccellenza Francesco Di Chiara, è profumatamente pagato. È la ditta «Lauricella Salvatore» addetta alla «gestione dell'impianto faunistico del parco d'Orléans» fin dagli anni Cinquanta, quando fu incaricata dal primo presidente della Regione, Giuseppe Alessi, di realizzare nei giardini un parco ornitologico aperto al pubblico gratuitamente a condizione che i visitatori fossero accompagnati da un bambino.

Da allora la collezione privata (privata!) del vecchio Lauricella e di suo figlio Nicola è diventata inamovibile. Inespugnabile al subentro di una ditta che anni fa vinse la nuova gara d'appalto ma non riuscì mai a far valere la vittoria perché bloccata da un ricorso al Tar. Indifferente alle accuse della Lega antivivisezione. Inossidabile alle polemiche sulla scelta della Regione di continuare a versare soldi nonostante la svolta nell'appalto per «garantire la continuità della fruizione pubblica della villa». Soldi cresciuti e cresciuti fino a sfondare i 470.000 euro. E accanitamente difesi dai vecchi padroni del piccolo feudo faunistico contro il vincitore di un secondo appalto. Cui non solo fu chiesto di dimostrare di avere degli esemplari di tutti ma proprio tutti gli animali presenti (dai capovaccai alle morette dal ciuffo, dall'oca collorosso ai daini «dama dama») ma fu opposto il parere di due professoroni pronti a dichiarare che in caso di trasloco le povere bestie, oibò, avrebbero sofferto psicologicamente assai.

Ci si dirà: cosa c'entrano queste cose coi costi della politica? C'entrano. Un esempio? Nel 1994, alla vigilia del voto, i sindacati della Regione avevano chiesto 14.000 lire di aumento e la risposta fu: «Ma no, ve ne diamo 100.000!». Per capirci: mai come qui lo spreco di pubblico denaro è legato alla raccolta e al mantenimento del consenso elettorale. Vale per il personale dell'Assemblea regionale siciliana, 297 persone costate nel 2006 ben 31.035.000 euro, pari a 104.000 euro a testa con un aumento del 26% in 5 anni oltre l'inflazione e picchi pazzeschi quali lo stipendio di Felice Crosta, un dirigente alla guida dell'Agenzia regionale per l'Acqua e i Rifiuti: 567.000 euro l'anno, pari a 1553 euro al giorno, Natale e Pasqua compresi. Vale per la spesa complessiva dell'Ars, così alta che per ogni deputato siculo Palazzo dei Normanni costa 1.682.935 euro e cioè 44.000 euro più che Palazzo Madama per ogni senatore.

E poi vale per la «gestione parco automezzi», salita nel 2006 a 215.000 euro con un aumento del 78% sul 2001. Vale per l'amministrazione della spesa farmaceutica che vede la Sicilia spendere il 63% più del Veneto che ha quasi gli stessi abitanti. Vale per i corsi di formazione svolti da 1559 enti (un terzo di tutti quelli italiani) per un totale stimato dal «Sole 24 Ore» in 300 milioni di euro ma frequentati da meno dello 0,1% della popolazione nonostante chi ci va abbia una diaria di 5 euro l'ora anche per imparare a mettere i bigodini. Vale per la distribuzione dei 15 milioni e mezzo di euro pagati per gli affitti di 152 uffici regionali da sommare ad altri 66 che occupano locali demaniali, per un totale di 218 (duecentodiciotto!) sedi. E vale infine per i 55.000 precari che Cuffaro vanta d'aver stabilizzato («ne ho trovato un esercito di 77.000, li ho ridotti a 22.000» ha detto al biografo Francesco Foresta) e vale infine per mille altri rivoli di spesa. Come quello dei forestali. I quali, stando sempre a un'inchiesta del «Sole» del gennaio del 2007, sono uno ogni 7000 ettari in Friuli-Venezia Giulia, uno ogni 4253 in Abruzzo, uno ogni 4220 in Emilia Romagna, uno ogni 56 in Calabria e uno ogni 12 (dodici!) ettari in Sicilia.

Qualche volta perfino Totò «Vasa Vasa», come il giorno che domò all'Hotel Astoria l'assalto di centinaia di ex carcerati che volevano essere tutti assunti in quanto ex carcerati, sospira invocando la Madonna: «Bedda Madri, chi me l'ha fatto fare?». Dovesse decidersi a piantar tutto per i Caraibi, nessun problema. Alla voce «viaggi del presidente» sono in bilancio 110.000 euro: i soldi sufficienti nei primi mesi del 2007 a pagare 171 voli (tre alla settimana, abbondanti) andata e ritorno da Punta Raisi a New York con l'Alitalia. Finché decolli e atterraggi, si capisce, resteranno sulla costa di Carini. Tra le ideuzze accarezzate in questi anni dai politici dell'isola c'è infatti anche quello di andare oltre gli aeroporti attuali, che sono quattro (Palermo, Catania, Trapani e Comiso) per farne uno immenso «Transcontinentale! Transcontinentale!» nella zona di Enna. Un progetto, va da sé, da corredare con autostrade a sei corsie e svincoli californiani e viadotti conficcati nel cielo e appezzamenti per chilometri di ristoranti e parcheggi e paninoteche e magari negozi di calzature dai nomi raffinati come quello che domina la statale da Agrigento a Palma di Montechiaro: «Scarpe diem».

Si vedrà. Nel frattempo, alla fine di febbraio del 2007, sono stati dati 35 milioni di euro come prima tranche per la costruzione di un'opera non meno ambiziosa: l'aeroporto collinare. Da costruire, facendola finita con la banalità delle piste su terreni piatti, sulle ridenti alture di Racalmuto. In onore, manco a dirlo, di Leonardo Sciascia. Dite voi: non ha forse diritto, Agrigento, a uno straccio di aeroporto? Certo, c'è chi aveva suggerito di farlo a Piano Romano, vicino a Licata, ma essendo appunto piatto come un biliardo è stato rifiutato: «Il sito di Licata si trova in una delle rare pianure della costa siciliana mentre il sito di Racalmuto si trova in una zona di colline interne, classiche della Sicilia, molto ondulata, a volte dolcemente, a volte con dirupi dovuti all'affioramento della roccia». È o no l'ideale, per metterci un aeroporto spianando uno dopo l'altro i fastidiosi ingombri rocciosi? È vero, è stato calcolato che per piallare tutto serviranno 200.000 autotreni che messi in fila formerebbero una coda di 1800 chilometri. Ma che sono questi dettagli davanti al progresso? «Lo chiameremo aeroporto Sciascia!» tuonano i promotori pensando ai fantastilioni di triliardi da spendere e alle migliaia di elettori da assumere. Fosse vivo lo scrittore, saprebbe lui che nome dargli: «Aeroporto quaquaraquà».

Va detto però che gli aspiranti Icaro siciliani non sono i soli a sognare il volo montano. Lo sognano anche in Val d'Aosta il presidente Luciano Caveri e i suoi assessori. Che soffrono assai il fastidio di dover fare un'ora di macchina (un'ora di macchina!) per raggiungere l'aeroporto torinese di Caselle. Così hanno deciso di dotarsi di un volo di linea per andare avanti e indietro dalla città di sant'Orso a Roma: vuoi mettere la comodità? Fatto un bando, hanno affidato la tratta, per un volo andata/ritorno al giorno, alla società Air Vallée nella quale la Regione aveva una quota e il socio di maggioranza era l'ex padrone del Torino Franco Ciminelli. Accordo: in cambio del comfort, la giunta si impegnava a versare 5054 euro al giorno purché le fossero riservati almeno 8 posti a bordo. Un affarone, per la società: ammesso che l'aereo costi quanto quello della stessa grandezza della regina Elisabetta, il contributo regionale è più che sufficiente a pagare due terzi delle spese. Averne, di clienti che pagano due terzi d'un volo da 24 posti per riservarne 8! Un po' di biglietti venduti allo sportello e oplà, guadagno assicurato.

Nel gennaio del 2007, però, i bramini valdostani si sono detti che era scomodo, talvolta, dovere aspettare un po' di ore per partire o rientrare dalla capitale. Così hanno deciso di raddoppiare, pagando ad Air Vallée un altro volo andata e ritorno, dal lunedì al venerdì, nonostante l'aereo già esistente viaggiasse spesso con larghi spazi vuoti e portasse mediamente 19 persone. Totale dell'investimento, crepi l'avarizia, 2.628.420 euro. Cioè 10.070 euro ogni giorno di volo. Ma non basta. Decisi a giocare sempre più in grande, hanno deliberato anche di rifare l'aeroporto e costruire una nuova aerostazione e allungare di 500 metri la pista (a costo di spostare strade provinciali e creare tunnel sotterranei e tagliare le ciminiere degli stabilimenti) e comprare tutto il necessario per i voli notturni in modo da fare atterrare aerei più grandi di quelli che già adesso viaggiano a volte semivuoti. Totale della spesa: 29 milioni di euro. Pari a 236 euro per abitante. Per capirci: fatto il rapporto, come se l'Italia spendesse 13 miliardi e mezzo di euro. E tutto per risparmiare un'oretta di macchina.

17

Le Province sono inutili? Aumentiamole

Tutti falliti i tentativi di abolirle: servono a distribuire posti

E la Peppa? La domanda si schiantò tra gli assessori provinciali di Caserta col fragore del crollo del Torrino di Foligno: la Peppa! L'avrebbero trovata, una foto della Peppa Cossiga? Si sapeva come faceva di cognome: Sigurani. Si sapeva che quei discoli dei compagni d'università del futuro presidente della Repubblica avevano dedicato al giovane amico rampante una poesia in cui la si paragonava al Banco di Sardegna: «Dei pulcini il più vorace / è senz'altro Fra' Cossiga / a cui il Banco molto piace / ma di più piace la Peppa». Ma non esisteva, della First Lady del Picconatore, manco una foto. Se non una presa col teleobiettivo al supermercato. Impubblicabile. Non per questo, però, si persero d'animo. E il 27 febbraio del 2006 vararono la loro delibera. Dove concedevano la Reggia e davano 30.000 euro per l'organizzazione di una mostra storico-fotografica: «Le mogli della Repubblica».

Il materiale, del resto, bastava e avanzava. Anzi: a mettere in fila le istantanee consegnate all'aneddotica, si potrebbero davvero ricostruire pezzi formidabili della storia del nostro costume. Francesca De Gasperi sempre un passo dietro al marito Alcide anche nelle gite sulle Dolomiti. Maria Pia Fanfani col suo spettacolare ciuffetto che ricordava le pregiatissime galline di Polverara. «Sua Franchezza» Franca Ciampi, così spontanea da marchiare come «un cretino» il presentatore-bullo Enrico Papi protagonista della «tivù deficiente» e rispondere a una cronista che le chiedeva se era emozionata: «Ma no, cocca!». E poi Anna Craxi che in vacanza ad Hammamet come una regina, scrisse velenosissima Marina Ripa di Meana, «verso le cinque convocava le ospiti-ancelle: una le faceva la messa in piega, l'altra le dava lo smalto alle unghie dei piedi». E poi Veronica Berlusconi fasciata in un vestito a fiori in mezzo a mari di fiori con Silvio che la guarda sognante come il dì del matrimonio: «Conosco Veronica da dieci anni, ma ogni giorno con lei è come se fosse la prima volta. Per me sarà una notte da campione del mondo...».

Sia chiaro: il valore della mostra, curata da Paola Severini e più rispettosa di quella immaginata da noi, non c'entra. Il punto è un altro: cosa c'entra una Provincia con queste cose e perché tra le motivazioni c'era quella di «diffondere la conoscenza del territorio» e valorizzare «quanto "Terra di lavoro" può offrire»? Niente. Ma è proprio questo il bello: le Province non c'entrano quasi niente con tutto. Ma guai a dire che sono superflue, saltano su tutte come le beate vergini a difesa dell'onore.

Uno degli ultimi a suggerirne la chiusura fu il presidente di Roma Metropolitane Chicco Testa. Erano anni che ogni tanto diceva qualcosa senza sollevar polvere. Ma appena pronunciò le parole «abolizione delle Province» venne giù il diluvio come se Winston Churchill avesse proposto di ghigliottinare il re. Il senatore diessino Esterino Montino commentò schifato: «Forse ha parlato alla ricerca di visibilità, di certo, oltre al cattivo gusto, la sua idea favorirebbe il centrodestra. Visto che la politica non è il suo mestiere non capisco il motivo di questa ingerenza». L'asburgo-margheritino Willer Bordon lo liquidò: «Dichiarazioni abbastanza puerili». E dissero la loro il conduttore Maurizio Costanzo, il ginnasta Juri Chechi e perfino il re del dribbling a riposo Bruno Conti. Finché un comunicato della Cisl chiuse: «Bisognerebbe abolire Testa!».

Sempre così. È successo negli anni al repubblicano Ugo La Malfa. Al battitore libero di sinistra Riccardo Illy. Al demoproletario Franco Russo. Al costituzionalista diessino Augusto Barbera. All'avversario di Letizia Moratti alle Comunali, Bruno Ferrante. Ogni volta, reazioni indignate: «Giù le mani dalle Province!». «Per carità, quando si parla di costi della politica tutto ha un peso, soprattutto se si pensa che siano soldi sprecati» scrisse Vincenzo Ceccarelli, presidente della Provincia di Arezzo, per battagliare con il «Sole 24 Ore» che aveva rilanciato l'idea nell'estate del 2006, «ma 100 milioni di euro all'anno non possono essere sufficienti per giustificare l'abolizione di un ente che ha oltre un secolo di storia...»

Eppure Gianfranco Fabi, l'autore della proposta sul quotidiano economico, l'aveva spiegata benissimo: le nostre Province «sono, tra l'altro, una dimensione politica che non ha paragoni in nessun altro Paese simile all'Italia. In Francia i Dipartimenti hanno dimensione analoga, ma al di sopra c'è poi solo lo Stato. E in Germania non c'è nulla tra i Comuni e i Länder. In Gran Bretagna ci sono le Contee, ma hanno carattere tecnico-amministrativo e non politico. Negli Stati Uniti avviene lo stesso e nella maggior parte dei casi le Contee sono una linea sulla carta geografica oppure individuano le competenze giudiziarie o di polizia: non a caso l'autorità più importante è lo sceriffo». In realtà, a parte i Bezirken (comprensori) in Germania, c'era qualcosa di simile, una volta, in Inghilterra. Erano le 45 Contee metropolitane. Ma nel 1985 Margaret Thatcher le spazzò via tutte d'un colpo, compresa quella di Londra. Ma quali sono, esattamente, le competenze di queste nostre Province? Tutte cose che «potrebbero tranquillamente essere assegnate ai Comuni» risponde Ferrante. «Vivono spesso di deleghe delle Regioni e rappresentano un ulteriore ostacolo per una maggiore fluidità nelle decisioni.»

«Quelle che contano sono un paio» spiega Barbera. «Edilizia scolastica per gli istituti superiori (le elementari e le medie toccano ai Comuni) e quel pezzo di viabilità che l'Anas reputa meno importante. Il resto, dallo smaltimento dei rifiuti, spesso gestito dai commissari regionali, ai poteri in materia di sviluppo economico, teoricamente basati sui distretti industriali, sono castelli in aria.»

Ovvio: non è così per tutte le Province. Fanno eccezione quelle di Bolzano e di Trento. La quale, dopo aver ottenuto larghi poteri di autonomia grazie all'insensato tentativo di Roma di «diluire» i sudtirolesi dentro una Regione a maggioranza italiana, ha conservato questi poteri speciali anche dopo l'abolizione di fatto della Regione che oggi conta quanto un quattro a tressette. Lì sì, le Province pesano. Nel solo 2006 hanno amministrato ciascuna intorno a 4 miliardi e mezzo di euro.

Una somma enorme, immensamente superiore a quelle gestite da tutte le altre Province. Così come non esistono colleghi di Luis Durnwalder con 22.000 dipendenti (uno ogni 23 abitanti) come il presidente bolzanino. Ma qui sono a carico della Provincia non solo il personale amministrativo e i forestali e gli stradini ma anche i maestri, i bidelli, i professori, i medici, gli infermieri e un mucchio di altri lavoratori pubblici altrove a carico dello Stato o delle Regioni.

Nessuno scandalo, spiegò un giorno Massimo Cacciari: «Vogliamo essere chiari fino alla brutalità? Se l'Alto Adige non è diventato l'Irlanda del Nord è perché a Roma, dopo le bombe ai tralicci degli anni Cinquanta e Sessanta, hanno capito che andava pagato un prezzo. Non dico che coi soldi si sia comprata la pace sociale ma certo il benessere ha aiutato a diluire le tensioni. D'altra parte: quanto ci sarebbe costato tenere lì un esercito in armi?». Una tesi sempre condivisa, con rabbia, dai duri e puri della comunità tedesca, da Hans Stieler, che coltiva rose dopo essere stato negli anni Sessanta vicino ai bombaroli, a Eva Klotz, la figlia del «Martellatore della Val Passiria»: «Ci hanno comprato l'anima».

Il prezzo? Caro. Tanto da permettere il rinnovo con finanziamenti pubblici di tutte le pensioni e gli alberghetti della Provincia fino a contare già a metà degli anni Novanta una piscina ogni 300 abitanti. Da permettere a Merano, Bressanone e Brunico di sfidarsi a chi faceva il centro benessere più grande e sfarzoso e ricco di saune e bagni turchi e idromassaggi. Da permettere di dare agli insegnanti un bonus integrativo tale che se un professore nel resto d'Italia riceve a inizio carriera 1174 euro netti, a Bolzano ne prende 1500 che salgono fino a 1624 con l'indennità di bilinguismo e su su col passare degli anni tanto che, alla vigilia della pensione, un professore altoatesino prende quasi 3200 euro netti e cioè il doppio di un collega di Lecce o Pescara.

Così caro da fare dell'assessorato alla Cultura tedesca l'editore più generoso del pianeta, in grado di pagare 100.000 euro l'uno agli autori di un paio di libri sul Sudtirolo. O da spingere gli amministratori a prendersi perfino sfizi, altrove impensabili, come il restyling dei cartelli stradali che segnalano le zone industriali con la rimozione, accanto al disegnino dello stabilimento, della nuvoletta di fumo che esce dalla ciminiera: «Le nostre industrie non fanno fumo».

I soldi gettati a pioggia sulla montagna e le città e le contrade sono tanti da strappare una vecchia battuta in tedesco maccheronico: quella della «Kassen von Mezzogiornen». L'accorta e capillare distribuzione di denari pubblici ai cittadini (è stata incentivata con moneta sonante perfino la scelta di colori adatti all'ambiente dei teloni che coprono i covoni di fieno!) equivale anche qui alla coltivazione del bacino elettorale. Il quale ha sempre ricambiato dando soddisfazioni alla Svp e ai suoi alleati. È o non è anche questo un costo della politica?

Stipendi altissimi, assistenti personali, un mucchio di benefit, autoblu a volontà e magari con la targa della Protezione civile come quella dei due presidenti provinciali che possono così evitare di rispettare il codice stradale come i comuni mortali. Il presidente della Provincia altoatesina prende ogni mese 23.685 euro, il suo vice 22.439, un assessore 21.192, il presidente dell'assemblea consiliare 18.699, il suo vice 15.582. E giù giù, a cascata, sono tutti contenti: un capo dipartimento trova in busta paga 111.701 euro l'anno, un capo ripartizione 80.944, un direttore di scuola professionale 69.114, il direttore sanitario della Asl di Bolzano 228.255, il direttore generale 180.288, un primario di media anzianità 189.908.

Perfino i finanziamenti ai partiti, nel vicino Trentino da anni governato dall'inventore della Margherita Lorenzo Dellai, sono esenti da controlli. Lo denunciò il segretario diessino Mauro Bondi: «Non c'è obbligo di rendiconto e si possono spendere come si vuole i soldi che riceviamo come finanziamento al gruppo politico. Il mio, quello dei Democratici di sinistra, ha circa 150.000 euro all'anno come dotazione finanziaria per le spese. Posso essere onesto o disonesto. A mia scelta». La prova? Il consigliere della Quercia portò Antonello Caporale, della «Repubblica», a fare shopping, partendo da una gioielleria: «Quello Zenith Open Chrono nero, lo vede lì? Costa 7500 euro ma è bellissimo. Dico che è un regalo, un presente da portare in Germania ai nostri amici dell'Spd. Chi controlla? E chi me lo vieta?». Nessuno. Tanto è vero che Franco Tretter, l'ex presidente regionale già arrestato in fragranza di reato perché aveva fregato proprio degli orologi in un negozio, se l'è cavata senza danni anche da un processo in cui era accusato di avere comprato in una boutique quattro vestiti, quattro camicie e tre cravatte pagandole con un assegno del gruppo consiliare del Patt, il Partito autonomista trentino tirolese, di cui era uno dei leader. Secondo i difensori i compiti del gruppo non sono definiti dalla legge e quindi il giudice non poteva sindacare le singole scelte. Nemmeno sui colori delle camicie e i disegni delle cravatte.

Quanto ai vitalizi, nel 2006 a Bolzano si sono dati una regolata. Decidendo, per la prima volta nei palazzi della politica italiana, di passare dal sistema retributivo al sistema contributivo. Per capirci: i nuovi eletti (per i vecchi, regole vecchie) avranno la pensione solo a 65 anni e sulla base di quanto hanno versato. Meglio tardi che mai. Era uno scandalo che doveva finire: 2196 euro netti per una legislatura, 3690 netti per due, 5168 netti per tre, 6637 netti per quattro...

Ancora più stupefacente però, agli storici del futuro, appariranno le reazioni sull'«Adige» della casta dei privilegiati trentini davanti alle polemiche sui vitalizi. Come Paolo Tonelli, per tre lustri consigliere di Democrazia proletaria e benedetto da una pensione deluxe quando aveva solo 50 anni: «Queste erano le regole che mi sono trovato quando è stato il mio turno». Il democristiano Giorgio Grigolli: «Cosa devo fare? Andare in piazza con i cartelli a protestare?». Il leghista Erminio «Obelix» Boso, che dopo aver barrito per anni contro i politici di «Roma ladrona» avrà la vecchiaia addolcita sia dalla pensione di senatore sia da quella di consigliere provinciale, trova queste domande proprio insopportabili: «Non sono questi i problemi! Prendetevela con i burocrati...».

A farla corta, tra le Province sorelle è in corso da anni una gara (solo recentemente rallentata) ad autoconcedersi il più possibile. Una volta vince una, una volta l'altra. Il presidente del Consiglio provinciale altoatesino Riccardo Dello Sbarba, per esempio, alla voce «spese discrezionali» aveva nel 2006 a disposizione 22.810 euro e il suo collega trentino Dario Pallaoro 355.000. Meglio: avrebbe avuto. Prima di cedergli la poltrona per andare a Roma a fare il deputato, il suo predecessore Giacomo Bezzi aveva infatti svuotato la cassa. Per fare cosa, di tutti quei soldi? «Ah, non lo so...» risponde Pallaoro. Non trova assurdo avere quindici volte più del collega di Bolzano? «Ah, non lo so... Si vede che lì hanno deciso così.» Non trova folle avere, come Totò Cuffaro in Sicilia, il quadruplo del presidente Napolitano? «Ah, non lo so...»

Fatto sta che i soldi sono così abbondanti che l'agenzia di rating internazionale Fitch, bestia nera dell'Italia, ha concesso nel 2007 alle due Province sorelle il punteggio massimo. La tripla A: affidabilità totale.

Va da sé che, se potessero, si trasferirebbero lì decine di comuni. La slavina originata dal ruzzolare del fagiolo di Lamon, un paese che fino al referendum per passare dal Bellunese al Trentino era noto solo a chi ama la «pasta e fasoi», rischia di travolgere tutto e tutti. Certo, il virus della «traslochite» non ha infettato solo il Nord. Né i soli confinanti delle aree autonome. Ma è a ridosso di Trento e Bolzano che il fenomeno nei primi anni del secolo si è fatto vistoso: perché restare nel Veneto se nel giardino di là l'erba, concimata coi fertilizzanti dell'autonomia speciale, è più verde?

Il virus, con relativi referendum, s'è diffuso come un'epidemia. A sentire i promotori, per ragioni nobilissime e struggenti: le tradizioni culturali! Il retaggio dei nostri avi! I valori morali! Poi leggi le tabelle distribuite a suo tempo a Lamon e capisci. Libri scolastici: gratuiti fino alla 5ª elementare in Veneto, fino alla 3ª media in Trentino. Libri presenti nelle biblioteche comunali: 2 per abitante a Lamon, 10 nella vicina Canal San Bovo. Lista d'attesa per una mammografia: 5 mesi in Veneto, 50 giorni in Trentino. Spesa annua dei Comuni per abitante: 587 in Veneto, 1175 in Trentino. Entrate tributarie comunali per abitante: 258 euro in Trentino, 426 nel resto d'Italia.

Se Trento e Bolzano grondano di competenze e comprano libri e gestiscono la sanità e amministrano il sistema scolastico, è perché la Regione non c'è più. È solo una scatola che il Grande

Padre dei sudtirolesi Silvius Magnago ha svuotato completamente. Ma le altre Province? Se hanno solo «un paio di competenze che contano» e il resto «sono castelli in aria», perché tenerle? È una domanda che, secondo Augusto Barbera, risuona da un mucchio di tempo: «È una polemica nata con l'Unità d'Italia 150 anni fa» ha spiegato a Franco Cangini del «Giorno», e «da allora le Province vivacchiano secondo una strategia vincente di sopravvivenza. Almeno quattro volte date per spacciate e sempre rinascenti. La prima già al tempo di Marco Minghetti e del suo progetto di fondare il nuovo Stato sulle Regioni. Se avesse avuto successo, ogni Regione si sarebbe organizzata a modo suo. Ma si ebbe paura che il decentramento facesse rientrare dalla finestra le classi dirigenti preunitarie, codine e reazionarie, e si preferì governare dal centro con i prefetti. La stessa scelta che era stata fatta dalla Francia della Rivoluzione, e per gli stessi motivi.

«La soppressione delle Province fu decisa alla Costituente, dalla Commissione dei 75. Ma quando il testo passò all'esame dell'Assemblea furono resuscitate. Nel '70, quando si attuò l'ordinamento regionale, il leader repubblicano Ugo La Malfa tornò a reclamare l'abolizione delle Province per eliminare una duplicazione di burocrazie e di spese. Enrico Berlinguer, segretario del Pci, era d'accordo. Però si convenne di aspettare, per abrogarle, il consolidamento delle Regioni. Arrivò invece il decreto 616 del 1977, in piena "solidarietà nazionale", che smantellò i comprensori comunali creati dalle Regioni e rilanciò il ruolo delle Province. Berlinguer e La Malfa si erano convertiti o rassegnati.»

Qual è il criterio? La compattezza geografica di un territorio? Le affinità culturali? La dimensione? L'ossatura produttiva? Boh... Ci sono Province come quella di Torino con 315 comuni e altre come quella di Prato con 7, Province con 4 milioni di abitanti come quella di Roma e altre di 58.000, cioè meno di un quartiere di Milano, come quella dell'Ogliastra, con capoluogo Tortolì (10.000 anime) e Lanusei, che di anime ne ha meno di 6000. Piccole ma agguerrite. Basta vedere sui giornali sardi la bellicosità delle quattro Province aggiunte nel 2001 alle quattro già esistenti, col risultato che oggi in Sardegna c'è una Provincia ogni 200.000 abitanti.

Neanche il tempo di insediarsi e il presidente della Provincia di Carbonia-Iglesias, il margheritino Pierfranco Gaviano, già sbuffava contro Renato Soru, reo di avere detto che otto province sarde erano una pazzia e dunque le nuove avrebbero dovuto dividere soldi e uomini con le vecchie. Ma come: solo 11 dipendenti? «Ce ne servono almeno 150!» E basta, spiegava all'«Unione Sarda» coi grilli parlanti e i moniti a risparmiare e gli allarmi per il gigantismo: «Certo, io assumo. Noi non siamo un ufficio distaccato della Regione. A noi serve personale altamente qualificato, di livello, funzionari e dirigenti...».

«Avevamo scongiurato la classe politica di evitarci questo salasso» spiega Gianni Onorato, un imprenditore cagliaritano che nel 2003 guidò una pattuglia di volonterosi nel tentativo di stoppare la follia con una battaglia referendaria: «Invece, contro l'istituzione delle Province, votò solo un consigliere regionale». Solo uno. E perché? Questo è il punto: perché le Province fanno comodo ai partiti: «È un'operazione per recuperare alla vita i trombati della politica: un giochetto che costa alle tasche dei sardi più di 100 milioni di euro».

Sui costi, in realtà, c'è polemica. Secondo il «Sole 24 Ore», il solo atto di nascita di una nuova Provincia (con la parallela creazione della prefettura, della questura, dell'archivio di Stato...) costa 50 milioni di euro. Secondo il sindaco di Melfi, Alfonso Navazio, una delle cittadine che aspirano allo status di capoluogo, meno di 13 e mezzo. Fatto sta che, mentre un sacco di gente sostiene in astratto la totale inutilità di un ente che potrebbe benissimo chiudere col trasferimento di un po' di competenze ai Comuni e alle Regioni, nella pratica le Province sono salite dalle 92 del 1960 alle 110 del 2005. Quando in Parlamento si erano già accumulate 74 proposte per altre 34 «new entry», tra le quali quattro solo nel Lazio (Cassino, Castelli Romani, Civitavecchia e Guidonia) e due in Calabria, dove agognano lo status Lamezia Terme e Sibari.

«Noi che veniamo da Anassagora!» tuona il primo. «E Protagora!» aggiunge il secondo. «E Tucidide!» precisa il terzo. E giù, tutti a sospirare sui secoli d'oro della Magna Grecia, prospera e ridente sotto l'alito illuminato di Pericle e Democrito, quando «tra il porto di Sibari e le navi alla fonda v'era un collegamento di condotte a tubi per il carico dell'olio e del vino».

Il punto è che le Province sono un formidabile serbatoio di poltrone da distribuire: 104 presidenti più 104 vicepresidenti più 894 assessori più 104 presidenti delle assemblee consiliari più 3000 consiglieri per un totale di 4206 persone. Che guadagnano da un minimo di 36 euro a gettone di presenza per i consiglieri delle Province più piccole ai 3705 euro per gli assessori delle realtà medie fino ai quasi 7000 euro per i presidenti delle entità più grandi. Il totale è difficile da fare perché oltre a Trento e Bolzano (calcolate a parte) anche la Sicilia si regola per suo conto. Ma le stime parlano di stipendi complessivi per oltre 61 milioni di euro.

Una massa di prebende tale che perfino Cesare Salvi e Massimo Villone, che nel loro libro scrivono che «gli addetti ai lavori sanno benissimo che la Provincia è l'anello debole del sistema di governo locale» e che «nella Bicamerale D'Alema si discusse seriamente di abolirla», non hanno troppe speranze che passi il loro disegno di legge per la soppressione: «Ci vorrebbe una grande ondata popolare...». Ma almeno, suggeriscono, si potrebbe stabilire che «una nuova entità territoriale si finanzia per i maggiori costi con una tassa a carico dei cittadini che la richiedono». Risultato? «È probabile che le proposte di nuove entità autonome scomparirebbero tutte nottetempo.»

Intanto, quelle che ci sono cercano di dare un senso alla loro vita col metodo di certe casalinghe ricche e infelici: spendendo. Spesso moltissimo. Come la Provincia di Milano che ha un bilancio annuale di 1 miliardo e 165 milioni di euro e alla fine del 2004, anno gestito per metà dall'azzurra Ombretta Colli e per metà dal diessino Filippo Penati, aveva la bellezza di 2583 dipendenti (75 in più rispetto all'anno prima) e tirava fuori quasi mezzo milione per l'ufficio stampa e la «promozione della comunicazione istituzionale» e altri 237.000 euro per «spese diverse e funzionali per gli uffici della direzione centrale presidenza, ufficio del segretario e ufficio stampa» e un altro milione e mezzo per i «dirigenti esterni»... Per non parlare dei 238 milioni investiti per conquistare la maggioranza della Milano-Serravalle e dati in cambio del 15% delle azioni a Marcellino Gavio, fornendo all'imprenditore, secondo il centrodestra che denunciò uno «spreco di denaro pubblico», le munizioni per dare un aiutino all'Unipol nella scalata alla Bnl.

Vero? Falso? Mah... Quel che è sicuro è che la Provincia meneghina si ritrova a controllare un impero economico con 28 partecipazioni: dalle società autostradali a quelle idriche e aeroportuali. Un impegno che lascia evidentemente a Penati il tempo di fare dell'altro. Per esempio, dalla fine del 2006, è nel consiglio d'amministrazione della Eventus Srl, una società privata che ha come oggetto sociale la produzione e l'importazione di cemento, sabbia, vernici, laminati e legno posseduta per metà da un imprenditore bergamasco e per l'altra da una fiduciaria anonima, la Plurifid. Curioso. Come curioso è che nello stesso CdA sieda Dario Odelli, sindaco di Albano Sant'Alessandro, provincia di Bergamo, tessera leghista.

E il calcio? Matti per il calcio, certi presidenti provinciali. Di destra e sinistra, del Nord e del Sud. La Provincia di Cagliari del diessino Graziano Ernesto Milia ha dato nel 2005 agli amati rossoblu 150.000 euro, quella di Palermo del forzista Francesco Musotto 700.000 agli amati rosanero, quella di Lecce del diessino Giovanni Pellegrino 1.200.000 agli amati giallorossi, sulla base di un accordo (poi disdetto) ereditato dal predecessore, il margheritino Lorenzo Ria, che si era impegnato a donare un po' di denaro anche al Volley Taviano e all'Italgest Salento d'Amare Casarano, una squadra di pallamano.

Alla fine, capirete, i soldi non bastano mai. Dal 2000 al 2004, secondo i dati dell'Upi, l'Unione delle Province italiane rielaborati dal «Sole 24 Ore» «le uscite hanno subito un balzo del 66,1%. In particolare la spesa per il personale è lievitata del 33,8%, a fronte di un aumento delle unità in organico del 20,9%». Fino a un totale di quasi 57.000 dipendenti. Più degli abitanti di due capoluoghi di provincia come Isernia e Nuoro messi insieme. Capirete anche che, spendi di qua e spendi di là senza precise competenze, può capitare di smistare dei soldi che non dovrebbero essere smistati e che poi la Corte dei Conti potrebbe contestare. O no?

Così nel 2006, un verdetto dei magistrati contabili che condannava lui e sei assessori a pagare 4196 euro a testa di danni erariali, rivelava che qualche anno fa il nazional-alleato Nello Musumeci, poi uscito dal partito, aveva fatto nelle vesti di presidente della Provincia di Catania una polizza curiosa. Con cui la Reale Mutua Assicurazioni, in cambio di 58.747 euro l'anno, copriva lui e i colleghi di giunta sul versante della responsabilità civile e professionale a carico del bilancio provinciale. Per intenderci: una polizza contro eventuali condanne della Corte dei Conti.

18

Il signor sindaco ha fatto crac

La ricerca del consenso e i bilanci comunali in profondo rosso

Finalmente ricchi! Il titolone sulla copertina della «Voce del popolo» di Taranto, con tutti quei bigliettoni da 100 e 200 euro che piovevano allegri sulle spalle di Rossana Di Bello, la sindachessa azzurra che stava portando la città pugliese dritta dritta alla bancarotta, resterà immortale. Certo, nella storia del giornalismo c'erano illustri precedenti di capitomboli. Il «Chicago Daily Tribune» nel 1948, infinocchiato dai primi risultati delle presidenziali americane destinati a essere rovesciati, aveva sparato: *Dewey batte Truman*. Per non dire di decine di titoli involontariamente comici: *Il baby-boom è figlio della voglia di scoop* («L'Avvenire»), *Si è spento il giovane ustionato* («Bresciaoggi»), *Pene più duro per i piromani* («Il Resto del Carlino»). Fino al capolavoro che campeggiava enorme su una locandina dell'«Alto Adige»: *Inquietanti particolari dall'autopsia sul cadavere di Bruno Gallmetzer: forse è morto*.

Ma quel titolo sulla «ricca» Taranto, rivisto alla luce della catastrofe finanziaria municipale, è nel suo genere un pezzo unico. Sia chiaro: c'era anche una punta di ironia. Che il giornale della «città dei due mari» sottolineava con un'intervista in cui un docente di Economia alla Cattolica di Milano spiegava che non si era mai visto al mondo un finanziamento di 250 milioni di euro coperti dall'emissione di Boc (Buoni ordinari comunali) «senza una certificazione del bilancio e senza un rating», cioè un giudizio di affidabilità del debitore stilato da una società specializzata. Ma certo, a rifare oggi quella copertina, bisognerebbe far cadere sulla testa della sindachessa una pioggia di tegole. Politiche e giudiziarie.

La relazione dei commissari mandati dal governo a tentare

di salvare ciò che si poteva salvare è infatti pesantissima. Quella che ai bei tempi era chiamata «la capitale industriale del Mezzogiorno» per gli stabilimenti dell'Italsider che avevano «un gigantesco treno a nastri larghi della terza generazione, affiancato da un treno a nastri freddi e da un laminatoio per lamiere grosse che per larghezza e lunghezza erano tra i maggiori nel mondo», si è infatti inabissata in un buco calcolato nel marzo del 2007 di almeno 700 milioni di euro: quasi 14.000 per ogni famiglia cittadina. Pretesi da oltre 3500 creditori. Dall'Enel (2 milioni di bollette mai pagate) all'Agenzia delle Entrate, che nel 2005 non ha visto neppure un centesimo degli 8 milioni di Irpef che gli uffici municipali avevano trattenuto dalla busta paga dei dipendenti. Fino alla pasticceria che consegnava sui vassoi i «sann' acchiuder», il dolce natalizio tarantino.

Una voragine tutta politica, creata dalla scelleratezza dei politici che amministravano la città con mille scelte sventurate fatte per avere in cambio un vantaggio politico. Non è un'opinione sociologica. È la rivendicazione pubblica, che oggi assume il valore postumo di una confessione, della soave Rosanna Di Bello. La quale, al giornalista Cesare Bechis della «Voce del popolo» che le ricordava come la sinistra denunciasse la decisione d'indebitare per decenni la città coi Boc quale una «manovra elettorale», rispose: «Mi sembra un'ingenuità. Tutto è elettorale, tutto viene fatto per rispondere ai bisogni dei cittadini dei quali un amministratore deve guadagnarsi e consolidare il consenso con il proprio lavoro».

Intendiamoci, questa politica del consenso a spese delle pubbliche casse non è stata inaugurata a Taranto. È di moda da sempre in decine di paesoni e paesini soprattutto meridionali dove le campagne elettorali sono state spesso condotte con promesse cialtronesche: «Non vi faccio pagare l'acqua! Non vi faccio pagare la spazzatura!». Nicola Leone, allora procuratore regionale della Corte dei Conti di Catanzaro, elaborò i dati relativi a 34 comuni calabresi. Media dell'evasione dell'imposta sui rifiuti: 69%. Sull'acqua: 93,5%. Sulle fognature: 95,3%. Il che significa che evadevano e continuano a evadere oggi non solo le famiglie sventurate (che casomai potrebbero invocare esenzioni) ma anche i negozi, gli studi professionali, le industrie, i laboratori. Tutti.

Così era Isola Capo Rizzuto all'arrivo nel 2003 del commissario di governo Antonio Ruggiero: il 93% della popolazione non pagava la tassa sui rifiuti, il 97% non pagava l'acqua, il 100% non pagava le imposte sulle insegne o l'occupazione di suolo pubblico perché il municipio non aveva mai trovato il tempo di fissare le tariffe. E appena il commissario cercò di far pagare un minimo forfait per l'acqua molti andarono dal giudice di pace che diede ragione a loro e torto al Comune: affari suoi se non c'erano i contatori.

Per non dire di Cirò, celebre per il vino e per una relazione della Corte dei Conti: 78,2% di evasione dell'Ici, 97,4% di evasione sull'acqua, 96,8% di evasione sui rifiuti solidi urbani, 100% di evasione sulle fognature e la depurazione delle acque. Eppure tutti pagavano le bollette del telefono, tutti pagavano quelle della luce, tutti pagavano l'Irap. «Sarà perché la riscossione non l'effettua il Comune?» si chiedeva sarcastico il magistrato autore dell'inchiesta. E chiudeva: «La domanda è retorica».

«Non è che la gente di qua sia portata all'evasione» spiegavano all'ufficio ragioneria del municipio. «Il fatto è che ogni volta che c'è da spedire le bollette c'è sempre qualche elezione alle porte e alla fine arriva sempre un assessore che dice: "Non adesso, non adesso. Sospendiamo un momento...".»

Sospendi oggi, sospendi domani, il commissario prefettizio spedito sul posto dopo lo scioglimento del Consiglio comunale trovò casi di persone che, chiesto il condono edilizio in base alla legge Berlusconi del '94, non avevano mai pagato la multa. Di più: nel 2003 mancavano ancora versamenti dovuti per il Condono del 1980. Per non parlare delle altre voci della tabella «Entrate». Come quella nell'ultimo bilancio consuntivo al «Titolo 4», cioè nella casella dei soldi recuperati attraverso la vendita di beni comunali. Entrate previste: euro 615.000. Entrate effettive: euro 1549. Il trecentonovantasettesimo dell'obiettivo.

Taranto spaventa perché è tutto più grande. Immenso il buco, immense le professioni di ottimismo di chi ha accompagnato la città al crac finanziario. Sul quale sono state aperte 30 inchieste per 30 diversi filoni impegnando 10 dei 18 pubblici ministeri. Sapete cosa diceva, prima del drammatico tracollo, il vicesindaco e assessore al bilancio Michele Tucci, premiato nel 2006 dall'Udc con l'elezione alla Camera, a chi paventava pericoli di natura finanziaria al Comune? «Non credo. Ritengo bassissimo questo rischio.» E Lucilla De Rinaldis della Banca Opi protagonista del megaprestito, spiegava come il Tesoro avesse ritenuto «tutte le informazioni ricevute esaustive e soddisfacenti». Tesi smentita da una sentenza del giudice Pietro Genoviva che censura «gravi vizi genetici». Quale la decisione della banca di accettare come garanzia sia per i 250 milioni dei Boc sia per altri 100 di fido concessi al municipio, «i medesimi immobili comunali» valutati 232 milioni di euro.

Fatto sta che, danzando sull'orlo del baratro, i bravi amministratori tarantini pensavano in grande. Ed ecco i giochi d'acqua delle fontane sincronizzate e illuminate costruite in mezzo al mare davanti alla città vecchia, fontane costate oltre un milione di euro e spente per sempre dopo poche settimane. Ecco il progetto di ricostruire in chiave moderna, con un bestione di vetro e acciaio alto 40 metri, il «colosso di Zeus fulminante», la leggendaria statua di Lisippo che, stando alle testimonianze di Tito Livio, era alta 17 metri e veniva chiamata così perché il dio era raffigurato nell'atto di scagliare una folgore. E poi ancora l'«isola dei delfini», descritta come «un impianto a mare con sedi a terra per la cura e il trattamento dei cetacei e la "delfinoterapia", unico nel Mediterraneo». E mille altre cose ancora.

Il risveglio dal mondo dei sogni, per i cittadini, è stato durissimo. Lo dicono il blocco di tutte le spese non indispensabili, una rigidità mai vista sui pagamenti delle multe e delle bollette, l'aumento delle tasse locali ai limiti massimi. Per un appartamento di 100 metri quadrati in periferia l'Ici è schizzata a 273 euro, in zona semicentrale a 490, in centro a 531. Un salasso. Neppure sufficiente, però, a salvare la città senza un intervento di Roma. Pagato da tutti i cittadini italiani. Che ancora ricordano quando i tarantini, prima della maga Rosanna, si innamorarono di un altro illusionista, Giancarlo Cito. Che, eletto sindaco a furor di popolo, minacciava la squadra di calcio retrocessa («Metterò le gambe dei più brocchi a mollo in una vasca di piranha!») e tentava la conquista di Milano dicendo di volerla «tarantizzare» e prometteva a Di Pietro di «riempirgli la bocca di cemento a presa rapida» e girava per i quartieri con le ronde contro «gli zingari e i delinquenti» mettendo a verbale il sequestro di «16 freschiere, 7 coprisedili, 18 parasole di cartone, 13 zainetti, 11 racchettoni, 4 confezioni di fazzolettini, 7 cappelli di paglia...».

C'è chi dirà: ognuno ha i sindaci che si merita. Ciò che è certo è che, prometti prometti, gli amministratori di Taranto fecero mostra di non accorgersi della profondità dell'abisso, scoperta solo nell'autunno del 2006 all'arrivo del liquidatore Francesco Boccia e del suo braccio destro Mario Pazzaglia, che col passare dei mesi avrebbero trovato cose da pazzi. Non si accorsero neppure (ma davvero?) che nel caos generale una moltitudine di dipendenti si segnava ore e ore di straordinario e 23 funzionari e impiegati si autoregalavano in busta paga, riconoscendosi «lavori a progetto» e consulenze, una montagna di soldi. A botte di dieci, venti, trentamila euro. Fino a venire accusati di essersi fregati chi 434.000 euro e chi 422.000, chi 429.000 e chi (come un certo Cataldo Ricchiuti che aveva 12 fabbricati e un terreno e 124.000 euro in banca) addirittura 567.000.

Totale dell'ammanco? Vai a saperlo. La commissione d'inchiesta interna, davanti a furti così diffusi e pazzeschi, ha allargato le braccia. Limitandosi a una stima dei soldi rubati dai dipendenti infedeli dal 2001 al 2005: da 21 a 30 milioni di euro. Il che non ha neppure consentito ai liquidatori di liberarsi dei furboni licenziandoli in tronco: va aspettata la sentenza definitiva. In Cassazione. Fra anni e anni. Nel frattempo c'è chi, come Francesco Grassi che secondo le accuse si era regalato compensi extra per 389.000 euro, ha fatto ricorso anche contro la sospensione: come hanno osato metterlo provvisoriamente fuori?

Niente di nuovo sotto il cielo. Sapete quante notizie Ansa escono dalla banca dati on-line, su milioni e milioni di takes dal 1981 a oggi, incrociando le parole «dipendenti comunali + licenziati»? Dodici. Ma nella stragrande maggioranza non raccontano di licenziamenti (come quello di 9 becchini triestini, sbattuti fuori perché davvero nessuno se la sentì di difenderli dopo che avevano aperto un sacco di tombe per rubare ori e orologi ai morti), bensì di rimozioni tenacemente combattute dai sindacati o da qualche ipergarantista. Come nel caso di Fabrizio Filippi, accusato dal municipio di Livorno di essere un lavativo e messo fuori, dopo un'accanita guerra processuale, solo dopo 13 anni di sentenze e ricorsi. O di uno spazzino licenziato dal Comune di Latisana, Udine, dopo un'assenza ingiustificata di 15 giorni e fatto riassumere perché, essendo l'uomo sempre ubriaco, «non era provata la volontà dell'inottemperanza al dovere di prestare servizio». Se era ciucco come faceva a decidere di non lavorare?

Per non dire di un caso simile a quello di Taranto. Ricordate cosa successe a Napoli? Finirono sotto inchiesta in 321, nel 2002, per essersi gonfiati lo stipendio. Molti avevano dichiarato con l'autocertificazione di avere in casa, a proprio carico, una tale quantità di nonni, suoceri, cugini, zie, cognate e consuocere da ottenere fino a 15 o 20.000 euro di arretrati. Altri si erano ritoccati le buste paga attribuendosi fino a 16.000 euro al mese. E «voci accessorie» fino a 53.000 l'anno. Bene: solo uno, il dirigente dell'ufficio Aldo Buono, è stato rimosso. Gli altri se non se ne sono andati per godersi la «meritata pensione», stanno ancora lì. E con l'indulto del 2006 si sono tolti pure il pensiero del processo: marameo!

E siamo sempre alla stessa domanda: è o non è un costo della politica la scelta di non combattere un'aperta battaglia frontale per licenziare i dipendenti infedeli, assenteisti o lavativi? Il Comune di Napoli, dal '93 saldamente in pugno alla sinistra, ha 2180 vigili urbani (più di un sesto di tutti i dipendenti municipali) ma sulla strada, dice un'inchiesta del «Mattino», vanno sì e no in 500. Uno ogni 2000 abitanti. Ed è Napoli, non Zurigo. Perché così pochi? Molti stanno in ufficio a sbrigare pratiche relative ai 32 (trentadue!) «compiti d'istituto». Ottanta (80!) vigilano sui locali del Consiglio comunale perché, ha spiegato l'assessore Gennaro Mola ad Anna Paola Merone del «Corriere del Mezzogiorno», «questa è una città dove non possiamo tenere gli uscieri all'ingresso del Comune: ci sono cortei e problemi tutti i giorni». Cinquanta (50!) fanno gli autisti per i loro superiori. Quattrocento (400!), cioè uno ogni cinque divise, fanno i sindacalisti.

Stare per strada, si sa, è un lavoro che logora. Tanto più se non si è giovanotti. L'età media è di 57 anni. Moltissimi sono lì dagli anni Ottanta o addirittura da prima. E stando ai certificati medici sono pieni di acciacchi. Dicono sia colpa del virus dell'«incrocite». Certo è che a stare agli incroci è diventato subito inidoneo anche un settimo dei «caschibianchi» assunti nel Duemila. Facendo salire il totale degli inabili a 600. Sia chiaro: inidoneità quasi sempre «parziale». Perché? Se fosse «totale» non potrebbero intascare l'indennità di chi va per strada. Quindi ci vanno. Ma stando accuorti. Con «maccarìa», calma. Ogni tanto, dicono i certificati sui quali la magistratura ha aperto un'indagine, si devono sedere. Staccare la spina. Accasciarsi in auto per recuperare le forze psicofisiche.

E la scelta di «come» usare il patrimonio edilizio? Non è anche questa una scelta squisitamente politica le cui spese sono scaricate sulla collettività? Dice una recente inchiesta della Corte dei Conti che il Comune di Napoli, che pure è riuscito ad accumulare 6 milioni di bollette Enel inevase prima di decidersi a pagarne una parte, è sulla carta ricchissimo. Il suo patrimonio immobiliare valeva nel 2002 (anno esaminato dai giudici contabili) 2 miliardi e 169 milioni di euro, oltre il doppio del valore di quello di tutta la Regione Lombardia.

Ma sulla gestione, a leggere il rapporto, c'è da mettersi le mani nei capelli. Da 59.927 unità immobiliari, per un decimo fuori dal territorio comunale o dalla Campania, il municipio ricavava in totale meno di 30 milioni di euro. E siccome per mantenerlo ne spendeva oltre 45 milioni, ecco che riusciva nell'impresa grandiosa di perdere su quel patrimonio immenso, di cui facevano parte oltre 30.000 alloggi, quasi 16 milioni di euro l'anno. Una follia. Tanto più coi precedenti di Napoli, che nel 1992 era stata la prima grande città italiana a fare bancarotta.

Sciatteria. Approssimazione. Poca voglia di prendere di petto il problema, autolesionista in termini elettorali, dei morosi (11 milioni di euro di affitti non pagati l'anno!) e degli abusivi che hanno occupato 12.000 unità immobiliari che pur non dando un cent di reddito, scrive il magistrato, costringono il Comune «a provvedere alla relativa manutenzione determinandosi in tal modo un ulteriore pregiudizio economico». E sapete qual è la ciliegina sulla fetida torta? Un decimo del patrimonio è sottoposto a sequestro perché chi ci sta (magari dopo averlo occupato) ci ha pure commesso abusi edilizi non condonabili.

Gira e rigira, sempre lì si torna. All'uso dei soldi pubblici per raccogliere consensi e mantenere le rendite di potere.

Vale per Giuseppe Vitale, il sindaco di sinistra del paese palermitano di Villafrati, dove ancora nella primavera del 2006 c'erano 109 lavoratori socialmente utili e cioè, record planetario, uno ogni 30 abitanti, come se l'Italia ne avesse 2 milioni.

Vale per il sindaco di centrosinistra di Avellino Giuseppe Galasso, che nel dicembre del 2006 è riuscito a tagliare (lui sperava la metà) solo 55 dei 347 telefonini a disposizione degli assessori e degli impiegati e ha dovuto pagare una bolletta supplementare di 15.000 euro.

Vale per il senatore leghista Ettore Pirovano, condannato dalla Corte dei Conti a risarcire, insieme con gli assessori della sua giunta comunale, 251.466 euro presi dalle pubbliche casse per finanziare una «scuola padana» dopo che le locali elementari erano state soppresse per mancanza di alunni.

Vale per il sindaco di Catania Umberto Scapagnini, che prima di tentare di vendersi nel 2007 certi pezzi pregiati del patrimonio edilizio (bloccato dalla Sovrintendenza alle Belle Arti) aveva così esagerato nelle spese da costringere il governo Berlusconi a dirottare al suo Comune un pacco di soldi prelevati dai fondi dell'8 per mille (destinati a opere di bene) per pagare i librai furenti perché avanzavano il denaro dei buoni-libro e i non meno furenti ballerini brasiliani che si erano esibiti sotto l'Etna per la gioia di Surama De Castro, la bella guagliona carioca che allietava allora il primo cittadino.

E vale per Gunther Januth, il sindaco sudtirolese di Merano che per le nuove terme (25 piscine, alcune saune, 3 bagni di vapore, un sanarium, un bagno di fieno, un caldarium e una sauna finlandese all'aperto e mille altre cose) ha speso probabilmente più di quanto spese Caracalla: 32 milioni di euro. Pari all'intero stanziamento nel 2006 per l'emergenza case in Campania.

Per non dire del sindaco di Reggio Calabria Giuseppe Scopelliti, che nel settembre del 2006, come ha scritto Antonello Caporale sulla «Repubblica», spese 120.000 euro per «offrire ai concittadini una supersorpresa: fargli trovare in strada artisti e personaggi di gran fama». Propose quindi a Lele Mora, l'impresario dello spettacolo poi investito dalle bufere giudiziarie, di «cogliere l'idea e svilupparla. E Lele Mora che ha fatto? Una cosa bellissima: ha chiesto a un numero davvero ampio di star (24) di lasciarsi libera la serata del 10 e di raggiungerlo a Reggio Calabria. Insieme, tutte insieme, le stelle del firmamento televisivo, letterine, vallettine, passaparoline, modelline, meteorine hanno preso l'aereo e sono atterrate a Reggio. Con una cartina geografica davanti, Lele Mora ha dislocato, come un generale in guerra, nei punti nevralgici le sue stelle: Costantino Vitagliano e Alessia Ventura, Federica Ridolfi, Mascia Ferri e Daniele Interrante. Anche Irene Pivetti e Patrick, Nina Moric e Simone Corrente. A tutta questa gente è stato chiesto un impegno inedito ma altrettanto faticoso: camminare su e giù per la città, camminare e sorridere sempre, camminare e lasciarsi abbracciare dai fan, camminare e firmare autografi.»

Ma quella era solo la chicca della lunga estate calda scopellitiana durante la quale, secondo Beppe Baldessarro del «Quotidiano di Calabria», il Comune spese in *circenses* 7 milioni di euro. Di cui 25.000 all'Associazione calabresi golfisti nel mondo, 100.000 per la messa in scena dello spettacolo teatrale *Chi ha assassinato la suora che gridava il Vangelo* e 22.800 euro per «salviettine al bergamotto»...

Tutta coltivazione dell'orticello elettorale? Forse no, ma certo la montagna di questi coriandoli di spese locali è sterminata. Perché sterminato è il numero dei municipi. Certo, come spiega Robert Putnam nel suo saggio *La tradizione civica nelle regioni italiane*, la diffusione dei Comuni è un fenomeno che da noi ha radici storiche profonde. Ma 8102 Comuni sono un'enormità. E te ne accorgi, con una risata, in quei casi in cui il governo, sulla base di norme demenziali, decide di distribuire certe somme a pioggia. Come successe con l'assegnazione di 2 milioni e mezzo di euro smistati a 7470 municipi (tutti salvo quelli della Val d'Aosta e del Friuli-Venezia Giulia) perché aiutassero le fasce più deboli della popolazione ad affrontare «spese sanitarie particolarmente onerose». Un assurdo ridicolizzato sul «Mondo» da Giuliano Cazzola: 6561 municipi ricevettero meno di 500 euro, 869 meno di 25. Fino al delirio dei 3 euro e 51 centesimi di finanziamenti ad Argentera, 2 e 68 a Macra, 2 e 48 a Valmala, tutti in provincia di Cuneo. Avuta la notizia di un contributo di 2 euro e 47 centesimi, Giovanni Manzoni, sindaco di Brumano, un paese sotto il Resegone, esultò ironico: «Sono emozionato. Grazie». E spiegò che per incassare i soldi aveva dovuto disporre una reversale di cassa, registrare i denari arrivati sul libro mastro, mandare un messo coi documenti per l'incasso alla Popolare di Bergamo del paese vicino: «L'unica cosa certa è che ci abbiamo perso». E meno male che la consegna della corrispondenza, in tutto questo via vai di lettere e raccomandate, era inclusa nel prezzo: il postino era lui.

Tema: vale la pena averne così tanti? Abolirne una parte con la forza, ha spiegato Augusto Barbera in un'audizione agli sgoccioli del 2006 alla Commissione affari costituzionali, non è una buona strada: «Sono il frutto di secoli di storia, romana, feudale, ecclesiatico-parrocchiale». Un riordino, però, è indispensabile: «Mentre in Italia le competenze regionali in materia hanno portato a un sia pur lieve aumento del numero dei Comuni (da 8056 nel 1971 a 8102 nel 1995), in Germania per l'azione dei Länder si era passati da 24.282 Comuni a 8505, e quelli con meno di 5000 abitanti erano scesi da 22.722 a 6478. Anche i Länder dell'Est, dopo la riunificazione, hanno avviato un deciso processo di razionalizzazione. Non dobbiamo dimenticare, inoltre, che il Regno Unito è passato negli ultimi vent'anni da 1400 a 369 distretti, la Svezia da 1037 a 272 unità locali e la Danimarca da 1278 a 275».

Perché da noi no? Indovinato: perché i Consigli comunali sono la prima palestra di chi ha deciso di guadagnarsi il pane (e il companatico) con la politica e riceve lì, dai partiti, la sua prima poltrona. L'assemblea municipale, come scrive lo stesso Putnam, è «un eccellente trampolino di lancio per la carica di consigliere regionale» tanto che «più di due terzi degli eletti in Regione sono stati consiglieri in Comune». Non bastasse, ci si può guadagnare da vivere.

Non ovunque, si capisce. Sono migliaia e migliaia i sindaci e gli assessori e i consiglieri comunali che sgobbano con grande dignità e cristallina pulizia morale in cambio di tante grane e pochi soldi. Migliaia. Per uno stipendio che certo non consente lussi. Uno come Massimo Cacciari, per governare una realtà complessa come Venezia (centro storico tesoro d'arte, Mestre centro commerciale, Marghera polo industriale) con problemi da togliere il sonno guadagna (la tabella è in Appendice) 5784 euro lordi al mese, cioè quanto prende, per esempio, il capo di gabinetto del sindaco di Crotone, Vincenzo Punturi. O il capo ufficio stampa del Comune di Bergamo. Poco più della metà di un dipendente medio del Senato. Meno della metà di quanto dichiarano pro capite i farmacisti. Poco più di un sesto di quanto la Regione Sicilia aveva dato alla manager Patrizia Bitetti (468.000 euro) per ridurre i costi della sanità isolana.

Sinceramente: una persona perbene che non metta in conto di chiedere bustarelle (ma questo è un altro discorso, lì valgono le manette) perché dovrebbe caricarsi sulle spalle i problemi e i rischi di un paese come Platì per 2169 euro? Di un agglomerato edilizio mostruoso come Portici per 4132? Di una metropoli stracarica di splendori e contraddizioni come Roma per 7798 euro e cioè un quinto di quanto denuncia mediamente un notaio da Vipiteno a Lampedusa? Va da sé che un lavoro così si può fare solo per tre motivi: passione politica d'altri tempi, ambizione di potere o investimento sul futuro. Detto questo, la poltrona di sindaco può essere un affare anche economico. Basta vivere nei posti giusti.

In Val d'Aosta, per esempio, il sindaco della città capoluogo che ha 34.000 abitanti, all'inizio del 2007 prendeva 7833 euro: più del doppio dei colleghi delle più grandi Bassano e Cantù. E la legge regionale è così generosa, anche se poi gli amministratori locali non sempre se la sentono di approfittarne, che perfino Edi Emilio Dujany, sindaco di La Magdaleine, il municipio più piccolo delle Alpi coi suoi 91 abitanti avrebbe diritto sulla carta al 60% dell'indennità d'un consigliere regionale. Vale a dire a 4915 euro. Una busta paga, in rapporto alla popolazione, duemila volte più alta di quella di Walter Veltroni.

Sul versante orientale delle Alpi le poltrone non sono meno dorate. Il sindaco di Trento (110.000 abitanti) prende ogni mese 8810 euro, quello di Rovereto (35.000) 7890, quello di Arco (15.000) 6969, quello di Ala (8000) 3287. Stipendi da leccarsi le dita. Ma mai quanto quelli dei colleghi altoatesini: il borgomastro di Badia (3000 anime) guadagna 4745 euro, quello di Bressanone (19.000) 9371, quello di Merano (35.000) 9943, pari al triplo del sindaco di Gubbio che è grande uguale. Per non dire di Bolzano che per grandezza è solo quarantaquattresima tra le città italiane ma paga il primo cittadino 12.434 euro, il suo vice 9322 e ogni assessore 6217. Cioè mezzo migliaio di euro più del sindaco di Firenze Leonardo Domenici, presidente dell'Anci, l'Associazione nazionale dei Comuni italiani. Che per gestire una città con 370.000 abitanti, un patrimonio artistico straordinario, 10 milioni di turisti l'anno, prende non solo molto meno della metà del collega bolzanino, ma addirittura meno di Christoph Gufler, sindaco di Lana, un paese vicino a Merano che ha qualche notorietà solo per la chiesetta di Santa Margherita con tre absidi in stile romanico e Armin Zöggeler, campione olimpico di slittino. Cosa c'entra, tutto questo, con l'autonomia?

In realtà, anche fra le regioni ordinarie c'è chi si tratta meglio. Grazie a una serie di «bonus», ha spiegato, per esempio, sul «Corriere» Andrea Silla, «tutti gli amministratori lombardi hanno indennità superiori al minimo di legge». In vetta alla graduatoria «c'è ancora Milano, con 5900 euro lordi per assessore, seguita da Brescia, Cremona e Bergamo, tutti superiori ai 3500. Le insidia Como, che ai suoi assessori mette in busta paga 3471 euro». Ma torniamo alla domanda di prima: cosa c'entrano certi lussi locali con i diritti all'autonomia?

In Sicilia, sulla carta, gli stipendi di sindaci e vicesindaci non sono poi così diversi da quelli del resto d'Italia. Ma la spartizione clientelare della torta ha coinvolto, come da nessun'altra parte del Paese, le circoscrizioni. Ricordate le elezioni comunali a Messina del dicembre del 2005? Nella speranza di aggiudicarsi un posto di sottogoverno si affollarono in tanti che la scheda elettorale era larga un metro, alta 48,3 centimetri e ospitava 1755 candidati. Come Pippo Famulari, che ha un bar sullo Stretto noto per un «pappajaddu» (pappagallo) celebre quanto quello del pirata Long John Silver e si candidò aprendo uno «sportello cittadino Sos» e distribuendo volantini dove prometteva che avrebbe aperto nel suo quartiere la stagione delle vacche d'oro: scuole di calcio per i ragazzini, lezioni di ballo per pensionati e fidanzati un po' pinguini, nuovi giardini per mamme e pupi, gite per gli anziani... Certo, dopo una sforbiciata del commissario prefettizio, gli anni magici delle circoscrizioni a Messina sono praticamente finiti. Però, domani, forse...

Ad Agrigento gli «onorevoletti del quartierino» hanno resistito fino alla primavera del 2007. Poi il sindaco, dato che non c'erano più soldi in cassa nemmeno per pagare i dipendenti con qualche rischio perfino per le paghe degli assessori, ha dovuto a malincuore abolirli. Quattro «parlamentini» costavano 220.000 euro l'anno e un quinto pesava da solo per 160.000. Alle elezioni successive erano destinati a diventare tutti come quest'ultimo. Col risultato che, tra una cosa e l'altra, sarebbero costati un milione. Troppo anche per degli amministratori spendaccioni.

A Siracusa le circoscrizioni sono 9 e succhiano 300.000 euro di indennità per gli 11 presidenti, 380.000 euro di gettoni ai consiglieri (10 a quartiere), 155.000 per l'affitto delle sedi, 6000 per attività di promozione culturale e 30.000 di spese varie. Totale: 871.000 euro l'anno. Per fare cosa? Riunioni. Senza poter spendere un centesimo. Neppure un centesimo. A Catania sono 10, vengono chiamate «municipalità», ogni presidente prende 2372 euro al mese e i 148 consiglieri 1581 a testa.

Ma il Bengodi dei «parlamentini», come dicevamo, è a Palermo. Dove sono 8, hanno ciascuno 15 «deputatini» (che guadagnano intorno ai 1200 euro netti grazie a una dozzina di gettoni da 120 euro lordi a seduta) e un presidente che è già, nel suo piccolo, un bramino. Prende 4750 euro al mese e ha un'autoblu con l'autista. «Per fare cosa?» ha chiesto Carmelo Lo Papa della «Repubblica» all'azzurro Giuseppe Milazzo alla guida di una circoscrizione di quartieri periferici. «Mentre parlo con lei ho decine di persone che aspettano fuori dalla porta dell'ufficio. Chi si lamenta del lampione rotto, chi della buca, chi del sindaco che non si fa mai trovare, chi della casa popolare che non arriva. Cancellare le circoscrizioni vorrebbe dire eliminare l'ultima catena di collegamento tra la gente e l'amministrazione comunale.»

Sarà. Ma pesano sul Comune di Palermo per 3 milioni di euro. Più i costi per 160 dipendenti distaccati. Ma insomma, a cosa servono? «A niente, servono» risponde il difensore civico Lino Buscemi. «Solo al sistema di potere che governa le città. I partiti, nessuno escluso, li usano per candidare e fare eleggere galoppini e portaborse in cerca di un'occupazione. Con la fava della sicura elezione si prendono due piccioni: uno stipendio a spese del Comune ai fedelissimi e, attraverso di loro, il controllo elettorale del quartiere.»

E dove le indennità sono meno generose? Occorre fantasia, si sono detti un po' di consiglieri circoscrizionali di Reggio Calabria. Detto fatto: visto che i gettoni di presenza erano bassi, li hanno moltiplicati. Arrivando a segnarsi 25 riunioni in luglio e agosto. Ma come, si son chiesti i giudici, nei mesi del solleone? È finita con una raffica di arresti. Mentre un po' di chilometri più a nord la Commissione Cultura del Comune di Lamezia Terme si riuniva polemicamente (e gratis) con l'ordine del giorno più straordinario che mai sia stato discusso neppure nella più sfaccendata delle assemblee politiche: «Plutone è ancora un pianeta?».

Ma «dopo», cosa è cambiato «dopo»?

19

Glu glu: dame di compagnia subacquee

Avevano promesso rigore, hanno tagliato barbieri e cappuccini

Nelle bellissime agende da tavolo e agendine da tasca del Senato, appositamente disegnate per il 2009 dalla fashion house «Nazareno Gabrielli», tra i 365 giorni elegantemente annotati ne manca uno. Il giorno con il promemoria: «Tagli ai costi della politica». A partire, appunto, dal costo delle agendine: 260.000 euro.

Mezzo miliardo di lire. Per dei taccuini personalizzati. Più di quanto costerebbero di stipendio lordo annuo dodici poliziotti da assumere e mandare nelle aree a rischio. Il doppio, il triplo o addirittura il quadruplo di quanto riesce a stanziare mediamente per ogni ricerca sulla leucemia infantile la Città della Speranza di Padova, la struttura che opera grazie a offerte private senza il becco di un quattrino pubblico e ospita la banca dati italiana dei bambini malati di tumore.

Sentiamo già la lagna: uffa, questi attacchi alle istituzioni democratiche! Imbarazza il paragone coi finanziamenti alle fondazioni senza fini di lucro? Facciamone un altro. Stando a uno studio del professor Antonio Merlo dell'Università della Pennsylvania, che ha monitorato gli stipendi dei politici americani, quelle agendine costano da sole esattamente 28.000 euro (abbondanti) più dello stipendio annuale dei governatori del Colorado, del Tennessee, dell'Arkansas e del Maine messi insieme. È vero che quei quattro sono tra i meno pagati dei pari grado, ma per guidare la California che da sola ha il settimo Pil mondiale, lo stesso Arnold Schwarzenegger prende (e restituisce: «sono già ricco») 146.948 euro lordi e cioè meno di un consigliere regionale abruzzese. Sono tutti i governatori statunitensi a ricevere relativamente poco: 88.523 euro in media l'anno. Lordi. Meno della metà, stando ai dati ufficiali pubblicati dalla Conferenza delle Regioni e delle Province autonome, degli emolumenti lordi d'un consigliere lombardo. Oppure, se volete, meno di un terzo di quanto guadagna al mese il presidente della Provincia autonoma di Bolzano Luis Durnwalder, che porta a casa 320.496 euro lordi l'anno. Vale a dire quasi 36.000 euro più di quanto guadagna il presidente degli Stati Uniti.

Lo sappiamo: non saranno quelle agendine a mandare in rovina l'Italia. Né il trattamento di estremo favore riservato ai deputati al ristorante di Montecitorio. Sotto l'infuriare delle polemiche per quei prezzi stracciati dei menu (1 euro e 59 centesimi per la «lasagnetta al ragù bianco e scamorza affumicata» a Palazzo Madama) anche alla Camera giurarono che si sarebbero dati una regolata. Risultato? Lasciamo la risposta a un giornale non ostile al Popolo delle Libertà qual è «Libero». Che ai primi di settembre del 2008, diversi mesi dopo la svolta a destra, titolava: *Gli onorevoli si sforzano. Pagano il pranzo sei euro*.

Non esageriamo: sei euro per «un pasto volante ma completo: un supplì, un tramezzino, un bicchiere d'acqua e un piatto di frutta» consumato in piedi alla buvette. In realtà, per mangiare seduto al ristorante col cameriere che ti serve, di euro oggi ne servono di più: tra i dieci e i dodici. Prezzi da mensa popolare. Ma almeno adesso, grazie alla raddrizzata imposta dalle polemiche e dalla buona volontà dei questori, ogni pranzo costa alla Camera 24 euro. Contro i 94 di prima. Un taglio di 70 euro a pasto che, scusate il gioco di parole, da solo dice tutto: su quei pasti, evidentemente, c'era chi ci mangiava.

Se è vero che non saranno le agendine o i menu da dieci euro a portare alla rovina lo Stato italiano, è altrettanto vero però che non saranno le sforbiciatine date dopo il deflagare delle polemiche a raddrizzare i bilanci d'un sistema mostruosamente costoso. Né tanto meno a salvare la cattiva coscienza del mondo politico.

Certo, l'abolizione dell'insopportabile andazzo di un tempo, quando bastava denunciare la perdita o il furto di un oggetto per avere il risarcimento («Ho perso una giacca di Caraceni.»

«Prego onorevole, ne compri un'altra e ci porti lo scontrino.»), è un'aggiustatina meritoria. Come obbligati erano la soppressione a Palazzo Madama del privilegio del barbiere gratuito e l'avvio di un nuovo tariffario (quasi) di mercato: taglio 15 euro, taglio con shampoo 18, barba 8, frizione 6... E così la cancellazione del finanziamento di 200.000 euro per i corsi di inglese che non frequentava nessuno. E tante altre cosette ancora. Un taglietto qua, una limatina là...

L'impressione nettissima e sgradevole, però, è che volta per volta siano stati accuratamente selezionati alcuni tagli facili da sbandierare agli occhi della plebe per placare la sua rabbia schiumante. E altrettanto accuratamente siano stati evitati gli interventi seri. Quelli che davvero dovevano segnare una svolta.

Basti il confronto tra il diverso trattamento riservato dal governo di destra alle Comunità montane e alle Province. In campagna elettorale Silvio Berlusconi era stato netto. «Presidente, che cosa ha previsto per abbassare finalmente i costi folli della politica italiana?», gli aveva chiesto la signora Ines di Forte dei Marmi durante la chat-line al «Corriere» alla vigilia del voto. Risposta: «Diciamo che la prima cosa da fare è dimezzare il numero dei parlamentari, dei consiglieri regionali, dei consiglieri comunali». E le Province? «Non parlo delle Province, perché bisogna eliminarle.» Due mesi dopo, incassata la vittoria, «il Giornale» intestato a suo fratello Paolo riassumeva nel trionfante titolone a tutta pagina la notizia sparata anche dai telegiornali: *Via alla manovra: abolite nove Province.*

Poi andavi a leggere e scoprivi che l'intenzione era di «sopprimere le Province che fanno capo ai nove Comuni che diventeranno aree metropolitane [...] evitando la creazione di doppioni». Insomma, una bufala da correggere così: nove Province cambiano nome. Pochi giorni e saltava fuori che in Parlamento, indifferenti alle promesse fatte dal Cavaliere e da altri leader della destra come Gianfranco Fini («i carrozzoni non sono intoccabili e si possono abolire per esempio le Province»), un po' di deputati e senatori della maggioranza erano tornati alla carica per proporre nuove Province ancora.

La mattina stessa in cui si era aperta la legislatura Giuseppe Angeli aveva presentato una proposta di legge per istituirne una a tre piazze, quella di Lanciano, Ortona e Vasto. Nelle stesse ore Davide Caparini aveva chiesto di creare la Provincia della Valcamonica. Un paio di mesi ancora e Paolo Grimoldi ha chiesto di allargare quella di Monza aggiungendo i comuni di Busnago, Caponago, Cornate d'Adda, Lentate sul Seveso e Roncello. Finché non è arrivata la bozza della riforma federalista messa a punto da Roberto Calderoli. Che ha lasciato di sasso perfino un vecchio gentiluomo di destra come Mario Cervi, autore sul «Giornale» di un commento sconfortato: «Alcune norme del disegno di legge hanno l'obiettivo di "riconoscere un'adeguata autonomia impositiva alle Province". Ma allora, dopo tanti annunci di abolizione, le Province ce le teniamo, e anzi ne avremo di nuove perché l'alacre fantasia dei notabili locali è sempre all'opera nel varare enti inutili? A occhio e croce si direbbe che questa sia una vittoria non del nuovo ma della vecchissima politica distributrice di poltrone».

Contemporaneamente, si scatenava la ricerca di un succoso boccone demagogico da dare in pasto al popolino toccando il meno possibile le vecchie clientele care a un po' tutti i partiti. E qual era l'obiettivo più facile? Ovvio: le Comunità montane. Non solo quelle marine, inventate sulla carta solo per distribuire poltrone. Ma anche quelle vere. Quelle che davano un po' di ossigeno ai piccoli comuni che, tagliati fuori dal mondo, dallo sviluppo e dal turismo, sono stati di anno in anno svuotati dagli abitanti e rischiano di diventare dei presepi sgretolati dal tempo, via via ingoiati dai boschi, dai rovi e dalle erbacce. Come se il governo si adeguasse alla logica di quei cartelli appesi nei caffè italiani: «Per colpa di qualcuno non si fa credito a nessuno».

Certo, il sistema delle Comunità montane, nato nel 1971 per arginare una drammatica emorragia dei paesi, aveva preso una brutta piega. Basti ricordare il caso, denunciato proprio nelle prime pagine, della Murgia Tarantina. Che ci fosse bisogno di un giro di vite è fuori discussione. Così come è impossibile negare le resistenze opposte al progetto del governo Prodi, che era partito dall'ipotesi di mantenere in vita solo le Comunità con un'altezza media di mille metri e poi aveva progressivamente abbassato la quota a 900, poi a 700, poi a 600...

Dài e dài, però, alla fine di settembre 2008, le Regioni avevano quasi tutte fatto il loro dovere. E un ripulisti si era delineato. Con la soppressione di 165 Comunità, la riduzione dei consiglieri da 12.820 a 6000 e un taglio netto che avrebbe portato in due anni il budget degli enti montani da 190 milioni di euro del 2007 a 120 del 2009, con un colpo di accetta del 37 per cento. Una enormità, rispetto ai tagliuzzi dati ai costi dei Palazzi del potere.

A quel punto, però, a quei Palazzi non bastava più neanche un taglio drastico. Taglio che avrebbe via via ridotto i finanziamenti nel 2011 a 30 milioni di euro. Un sesto dei soldi dati per tappare i buchi in bilancio alla Tirrenia nel solo 2007. E le Comunità montane, a causa della deriva clientelare di una minoranza, sono state individuate come il simbolo più facile da colpire per «dare una lezione». Per mostrare i muscoli: «Basta, azzeriamole tutte».

Senza rispetto per la nostra storia. Per la memoria dei nostri nonni che si cavarono il sangue per strappare alla montagna certi pascoli così ripidi che i covoni di fieno rotolavano a valle.

Peccato. Perché la montagna, come ricorda sempre il presidente dell'Uncem Enrico Borghi, produce il 16,7 per cento del Pil nazionale (203 miliardi) e ospita il 20 per cento della popolazione. E Dio sa quanto ci fosse bisogno di abolire la montagna falsa, ridicola, clientelare, proprio per salvare la montagna vera. Quella che giorno dopo giorno, se non è benedetta dal turismo, muore. Come larga parte della Carnia. Come certe vallate del Cuneese, i monti dietro Verbania dai quali partivano i bambini venduti agli spazzacamini, le aree interne dell'Abruzzo, dell'Alto Molise, dell'Alta Irpinia o le Serre Calabre. Il bosco, in un'area curata qual è il Trentino, si è già ripreso dal 1973 a oggi 182 chilometri quadrati di pascoli creati con fatica bestiale dai nostri nonni. Dalle altre parti del Paese va peggio. Molto peggio. E qua e là solo certe Comunità montane riescono a contenere il declino.

Come la Comunità di Valle Sabbia. Che ha messo in rete

tutti i suoi 25 comuni più altri 7 esterni. Manda in giro un paio di funzionari jolly per consentire ai municipi più piccoli di non assumere un segretario comunale. Fa la manutenzione delle strade intercomunali. Ha messo su un'anagrafe e un ufficio Ici unici per tutti. Ha fatto i piani regolatori di tutti i comuni. Ha gestito 200 milioni di euro per i danni del terremoto del 2004 risparmiandone 20. E altro ancora. Bene: sapete quanto guadagna il presidente Ermano Pasini? Millecinquecento euro. Un assessore? Seicento. Lorde. A Roma infatti, non avendo voglia di tagliare le buste paga dei deputati e dei senatori o dei consiglieri regionali, hanno deciso di «dare un segnale» tagliando del 70 per cento le indennità dei «montanari». Certi che avrebbero reagito come gli alpini della «Asiago» che hanno come motto «tasi e tira». Taci e tira.

Tranquilli, si affannano a dire nell'autunno 2008 i promotori dei tagli: al posto delle Comunità montane potranno nascere le Unioni dei Comuni. Consorzi municipali che facciano cassa comune e si mettano insieme per fare determinate cose. Scommettiamo? Certe vecchie volpi del clientelismo hanno pensato che la trincea delle Comunità montane di mare era ormai indifendibile e andava trovato un nuovo contenitore. Dove continuare come prima. Con unioni intercomunali virtuose e unioni intercomunali dedite alla pura clientela. Chi pensa male commette un peccato? Può darsi. Però...

Nel libro *La deriva* uscito nel maggio 2008, per esempio, avevamo inserito una ventina di righe sull'aeroporto di Albenga. Eccole: «È tutto, il prestigio. Tanto da far vivere momenti inebrianti anche all'aeroporto "Clemente Panero" di Albenga, nella riviera di Ponente amatissima da quel Claudio Scajola che per anni è stato l'uomo forte di Forza Italia. Aeroporto che, pur essendo a un'ottantina di chilometri dal "Cristoforo Colombo" di Genova, ha avuto due volte l'onore negli ultimi anni (con grande gioia del suo presidente Pietro Balestra, che è anche sindaco forzista della contrada) di un collegamento giornaliero con Fiumicino. Prima fornito da Alitalia, in curiosa coincidenza con l'ascesa di Scajola al Viminale. Poi da AirOne, incoraggiata da un milione di euro messo a disposizione dal governo azzurro per i collegamenti aerei fra le aree più "decentrate", in curiosa coincidenza con l'arrivo di Scajola alle Attività produttive. Collegamenti, ahinoi, sempre sospesi causa scarsità di clienti (massimo storico 18 passeggeri, secondo un'interrogazione maligna del rifondarolo Gigi Malabarba) in curiosa coincidenza con i momenti in cui Scajola contava meno».

Lette le prime bozze, ci colse il dubbio: eravamo troppo maliziosi? Magari era sul serio una coincidenza. Forse i destini ministeriali di «Sciaboletta», nomignolo guadagnato dal nostro per la stazza ridotta e il piglio deciso, non c'entravano niente. Neanche il tempo di cancellare quelle righe e, in curiosa coincidenza col ritorno di Scajola al governo, riecco il volo Roma-Albenga. Oggetto a settembre di un servizio irresistibile di Corrado Formigli per *Annozero*. Dove si scopriva che il venerdì sera, in curiosa coincidenza con la fine della settimana parlamentare, decollava dall'aeroporto di Fiumicino un aereo Atr72 Alitalia da 66 posti sul quale il giornalista e l'operatore trovarono 4 persone di equipaggio e 4 passeggeri. Costo del biglietto di sola andata: 265 euro. Incasso totale della società Explora che aveva preso in affitto l'aereo dalla nostra compagnia di bandiera: 1590 euro.

Costo del noleggio? «Sei o settemila euro», rispondeva tranquillo il titolare della società, un certo Ciro My, pizzetto alla moschettiera, domiciliato ad Arcore. Solo? Almeno 34.000, correggeva Formigli dopo aver chiesto un preventivo ad Air-Dolomiti. Più la spesa, si capisce, di tenere tre giorni l'Atr72 fermo e inutilizzato sulla pista fino al ritorno a Roma di martedì mattina, in curiosa coincidenza con l'inizio della settimana parlamentare. Spettacolare l'intervista a un operatore dello scalo: «Che senso ha un volo Roma-Albenga, scusi?». «Lo deve chiedere al ministro che senso ha.» «Quale ministro?» «Scajola.» «E perché lo devo chiedere a Scajola?» «Perché io non so rispondere.»

Anche sui «voli blu» le risposte, invece che più immediate e trasparenti, si sono fatte più oscure. Ricordate i cori di indignazione popolare quando «L'espresso» pubblicò le fotografie di Clemente Mastella e del figlio che si facevano dare un passaggio sull'aereo che portava l'allora vicepresidente del consiglio Francesco Rutelli a Monza per il Gran Premio di Formula Uno? *L'in-Giustizia vola al Gran Premio*, titolava «la Padania» scandalizzata dall'uso del «lussuoso aereo presidenziale». *Dopo le case prendono anche gli aerei*, rincarava «il Giornale». «Il ministro ha fatto tutto con molta grazia anche se, forse, con un po' meno di giustizia», scriveva Mario Giordano. «Per esempio: mica s'è fatto dare un aereo qualsiasi. Eh no: s'è fatto dare: l'Air Force One, airbus di lusso, suite con 40 poltrone e ogni genere di comfort. Roba da far invidia agli sceicchi, praticamente la Rolls Royce dell'aria. Insomma, non ha badato a spese. Anche perché, sia detto per inciso, le spese le paghiamo noi. A proposito: non dicevano di voler tagliare i costi della politica?»

Domanda sacrosanta. E accolta dal governo Prodi, messo in croce dalle critiche, con un giro di vite. Da quel momento in avanti, diceva una circolare secca secca firmata dall'allora sottosegretario alla presidenza Enrico Micheli, i ministri avrebbero potuto usare gli aerei blu solo in circostanze eccezionali, cioè in assenza di voli di linea su quella tratta. Quanto ai sottosegretari, fine della giostra. Massimo rigore per gli accompagnatori e fine dei voli gratis offerti ai giornalisti al seguito. Un esempio? Il «Corriere» fu costretto a pagare 600 euro per il passaggio aereo di un cronista sul volo di Stato Roma-Bucarest e ritorno. Tariffa onesta: un biglietto low cost sarebbe costato 200 euro, uno Alitalia 750.

Quel giro di vite, in realtà, era stato già preceduto da un netto calo di «voli blu». Che aveva parzialmente raddrizzato una situazione che, nel precedente quinquennio berlusconiano, come abbiamo visto, era sfuggita a ogni controllo: da 19 milioni di euro nel 2000 (ultimo anno tutto del centrosinistra) a 65 milioni e mezzo nel 2005. Riportati nel 2007 a 39 milioni e mezzo. Un taglio radicale. Nonostante un'impennata del prezzo del petrolio che aveva fatto aumentare il costo di un'ora di volo del 36 per cento.

La stretta moralizzatrice, però, si è esaurita in fretta. Alla fine di agosto 2008 «Libero», infischiandosene del dolore che avrebbe dato ai suoi lettori destrorsi e del fastidio che avrebbe dato al Cavaliere, sparava in prima pagina una enorme vignetta del premier ai comandi di un velivolo sotto il titolo: *Onorevoli e vip: Silvio allarga gli aerei blu*. L'occhiello era micidiale: «Voli di Stato: la Casta mette le ali».

Berlusconi, spiegava l'articolo, «ha cambiato le regole di imbarco: potranno salire a bordo anche passeggeri estranei alle missioni istituzionali. Purché "di rango". È consentito, si legge, "in via del tutto eccezionale e previa rigorosa valutazione, l'imbarco di personale estraneo alla delegazione ma accreditato al seguito della stessa su indicazione dell'autorità anche in relazione alla natura del viaggio, al rango rivestito dalle personalità trasportate, alle esigenze protocollari e alle consuetudini anche di carattere internazionale"». Eccezioni che, tradotte in pratica, significavano una cosa sola: addio restrizioni. Più voli blu per tutti.

E così Michela Vittoria Brambilla, la «rossa» amata dal Cavaliere, sventolando la carica di sottosegretario al Turismo volava a metà settembre con l'aereo di Stato a Bordeaux per il Forum europeo sul turismo. Perché? Perché, rispondeva Palazzo Chigi a un'interrogazione parlamentare del senatore Riccardo Villari, la città francese era «certo non raggiungibile con voli di linea in tempi compatibili con altre esigenze istituzionali». Manco si trattasse di Vladivostok o di Samarcanda: Bordeaux! Con tre voli al giorno di linea che da Roma impiegano tre ore e un quarto (come da Venezia a Palermo via Fiumicino) compreso lo scalo a Lione! Più una decina di voli via Parigi.

Due settimane dopo, il sottosegretario allo Sviluppo economico Adolfo Urso partiva con l'aereo di Stato per Plovdiv, in Bulgaria, con uno staff di sei persone e cinque giornalisti al seguito, per l'inaugurazione della Fiera internazionale autunnale tecnica. In volo, forse, rileggeva la proposta di legge che aveva presentato a maggio per sopprimere tutte le Comunità montane che a suo avviso «costituiscono chiari esempi di come le amministrazioni locali possano rappresentare fonti di spreco e simbolo di una gestione del potere fine a se stessa».

Ancora un paio di settimane e Silvana Mura, dell'Italia dei Valori, depositava una interrogazione parlamentare per sapere «se il ministro degli Affari esteri, onorevole Franco Frattini, nei viaggi di andata e/o di ritorno dalle Maldive, in occasione delle sue ferie estive, ha utilizzato un aereo di Stato, per la precisione un Falcon appartenente al 31° stormo dell'Aeronautica militare». Possibile? Inutile girare la domanda, come abbiamo fatto noi, a Palazzo Chigi: «Non sappiamo se possiamo rispondere. Sono cose riservate...».

Finché il Tg3, una sera, nei giorni conclusivi del tormentone Alitalia, ha mostrato Silvio Berlusconi mentre scendeva da un elicottero della Protezione civile (la Protezione civile!) usato per gli spostamenti da Roma alla beauty farm di Mességué a Melezzole, vicino a Todi, in Umbria. Centro di salute e benessere che era chiuso ed era stato aperto appositamente per lui. Per «un paio di giorni di relax, dedicati anche a trattamenti per ridurre lo stress e ritrovare un po' di linea». Riprendiamo la domanda fatta dal «Giornale» nel caso di Mastella: visto che pagano i cittadini, «non dicevano di voler tagliare i costi della politica?».

Si sarebbero visti i fuochi d'artificio, giustamente, se in elicottero blu da Mességué a farsi massaggiare fosse andato Romano Prodi. E si sarebbero visti i fuochi d'artificio, giustamente, se fosse stato Clemente Mastella e non Gianfranco Fini a passare le vacanze sulla barca dei vigili del fuoco, messi a disposizione dal ministero perché avesse una scorta anche quando si immergeva, come se ci fosse il rischio che sott'acqua potesse imbattersi in terroristi con pinne e boccaglio.

La risposta di Fini, all'uscita della notizia diffusa dagli stessi vigili, prima che le sue ferie avessero inizio, era stata netta: «Il presidente della Camera non ha mai richiesto alcun tipo di assistenza nel corso delle proprie eventuali immersioni subacquee. Le misure di sicurezza sono state adottate autonomamente dalla questura di Grosseto e dal dipartimento dei vigili del fuoco». Insomma: che c'entrava, lui? Avevano fatto tutto loro...

Ciò detto, ogni italiano era autorizzato a pensare che, dato il tono seccatissimo della precisazione, il leader di quella destra un tempo scatenata contro i privilegi castali avrebbe rinunciato sdegnosamente al regalino. Macché: si è rassegnato a tutto. Alle misure di sicurezza, ai gorilla-palombari, alla barca messa a disposizione dai VVF per lui e la sua compagna Elisabetta Tulliani. Fino a farsi immortalare da un fotografo di Legambiente mentre si immergeva nella «Zona 1» a protezione integrale davanti alla costa dei Grottoni a Giannutri dove non è consentito neanche navigare.

Una vicenda imbarazzante, per chi un tempo tuonava che «è ora che anche la classe politica si decida a considerarsi uguale a qualsiasi cittadino». Storia chiusa con tre righe di comunicato del portavoce: «Non abbiamo alcuna difficoltà a commentare una colpevole leggerezza, non conoscendo esattamente i confini dell'area protetta, pensavamo che l'immersione si svolgesse nella "Zona 2" dove sarebbe stata autorizzata. Conveniamo con il presidente dell'Ente Parco sul fatto che è inevitabile una sanzione amministrativa e sul dovere di pagarla».

A proposito, gli avrebbe risposto un comunicato dei sindacalisti di base dei pompieri annunciando un esposto alla Corte dei Conti: chi ha pagato le spese delle escursioni con tutto il contorno? L'incipit della denuncia, dove si rivelava che «tantissimo personale VVF non ha potuto usufruire delle ferie, per carenze strutturali di organico» e che «un elicottero dei vigili del fuoco è stato immortalato che volteggiava sopra l'onorevole» mentre faceva il bagno, era micidiale. E diceva che «i sommozzatori venivano distolti dalle proprie attività di soccorso tecnico urgente e utilizzati come "dame di compagnia" dell'onorevole Fini». Dame di compagnia...

Non è solo sul versante dei piccoli e fastidiosi privilegi che l'ondata moralizzatrice («ondina», a dire il vero) pare essersi frettolosamente placata. Certo, all'avvio della XVI legislatura i radicali presenti nel Partito democratico hanno presentato con la firma di Rita Bernardini una proposta di legge per ridurre sensibilmente i costi della politica. Antonio Di Pietro, Silvana Mura e altri esponenti dell'Italia dei Valori hanno riproposto a grandi linee il provvedimento già lanciato senza successo nell'ottobre del 2007 insieme con Gianni Alemanno. E il dipietrista Antonio Borghesi si è spinto a chiedere che finisse finalmente la vergogna della disparità fiscale tra i soldi regalati alle associazioni benefiche e quelli regalati ai partiti, tassati fino a 51 volte (cinquantuno) di meno.

La proposta più interessante, però, per capire come «davvero» la pensano i partiti su questi temi, è il testo di una leggina presentata da Maria Fortuna Incostante con altri nove parlamentari del Pd. Leggina che suggerisce tre cose. Il ripristino, nonostante il fallimento negli anni Novanta, del famoso 4 per mille, cioè della possibilità per ogni contribuente di destinare ai partiti quella piccola quota delle sue tasse, il cui importo (per ora, sottolineano i maligni) dovrebbe essere detratto dai contributi elettorali, che resterebbero comunque uguali a oggi.

La seconda è l'introduzione delle «fondazioni politico-culturali», le stesse che il tesoriere diessino Ugo Sposetti non era riuscito a far passare nell'altra legislatura e che dovrebbero raccogliere le donazioni private, i patrimoni dei partiti e «le entrate derivanti da prestazioni rese a terzi su base convenzionale o da specifiche iniziative promozionali, i proventi dell'attività editoriale e i contributi pubblici eventualmente previsti per il finanziamento di specifici programmi culturali e di formazione», parole ambigue che fanno immaginare il versamento di ulteriori soldi dello Stato con la scusa di progetti vari.

Più interessante di tutte, però, è la terza novità proposta al comma 3 dell'articolo 11: «Il fondo per il rimborso delle spese elettorali per i partiti che scelgono di ricorrere alle elezioni primarie per la designazione dei candidati alle elezioni per il rinnovo della Camera dei deputati, del Senato e del Parlamento europeo è maggiorato di una quota pari al 10 per cento». Tombola!

Ma come: i contributi pubblici ai partiti ammontano a 133 milioni di euro in Germania, 73 in Francia, 61 in Spagna, poco più di 7 nel Regno Unito dove, «se si escludono alcuni servizi messi a disposizione dallo Stato nel corso delle campagne elettorali», spiega uno studio di Montecitorio, l'accredito «è limitato ai contributi concessi ai partiti di opposizione in Parlamento» e i 300 milioni incassati dai nostri nel 2008 non bastano ancora? Abbiamo una legge indecente che distribuisce ogni anno 50 milioni di rimborsi elettorali per le Regionali (anche quando non ci sono), più 50 per le Europee (anche quando non ci sono), più 50 per le Politiche alla Camera (anche quando non ci sono: nel 2008 doppia razione) e più 50 per le Politiche al Senato (nel 2008 doppia razione) e non bastano ancora?

Siamo schiavi di norme che continueranno a regalare fino al 2011 soldi della XV legislatura anche ai partiti (Rifondazione, Comunisti italiani, socialisti, Udeur...) che non sono più in Parlamento come se la legislatura vecchia non fosse defunta e non bastano ancora? Ci sono partiti come La Destra di Francesco Storace e Daniela Santanchè, che avranno diritto a una quota annuale di 1.100.000 euro l'anno fino al 2013 nonostante non siano riusciti a entrare né alla Camera né al Senato e non bastano ancora?

Macché. La stessa Lega Nord, che pure per bocca di Roberto Calderoli era arrivata a dire «che schifo, la Casta esiste veramente» e che più di tutti ha guadagnato dal furore di tanti cittadini contro la politica, i Palazzi, Roma e i partiti alle elezioni dell'aprile 2008, è stata protagonista di una curiosa iniziativa parlamentare. Dopo aver proposto nell'altra legislatura un disegno di legge firmato dallo stesso avvocato di Umberto Bossi, Matteo Brigandì, «procuratore generale della Padania» per cambiare le regole che legano le indennità dei parlamentari allo stipendio dei presidenti di sezione di Cassazione sostituendo la parolina «lordo» con «netto», così che i deputati potessero sgranocchiare altri spiccioli, l'ex presidente Stefano Stefani è andato oltre. E appena è nata la legislatura nuova ha depositato una sua leggina «moralizzatrice».

L'incipit era un capolavoro: «La presente proposta ha lo scopo di allinearsi al clima di sacrifici e rinunzie che tutto il Paese è stato chiamato a sopportare a causa di una politica che per cinquant'anni ha malgovernato e dissipato ingenti quantità di risorse pubbliche. Quali eletti del popolo non possiamo restare indifferenti, dobbiamo dare il buon esempio, riducendo almeno in parte la nostra indennità parlamentare, ma provvedendo a riequilibrare gli stipendi da favola che i manager pubblici percepiscono a spese del bilancio dello Stato»...

E via così: «Non è pensabile che il lavoratore dipendente, il pensionato e il lavoratore autonomo siano tartassati da ogni strumento fiscale che il legislatore ha creato, mentre ci sono personaggi che percepiscono stipendi milionari ma non solo, tanto che sono colti in flagrante per via di truffe, appalti truccati e tangenti. Se si devono sudare lacrime e sangue perché, una volta tanto, non iniziare dal vertice?». Quindi, zac! Articolo uno: «L'ammontare massimo dell'indennità mensile lorda spettante ai membri del Parlamento è ridotto di un decimo». E ancora zac! Articolo tre: «I dipendenti delle amministrazioni dello Stato, gli amministratori di aziende pubbliche e di altri enti pubblici non possono percepire emolumenti lordi complessivi superiori all'ammontare massimo dell'indennità lorda corrisposta ai membri del Parlamento». In mezzo, però, c'è l'articolo due, furbetto, che consente di recuperare alla grande la sforbiciatina del 10 per cento stabilendo che «la quota dell'indennità mensile che il membro del Parlamento o il consigliere regionale devolve al proprio partito o movimento politico non concorre alla formazione della base imponibile del parlamentare e del consigliere regionale e rientra negli oneri deducibili ai sensi del testo unico delle imposte sui redditi». Ah, ecco...

E i gruppi parlamentari? Quattro milioni l'anno avrebbe dovuto risparmiare il Senato, sulla carta, grazie al dimezzamento dei gruppi dovuto all'uscita traumatica dei partiti bocciati dagli elettori e alla fusione di altri a sinistra nel Partito democratico e a destra nel Popolo delle Libertà. Il calcolo l'aveva fatto l'Ansa, quarantotto ore dopo il voto, citando «fonti parlamentari».

Quattro milioni. Mezzo milione in più dei rimasugli distribuiti nel 2008 dal governo alle associazioni non profit dopo avere indecorosamente svuotato la cassa dell'8 per mille per tappare il buco creato con l'abolizione dell'Ici. E invece, marameo! I costi dei gruppi a Palazzo Madama sono saliti rispetto al 2007 da 39.350.000 euro a 40.100.000: 750.000 euro in più. Alla faccia del crollo del numero dei gruppi da 11 a 6. Con un aumento addirittura superiore anche a quell'inflazione programmata che doveva rappresentare il limite invalicabile delle spese. Chiamiamola col suo nome: una presa in giro.

Diranno: ma sono stati finalmente cambiati i contratti dei

dipendenti. Giusto. E il merito della svolta va onestamente riconosciuto sia alla vecchia maggioranza di sinistra, che per la prima volta alla fine della precedente legislatura aveva denunciato l'automatico rinnovo di un contratto folle, sia alla maggioranza di destra che, dopo una iniziale revoca della disdetta per un vizio di forma, ha tirato diritto portando a casa un accordo storico. Bravi. È vero che la trincea sindacale (i dipendenti andavano in pensione a 53 anni o addirittura a 50 se assunti prima del 1997 e un barbiere guadagnava 133.000 cioè il quadruplo di un dipendente medio di Buckingham Palace e 36.000 più del Lord Chamberlain della regina Elisabetta) era ormai indifendibile. Ma va riconosciuto: la svolta, a partire dalla pensione a 60 anni almeno per i nuovi assunti, lì c'è stata. E dovrebbe portare a un risparmio di quattro milioni di euro l'anno.

Sul resto, però, buonanotte. L'andazzo degli ultimi venti anni è stato tale che, per forza d'inerzia, i costi hanno continuato a salire. Al punto che i tre questori Romano Comincioli (Pdl), Benedetto Adragna (Pd) e Paolo Franco (Lega Nord), nell'estate 2008, hanno ammesso una resa senza condizioni scrivendo amaramente nel bilancio: «Non è stato possibile conseguire l'obiettivo di inversione dell'andamento della spesa in proposito fissato dal documento sulle linee guida».

Risultato: le spese correnti di Palazzo Madama, nel 2008, sono salite di quasi 13 milioni rispetto al 2007 per sfondare il tetto di 570 milioni e mezzo di euro. Un'enormità: un milione e 772.000 euro a senatore. Con un aumento del 2,20 per cento. Nettamente al di sopra dell'inflazione programmata dell'1,7 per cento. Colpa di certe spese non facilmente comprensibili per un cittadino comune: 19.080 euro in sei mesi per noleggiare piante ornamentali, 8200 euro per «calze e collant di servizio» (in soli tre mesi), 56.000 per «camicie di servizio» (sei mesi), 16.200 euro per «fornitura vestiario di servizio per motociclisti».

Ma soprattutto dei nuovi vitalizi ai 57 membri non rieletti e dei 7.251.000 euro scuciti per pagare gli «assegni di solidarietà» ai senatori rimasti senza seggio. Come Clemente Mastella. Il cui «assegno di reinserimento nella vita sociale» (manco fosse un carcerato dimesso dalle patrie galere) scandalizzò anche «Famiglia Cristiana» che gli chiese di rinunciare a quei 307.328 euro di darli in beneficienza. Sì, ciao: «La somma spetta per legge a tutti gli ex parlamentari». Fine.

Grazie alle vecchie regole, il «reinserimento nella vita sociale» di Armando Cossutta è costato 345.600 euro, quello di Alfredo Biondi 278.516, quello di Francesco D'Onofrio 240.100. Un pedaggio pagato, ovviamente, anche dalla Camera. Dove Angelo Sanza, per fare un esempio, ha trovato motivo di consolazione per l'addio a Montecitorio in un accredito bancario di 337.068 euro. Più una pensione mensile di 9947 euro per dieci legislature. Pari a mezzo secolo di attività parlamentare. Teorici, si capisce: grazie alle continue elezioni anticipate, in realtà, di anni «onorevoli» ne aveva fatti quattordici di meno. Un dono ricevuto anche da larga parte dei neo-pensionati che erano entrati in Parlamento prima della riforma del 1997 e come abbiamo visto si erano tirati dietro il privilegio di versare con modica spesa i contributi pensionistici anche degli anni saltati per l'interruzione della legislatura.

Come il verde Alfonso Pecoraro Scanio, andato a riposo a 49 anni appena compiuti con gli 8836 euro al mese che spettano a chi ha fatto 5 legislature pur essendo stato eletto solo nel 1992: 16 anni invece di 25. Oppure il democratico Rino Piscitello: 7958 euro per quattro legislature nonostante non sia rimasto alla Camera 20 anni ma solo 14. Esattamente come il forzista Antonio Martusciello. Che però, con i suoi 46 anni, non solo ha messo a segno il record dei baby pensionati di questa tornata ma ha trovato subito una «paghetta» supplementare come presidente del consiglio di amministrazione della Mistral Air: la compagnia aerea delle Poste italiane.

«Paghetta» più o meno sostanziosa incassata anche da larga parte degli «ex», riciclati via via alla guida di una municipalizzata, dentro un consiglio di amministrazione, alla testa di un ente lirico o di un parco. Il rapporto 2008 della Luiss dice che il fenomeno è in aumento costante: i parlamentari trombati alle elezioni 1996 ma poi riciclati da qualche parte furono 219. Nel 2006 il doppio: 411. Un paio di esempi? Tre mesi sono bastati all'ex senatore democratico Salvatore Adduce per ricevere la consolazione della presidenza di Metaponto Agrobios, una società controllata dalla Regione Basilicata. Un mese di purgatorio è stato sufficiente al forzista Giuseppe Fini per diventare presidente dell'Interporto di Rovigo e consigliere di Idrovie padane. Un altro mesetto ed è arrivata anche la nomina alla presidenza di Rovigo Expò. Tutto come prima delle promesse di moralizzazione, di tagli, di una nuova sobrietà. Esattamente come prima.

Un piccolo esempio ulteriore? Spulciando nei bilanci dei Palazzi salta fuori che nel 2008, soltanto per «rimborsare viaggi autostradali, aerei e marittimi» degli ex parlamentari, la Camera ha messo a disposizione due milioni e 135.000 euro e il Senato mezzo milione. Totale: due milioni e 635.000 euro. Quanto basterebbe a stipendiare una trentina di governatori americani. Dal primo gennaio 2007, ha scritto «Il Sole 24 Ore», «agli ex senatori è stato consentito persino di prelevare biglietti aerei e ferroviari presso l'agenzia di viaggi interna al Senato con pagamento differito a carico dell'amministrazione. Una concessione che ha fatto lievitare i costi: dai 233.000 euro del 2006 ai 387.000 euro del 2007 perché il pagamento differito consente agli ex senatori di prelevare un numero illimitato di biglietti a prescindere dall'effettivo utilizzo».

A quel punto, «i questori dei due rami del Parlamento hanno chiesto agli uffici di imbastire un'istruttoria con varie ipotesi di tagli e i relativi risparmi. Allo studio è l'abolizione della tessera autostradale e del Telepass, e il rimborso dei biglietti aerei e ferroviari solo per i tragitti dal luogo di residenza a Roma e viceversa». Direte: com'è possibile che dopo tante polemiche quelle regalie avessero resistito? Hanno resistito.

Di più: appena i responsabili del bilancio delle due Camere hanno avviato la riduzione dei rimborsi per le spese mediche degli «ex» perché l'assistenza integrativa era ormai arrivata a causare «seri squilibri tra entrate e uscite», ai primi di ottobre del 2008 l'Associazione ex parlamentari, per bocca del presidente Franco Coccia ha subito levato la voce: «Rivendichiamo la tutela dello status, anche economico, del parlamentare in carica come di quello cessato dal mandato». Tutela a vita. Benefit a vita. Privilegi a vita. Come i monarchi. Come i papi.

Uno studio di Antonio Merlo, Vincenzo Galasso della Bocconi, Massimiliano Landi della Singapore Management University e Andrea Mattozzi del California Institute of Technology intitolato *Il mercato del lavoro dei politici*, lo dice con chiarezza: chi si dà alla politica, in Italia, non torna quasi mai indietro. Dopo aver assaggiato tutte le leccornie del Palazzo, quelli che hanno via via deciso per loro scelta (e non perché trombati) di tornare al mestiere di prima sono diventati più rari del dugongo.

Perfino gli imprenditori, una volta «discesi in campo», scelgono nella misura del 37 per cento di lasciar perdere quanto facevano per restare sui diletti scranni. Per non dire dei medici (che decidono di rimanere in politica e non rientrare nei reparti o negli ambulatori nel 45 per cento dei casi), dei giornalisti (44 per cento), degli autonomi (49 per cento), degli operai (61 per cento) o dei rappresentanti di categorie professionali: solo uno su cinque torna nell'ufficio da cui proveniva, sei su dieci si avvinghiano al seggio e non lo mollano più. O comunque si fanno riciclare su qualche poltrona pubblica.

Spirito di servizio? Ma dài! La ricerca dimostra in modo incontrovertibile che chi giura che a far politica ci perde («guadagnavo di più prima») racconta quasi sempre una frottola. Dati alla mano, quelli che nella Prima Repubblica ci perdevano a fare il deputato anziché il medico, il notaio o l'avvocato erano il 24 per cento dei democristiani, il 21 per cento dei socialisti, il 19 per cento dei repubblicani... Oggi sono solo il 15 per cento degli azzurri, l'11 per cento degli ulivisti, l'8 per cento dei neodemocristiani, il 6 per cento dei nazional-alleati. Gli altri, a partire dai rifondaroli per finire ai leghisti, ci guadagnano e basta. E tanto.

Dal 1985 al 2004, dice la ricerca curata dal gruppo che ruota intorno a «lavoce.info», l'approdo sugli scranni delle Camere «è stato particolarmente redditizio. Infatti, il reddito reale annuale di un parlamentare è cresciuto tra 5 e 8 volte più del reddito reale annuale medio di un operaio, tra 3,8 e 6 volte quello di un impiegato, e tra 3 e 4 volte quello di un dirigente». Di più: grazie alla possibilità di cumulare altri lavori, esclusa, salvo eccezioni, in Paesi seri come gli Stati Uniti, «dalla fine degli anni Novanta, il 25 per cento dei parlamentari guadagna un reddito extraparlamentare annuale che è superiore al reddito della maggioranza dei dirigenti».

Certo, non è sempre andata così: nel 1983, un quarto di secolo fa, chi sbarcava a Montecitorio o a Palazzo Madama vedeva i suoi guadagni salire mediamente del 33 per cento. Un incremento buono, ma ridicolo rispetto alla botta di vita dei successori. I numeri dicono che l'elezione al Parlamento ha sempre meritato il «cin cin» con lo spumante migliore: coincideva infatti con un aumento medio del reddito personale del 78 per cento. Chi diventò parlamentare nel 1996 si ritrovò in tasca, in media, addirittura il 109,2 per cento in più di quanto aveva dichiarato l'anno precedente.

Va da sé: la politica è sempre di più un mestiere. Anche perché i parlamentari, se non facessero quello, avrebbero sempre maggiori difficoltà fuori dal Palazzo. L'età media in cui si entrava in Parlamento durante la Prima Repubblica era di 44,7 anni, contro i 48,1 anni della Seconda. Spiegano gli economisti: «La percentuale dei nuovi eletti in possesso di una laurea è significativamente diminuita nel corso del tempo: dal 91,4 per cento nella I legislatura, al 64,6 per cento all'inizio della XV legislatura». Un crollo di 27 punti. Che risulta ancora più vistoso e preoccupante nei confronti internazionali. Come quello con gli Stati Uniti dove, al contrario, i laureati presenti in Parlamento sono saliti dall'88 per cento al 94 per cento. Trenta punti sopra di noi.

Quanto al «prodotto», lasciamo stare. Il rapporto tra l'assenteismo storico dei nostri parlamentari e quello dei loro colleghi americani è di dieci a uno: 31,4 per cento la media di scranni vuoti negli ultimi tre decenni nelle nostre aule, 3,1 per cento la media di assenze dei senatori di Washington. Unica eccezione, i due anni al Senato dal 2006 al 2008, dove l'Unione prodiana aveva una maggioranza così risicata che perfino i più incalliti fannulloni furono costretti a rigare diritto. Poi, stravinte le elezioni, la maggioranza di destra si è sentita così sicura della sua straripante superiorità numerica che è tornata all'antico vizietto. E come era già successo tra il 2001 e il 2005 quando era riuscita a farsi battere 65 volte nonostante avesse 89 deputati e 49 senatori di vantaggio, ha ricominciato ad andar sotto. A partire dal primo voto che contava davvero, a fine luglio. Una figuraccia. Dopo la quale si levarono le solite scuse: «Ero un attimo al bagno...», «Ci siamo presi tre minuti di pausa...», «Ho scompensi di pressione dal caldo...».

Anche a Washington, in certi periodi, il clima è torrido. Eppure, dice uno studio di Antonio Merlo, la Camera dei rappresentanti ha lavorato nel 2007 per 164 giorni, il Senato per 180 e le aule erano sempre piene. Il tasso di assenteismo nell'arco dell'intera carriera dei 435 deputati (uno ogni 689.000 abitanti: da noi ogni 93.000) è del 3,9 per cento. Quelli che hanno marinato più del 10 per cento delle votazioni sono il 4,4 per cento. Quelli che ne hanno bigiate più 20 per cento sono l'1,1.

Quanto al Senato, i membri che saltano più di un decimo delle votazioni scendono addirittura al 4 per cento e l'unico che ha marcato visita più di una volta su cinque (20,8 per cento) è stato Barack Obama. Ma solo perché correva per la Casa Bianca. Come solo la campagna presidenziale ha costretto John McCain e Hillary Clinton a rovinare i loro virtuosi «statini» con il 16 per cento e con il 9 per cento di assenze. Altrimenti, è sicuro, la loro media non sarebbe stata diversa da quella di un senatore celebre e pieno di impegni come Ted Kennedy. Che prima di avere gravi problemi fisici aveva «bucato» dal 1993 solo 206 voti su 4044. Uno su venti. Numeri umilianti, per noi.

«Non pensa che i parlamentari guadagnino troppo?», ha chiesto Roberto Mania di «la Repubblica» a Roberto Castelli. Risposta: «Io la penso come Giolitti quando nel 1912 decise di introdurre un'indennità parlamentare proprio per impedire che potessero permettersi quell'incarico solo i ricchi. È una questione di democrazia». Di più: «Mi sono scocciato di ascoltare le lezioni dai Grilli di turno». Un deputato italiano, insisteva Mania, «prende 36.000 euro in più all'anno rispetto a un membro del Congresso americano. Non è tanto?». «Non lo so. Mi risulta, però, che solo per il suo staff un senatore americano ha a disposizione 800.000 dollari l'anno. È sbagliato fare un confronto con gli Stati Uniti. Lì i senatori sono tutti ricchi sfondati.»

Che la Camera alta americana metta a disposizione dei suoi membri un sacco di soldi per svolgere al meglio il mandato è vero. Anzi, i senatori ne hanno molti di più di quelli che dice Castelli: da 1.926.936 dollari (quelli che rappresentano gli Stati più piccoli) a 3.170.602 (i due dello Stato più grande, la California) più altri 128.580 (Stati più piccoli) o 468.102 (Stati più grandi) per gli uffici e i viaggi. Ma con quei soldi devono farsi carico di tutto, dai collaboratori (sia nello Stato che rappresentano sia a Washington) all'affitto delle sedi di lavoro. E possono comprare i mobili solo da aziende autorizzate dallo Stato a prezzi concordati. Va da sé che il parlamentare non può mettersi in tasca un solo centesimo di questi soldi e non può neppure comprare un francobollo per le lettere agli elettori: è vietato. E i collaboratori, tutti assunti con contratti a tempo (e mica li stabilizzano alla fine con una sanatoria mettendoli a carico dell'amministrazione, come troppo spesso capita da noi) non possono avere stipendi superiori a 160.659. Cioè 116.000 euro: meno della metà di uno stenografo di Palazzo Madama.

In pratica: nella stragrande maggioranza i dipendenti del Senato non sono affatto dipendenti del Senato ma hanno solo un rapporto fiduciario e provvisorio con i senatori di riferimento. Senatori che, tolte le spese che non possono toccare pena le manette, guadagnano 165.200 dollari l'anno, pari a 9950 euro al mese. Lordi. Cioè un migliaio in meno di quanto trova in busta paga, netto e non lordo, un consigliere regionale molisano. E il presidente della Camera alta, che è anche vicepresidente degli Stati Uniti, non è che prenda molto di più: 10.886 euro al mese. Lordi. Esattamente come la collega della Camera dei rappresentanti, Nancy Pelosi. Sintesi finale: un parlamentare viene messo in condizioni di lavorare al meglio, ma non di diventare ricco con la politica.

Stesso discorso per i dipendenti della struttura. Se il segretario generale di Palazzo Madama prende 485.000 euro, il massimo che può prenderne il più alto funzionario della Camera alta americana è 118.000. Un quarto. Quanto ai collaboratori più stretti del governo, lo scandalo di certi stipendi d'oro e il privilegio concesso ai giudici (soprattutto amministrativi) di cumulare la paga di magistrato e quella a volte spettacolare di capo di gabinetto di un ministero era stato tale che il governo Prodi aveva messo un tetto: 289.000 euro. Non un centesimo di più.

Bene: alla faccia di quanto sosteneva un tempo Franco Frattini, secondo il quale, come abbiamo già visto, gli incarichi extragiudiziari dovevano essere vietati perché «indecorosi», il quarto governo Berlusconi nei primi cento giorni ha compiuto due mosse. La prima è stata l'abolizione del tetto di 289.000 euro, così che gli altissimi burocrati potessero essere nuovamente coperti d'oro. La seconda la delega dei pieni poteri al presidente del Consiglio di Stato perché possa decidere a suo piacimento se dare o meno il via libera ai magistrati amministrativi che chiedono di essere messi fuori ruolo per assumere altri incarichi, senza più intoppi dell'organo di autogoverno, a volte riottoso a concedere decine di «distacchi».

C'è poi da stupirsi se, in un contesto così, le spese dei Palazzi hanno continuato a salire? Quirinale, Senato, Camera, Corte costituzionale, Cnel e Csm costavano tutti insieme nel 2001 un miliardo e 314 milioni di euro saliti in cinque anni a un miliardo e 774 milioni. Una somma mostruosa. Ma addirittura inferiore alla realtà, spiegò al primo rendiconto Tommaso Padoa-Schioppa: occorreva includere correttamente nel conto almeno altri duecento milioni di euro fino ad allora messi in carico ad altre amministrazioni dello Stato. Ed ecco che nel 2007 tutti gli organi istituzionali insieme avrebbero pesato sulle pubbliche casse per un miliardo e 945 milioni. Da aumentare nel 2008 fino a un miliardo e 998 milioni.

A quel punto, ricorderete, nell'ottobre 2007 scoppiò un pandemonio: ma come, dopo tante promesse di tagli, il costo saliva di altri 53 milioni di euro, pari circa al bilancio annuale della monarchia britannica? Immediata retromarcia. Prima un ritocco al ribasso. Poi un altro. Fino a scendere a un miliardo e

955 milioni. «Solo» dieci milioncini in più rispetto al 2007. Col Quirinale che comunicava gongolante di aver tagliato, partendo dai corazzieri (lo specchietto comunemente usato per far luccicare gli occhi delle anime semplici), il 3 per mille. Certo, era pochino rispetto ai tagli del 61 per cento decisi dalla regina Elisabetta, però era già una (piccola) svolta...

Bene: non è andata così. Nell'assestamento di bilancio per il 2008 i numeri hanno continuato a salire e salire fino ad arrivare il 13 agosto a 2 miliardi e 55 milioni di euro. Cento milioni secchi più di quanto era stato annunciato in un tripudio di bandiere che sventolavano per festeggiare i «tagli». Risultato finale: l'aumento che avrebbe dovuto essere virtuosamente contenuto nello 0,5 per cento si è rivelato di almeno il 5,6: undici volte più alto.

E se è così a Roma, non diversamente va nel resto della Penisola. Dal Nord al Sud. Tutto come prima nel Veneto, dove un asse trasversale che andava dalla Lega Nord al Partito democratico, con l'isolata opposizione del governatore forzista Giancarlo Galan («È una leggina vergognosa») ha imposto contro il parere dell'Ufficio legislativo della giunta una sanatoria trasversale che fissa «un'apposita procedura selettiva riservata» per assumere i portaborse.

Tutto come prima in Toscana, dove Monica Faenzi, la sindachessa di Castiglione della Pescaia che al debutto in Parlamento si era presentata con un vestito bianco a chiazze nere da far schiattare d'invidia la Crudelia De Mon della *Carica dei 101*, ha risposto picche a chi contestava i suoi due stipendi da parlamentare del Pdl e da primo cittadino: «Ritengo di non essere una fannullona di Stato e di meritarmi l'indennità perché io svolgo appunto i due ruoli sacrificando anche gran parte della mia vita».

Tutto come prima in Sicilia, nonostante nel 2008 a San Calogero sia venuto a mancare il pane. Di che si tratta? Narra la leggenda che il monaco nero amatissimo dai siciliani girasse per le strade in un periodo di epidemie chiedendo pane per i poveretti e che la gente, non osando uscire di casa per la paura del contagio, gli tirasse pagnotte dalle finestre. Una tradizione arrivata, nei secoli, fino a noi. Anzi: a mano a mano che l'Italia diventava più ricca, erano aumentate le quantità di «muffuletti di san Calò» che i fedeli gettavano dai balconi al passaggio della processione. C'erano fedeli che, per rispettare un voto, potevano comprare anche cinquanta, settanta, cento chili di pane. Tutto finito. Il pane costa troppo. E così perfino i fedeli più fedeli del monaco nero hanno dovuto ridurre al massimo (se non proprio abolire) la loro scorta di «muffuletti». E prima hanno lanciato coriandoli e bigliettini alla processione di Agrigento, poi coriandoli e bigliettini a quella di Porto Empedocle.

Bene: in una Sicilia così ridotta, dove il Comune di Catania a forza di invitare ballerine carioche (pagate poi coi soldi dell'8 per mille) e fare piste da sci artificiali sulla discesa dei Cappuccini, è sprofondato in un abisso di un miliardo di debiti e dove secondo la Corte dei Conti la sanità è in agonia nonostante costi il 30 per cento in più che in Finlandia, gli stipendi degli assessori regionali hanno continuato a crescere, crescere, crescere... Al punto che, tra il 2005 e il 2007, scrivono i magistrati contabili, sono aumentati del 114,77 per cento.

Insomma, dirà qualcuno, tutte le promesse lanciate per placare il grande fuoco purificatore divampato tra i cittadini che fine hanno fatto? Chissenefrega, ormai le elezioni sono passate... E i disastri nei conti pubblici dovuti a dissennate politiche clientelari? Boh... Qualche santo provvederà.

«Ci penserò domani», rispondeva in *Via col vento* Rossella O'Hara. Anche chi amministrava il Comune di Comitini, un paese di 978 residenti a una dozzina di chilometri da Agrigento, si è ripetuto per anni «ci penserò domani». E intanto, uno oggi e uno domani, ha continuato a incamerare lavoratori socialmente utili. Un po' in proprio e un po', diciamo così, riciclando quelli messi a disposizione dalla Regione. La quale, per alleviare il peso delle buste paga sui bilanci comunali, che comunque rischiano il dissesto, si fa carico del 90 per cento degli stipendi. Risultato: nell'autunno del 2008 il municipio, di antiche tradizioni democristiane trasmutate nel centrodestra, si è ritrovato con 14 dipendenti fissi più 17 parcheggiati a carico dell'Inps più 40 lavoratori socialmente utili. Totale: 71. Un impiegato comunale ogni 13,7 abitanti. Come se in Italia ne avessimo 4.379.000. Vi chiederete: ma cosa fanno? Vi risponderanno che c'è chi fa questo e chi fa quello, chi sta giù e chi sta su. Ma la risposta vera è un'altra. Cosa fanno? Votano.

Appendice

L'esercito degli eletti

Deputati e senatori	952
Consiglieri regionali	1.129
Assessori regionali non consiglieri	125
Amministratori provinciali	3.933
Amministratori comunali	152.155
Sindaci e vicesindaci	14.242
Consiglieri circoscrizionali	6.949
TOTALE	**179.485**

Fonte: Ministero dell'Interno, Anci e Regioni.

Il costo degli organi costituzionali

Istituzioni	2001	2002	2003	2004	2005	2006	Differenza 2006 su 2001 in euro correnti	Differenza 2006 su 2001 in euro costanti
Presidente della Repubblica - indennità	218.231	221.663	214.966	214.966	218.407	218.407	=	
Presidenza della Repubblica - dotazione	140.476.277	167.256.044	183.696.505	195.500.000	210.000.000	217.000.000	54,40%	41,90%
Presidenza della Repubblica - comandati	5.732.672	6.042.546	–	–	–	–	=	=
Presidente della Repubblica - Irap	–	–	16.422	19.729	18.566	18.566	=	=
Senato (spese correnti)	349.124.864	349.196.984	415.000.000	440.000.000	471.000.000	527.518.000	53,25%	38,80%
Camera dei deputati (spese correnti)	749.895.417	783.981.573	837.849.876	870.000.000	907.000.000	940.500.000	25,41%	15,21%
Corte costituzionale	33.520.119	34.697.124	37.628.000	41.500.000	43.500.000	47.270.000	41,02%	29,50%
Biblioteca Parlamento	–	5.000.000	5.000.000	5.000.000	–	–	=	=
Cnel	16.540.591	15.449.731	14.646.000	15.152.000	15.448.000	15.000.000	-9,30%	-16,70%
Csm	18.908.353	23.013.860	28.852.000	26.268.000	25.728.000	26.500.000	40,15%	28,70%
TOTALE	**1.314.416.523**	**1.384.859.525**	**1.522.899.142**	**1.593.654.695**	**1.672.912.973**	**1.774.024.973**	**36,56%**	**23,98%**

Valori espressi in euro correnti.
Fonte: Elaborazione su dati della Ragioneria generale dello Stato.

Gli stanziamenti pubblici per il Quirinale

Anni	Importo
1997	117.235.000
1998	126.532.000
1999	131.696.500
2000	136.344.600
2001	140.476.000
2002	167.256.000
2003	183.696.500
2004	195.500.000
2005	210.000.000
2006	217.000.000
2007	224.000.000

Valori espressi in euro correnti.
Incremento monetario 1997-2007: 91,1%.
Incremento reale 1997-2007: 61,1%.
Incremento reale della spesa in valore assoluto: 85.030.000 euro.

I numeri dei capi di Stato

Spesa per il Quirinale nel 1992 (euro correnti)	107.311.000
Spesa per la Corona britannica nel 1992 (euro correnti)	132.790.000
Spesa per il Quirinale nel 2006 (euro correnti)	217.000.000
Spesa per la Corona britannica nel 2006 (euro correnti)	56.800.000
Personale del Quirinale (militari esclusi)	1.072
Personale della Corona britannica (militari esclusi)	433
Personale dell'Eliseo (militari esclusi)*	535
Personale del Bundestag (militari esclusi)*	160
Artigiani impegnati nella manutenzione del Quirinale*	59
Artigiani impegnati nelle residenze reali britanniche	15
Corazzieri	297
Carabinieri impegnati a Castelporziano*	109
Addetti al servizio giardini della presidenza della Repubblica*	115
Autisti del Quirinale*	45
Addetti al gabinetto della segreteria generale del Quirinale*	63
Addetti all'ufficio di segreteria della regina Elisabetta	43
Costo medio annuo lordo di un dipendente del Quirinale	74.500
Costo medio annuo lordo di un dipendente della Corona britannica	38.850

* Dati relativi al 2001.
Valori espressi in euro 2006.

Gli stipendi dei capi di Stato e di governo

Personalità	Retribuzione mensile
Shinzo Abe (Giappone)	24.000
Mary McAleese (Irlanda)	22.832
George W. Bush (Usa)	22.784
Micheline Calmy-Rey (Svizzera)	21.276
Angela Merkel (Germania)	21.262
Romano Prodi (Italia)	18.878*
Jean-Claude Juncker (Lussemburgo)	18.500
Stephen Harper (Canada)	16.705
Tony Blair (Inghilterra)	15.249
John F. Reinfeldt (Svezia)	12.365
Tassos Papadopulos (Cipro)	10.374
Kostas Karamanlis (Grecia)	7.694
José L. Zapatero (Spagna)	7.296
Jacques Chirac (Francia)	6.714
Victor Yanukovic (Ucraina)	4.950
Vladimir Putin (Russia)	4.250
Abdelaziz Bouteflika (Algeria)	4.000
Recep T. Erdoğan (Turchia)	3.900
Lawrence Gonzi (Malta)	3.332
Lula Da Silva (Brasile)	2.900
Pervez Musharraf (Pakistan)	1.800
Zurab Nogaideli (Georgia)	1.800
Alin P. Tariceanu (Romania)	1.745
Serguei Stanichev (Bulgaria)	1.000
Gloria Arroyo (Filippine)	962
Evo Morales (Bolivia)	667
Manmohan Singh (India)	650

* Somma comprensiva dell'indennità parlamentare.
Valori espressi in euro 2006.
Fonte: «L'Express».

Il canone del complesso Marini

Edifici	Canone affitto annuo	Metri quadrati	Canone/mq	Canone servizi
Marini 1	7.154.157,01	12.809	558,52	3.237.117,42
Marini 2	6.465.923,11	11.987	539,41	3.203.571,00
Marini 3	4.886.257,24	8.690	562,28	2.152.279,98
Marini 4	6.184.830,92	11.588	533,72	2.977.881,56
TOTALE	**24.691.168,28**	**45.074**	**547,70**	**11.570.849,96**
Totale generale (affitto+servizi)	36.262.018,24			

Valori espressi in euro 2006.
Fonte: Camera dei deputati ed elaborazioni su dati di bilancio di «Milano 90».

I costi della Camera dal 1945

Anni	Spese correnti
1° luglio 1945-30 giugno 1946	882.116
1° luglio 1948-30 giugno 1949	26.166.511
1° luglio 1953-30 giugno 1954	47.948.968
1° luglio 1958-30 giugno 1959	59.358.465
1° luglio 1963-30 giugno 1964	102.397.114
1968	140.863.557
1973	178.336.800
1978	206.676.709
1983	295.531.512
1988	508.778.958
1993	636.303.821
1998	777.927.965
2003	837.849.876
2007	1.004.435.000*

* Previsioni di competenza.
Valori espressi in euro 2006.

Il personale della presidenza del Consiglio dal 1948

	Dirigenti	Aree funzionali	Esperti	Totale
1948	–	–	–	50
1963	–	–	–	300
1980	–	–	–	800
2001	310	3.177	61	3.548
2002	316	2.672	130	3.118
2003	305	2.542	141	2.988
2004	359	2.477	142	2.978
2005	368	2.470	136	2.974
2006	350	2.440	95	2.885

Valori espressi in euro 2006.

Le spese delle Camere

Camera	2001	2006	Increm. % reale
Numero dipendenti	1.757	1.897	8,5
Stipendio medio	91.745	112.071	12,10
Pensioni personale	126.872.801	158.670.000	14,9
Indennità deputati	84.063.689	92.030.000	0,5
Rimborsi spese	62.517.107	75.579.000	9,5
Vitalizi ex deputati	106.131.892	127.470.000	10,3
Servizi personale non dipendente	16.827.094	26.185.000	55,6
Comunicazione e informazione	2.675.246	4.070.000	39,7
Servizi igiene e pulizia	5.138.000	7.715.000	37,9
Contributi ai gruppi parlamentari	24.722.791	32.950.000	22,4
Emolumenti per servizi di segreteria	9.967.000	15.125.000	39,4
Emolumenti per servizi di sicurezza	1.905.000	2.870.000	38,3
Emolumenti per altri servizi	1.213.000	1.830.000	38,2
Servizi di ristorazione	1.620.000	3.290.000	85,7
Vestiario di servizio	485.469	640.000	21,1
Noleggio di automezzi	28.110	140.000	357,5
Servizi di guardaroba	129.000	200.000	42,7
Spese di missione personale	180.759	310.000	57,5

Valori espressi in euro 2006.

Senato	2001	2006	Increm. % reale
Numero dipendenti	871	1.096	25,80
Stipendio medio	96.650	115.419	9,70
Pensioni personale	52.678.604	68.750.000	19,8
Indennità senatori	45.035.042	45.450.000	-7,3
Vitalizi ex senatori	59.909.000	71.500.000	9,6
Compensi prestazioni di carattere professionale	1.291.000	2.900.000	106,4
Indennità e rimborsi spese personale	1.032.914	2.700.000	152,5
Gestione autoparco	116.203	220.000	74,10
Noleggio autoveicoli	309.874	460.000	36,3
Vestiario di servizio	247.899	650.000	140,80
Contributi ai gruppi parlamentari	29.438.043	37.200.000	16,1
Trasferimenti previdenziali	7.746.000	21.885.000	159,50
Elargizioni, contributi e sussidi	854.736	1.645.000	76,7
Arredi e tappezzerie	619.748	900.000	33,40
Acquisto autoveicoli	41.317	100.000	122,3
Servizi di ristoro per il personale	645.000	1.200.000	70,90
Rilegature di libri e periodici	136.861	280.000	87,9
Tessere di riconoscimento	10.329	35.000	212,10

Valori espressi in euro 2006.

Gli stipendi dei parlamentari dal 1948

	Stipendio mensile	**Diaria**	**TOTALE**	**Costo di un kg di pane**
1948-1949	987	977	**1.964**	1,76
1953-1954	833	2.607	**3.440**	1,76
1958-1959	714	3.104	**3.818**	1,54
1963-1964	634	4.234	**4.868**	1,45
1966	7.002	*	**7.002**	1,41
1973	6.190	*	**6.190**	1,38
1978	4.091	788	**4.879**	1,43
1981	6.136	1.051	**7.187**	1,61
1986	6.789	967	**7.756**	1,53
1991	10.956	2.530	**13.484**	1,56
1996	10.264	2.491	**12.755**	2,25
2001	10.859	2.951	**13.810**	2,69
2006	11.703	4.003	**15.706**	2,86

* Diaria compresa nell'indennità parlamentare.
Valori espressi in euro 2006.
Nel 1993 è cessato per il pane il regime di prezzi amministrati.
Dal 1966 l'indennità parlamentare è agganciata alla retribuzione dei magistrati.

Indennità, assegni e privilegi dei deputati

Indennità lorda: 11.703,64 euro mensili (per 12 mesi).

Diaria: 4.003,11 euro mensili (ridotta di 206,58 euro per ogni giorno di assenza nelle sedute con votazioni).

Contributo per i collaboratori e il rapporto con gli elettori: 4.190 euro (per 12 mesi).

Assegno di fine mandato: 80% dell'importo mensile per ogni anno di mandato o frazione non inferiore a sei mesi.

Assegno vitalizio: a 65 anni riducibili a 60 in base al numero di anni del mandato, dal 25% all'80% dell'indennità.

Pedaggio autostradale gratis sulla rete italiana.

Libera circolazione sui treni italiani.

Libera circolazione sui traghetti in Italia.

Voli aerei nazionali gratuiti.

Trasferimento dalla residenza all'aeroporto e tra Fiumicino e Montecitorio: 3.323,70 euro (dimezzato per gli eletti nel collegio Lazio 1).

Trasferimento dalla residenza per chi dista più di 100 chilometri dall'aeroporto più vicino: 3.995,10 euro.

Rimborso annuale per viaggi all'estero: 3.100 euro.

Assistenza sanitaria integrativa.

Barberia a prezzi scontati (gratuita per i senatori).

Libero ingresso nei cinema e nei teatri.

Assicurazione contro il furto di oggetti nei locali delle Camere.

Conto corrente presso l'Agenzia del Banco di Napoli alla Camera senza spese e con interesse del 3,30% lordo annuo.

L'indennità base dei parlamentari europei

Stato	Retribuzione
Italia	149.215
Austria	105.527
Germania	84.108
Irlanda	83.706
Regno Unito	82.380
Grecia	73.850
Belgio	72.017
Danimarca	69.768
Olanda	66.782
Lussemburgo	63.791
Francia	63.093
Finlandia	62.640
Svezia	61.704
Slovenia	49.860
Cipro	48.960
Portogallo	48.285
Spagna	39.463
Polonia	28.056
Estonia	23.064
Malta	17.082
Repubblica Ceca	16.900
Lituania	14.196
Lettonia	12.900
Repubblica Slovacca	10.656
Ungheria	10.080

Valori espressi in euro correnti.
Alla retribuzione base vanno aggiunti i benefit e le indennità di spese generali, di viaggio, di soggiorno, quelle per gli assistenti parlamentari che portano il totale, nel caso degli italiani, a una cifra compresa fra 30.000 e 35.000 euro.
Fonte: *Il costo della democrazia*
di Cesare Salvi e Massimo Villone, Mondadori, Milano 2005

I contributi statali ai partiti

Anni	Rimborsi elettorali	Finanziamento pubblico
1976	58.128.515	174.385.545
1977	–	147.658.900
1978	–	131.313.814
1979	37.819.364	113.458.092
1980	62.436.540	93.654.810
1981	8.766.597	127.343.597
1982	–	124.910.961
1983	20.282.475	108.627.161
1984	18.812.480	98.237.891
1985	53.294.310	90.459.850
1986	3.569.747	85.258.794
1987	29.495.369	81.491.774
1988	892.025	77.647.701
1989	27.894.508	72.831.908
1990	28.019.487	68.645.379
1991	2.701.014	64.510.219
1992	22.151.352	61.201.234
1993	656.144	58.731.267
1994	93.695.255	*
1995	37.242.638	*
1996	60.800.711	*
1997	199.558	97.953.281**
1998	1.257.858	66.155.546**
1999	103.656.273	*
2000	96.415.012	*
2001	92.814.915	*
2002	110.157.077	*
2003	108.598.188	*
2004	159.434.317	*
2005	199.204.358	*
2006	200.819.044	*
TOTALE	**1.639.215.131**	**1.944.477.724**
Totale generale di fondi pubblici erogati ai partiti (1976-2006)		3.583.692.855

* Finanziamento pubblico abolito con referendum del 1993.
** Anticipazioni del 4‰ a valere sui fondi pubblici.
Valori espressi in euro 2006.

Le spese elettorali e i rimborsi pubblici

Europee 1999	Spese	Rimborsi	Euro rimborsati per ogni euro speso
Forza Italia	14.209.464	22.032.372	1,55
Ds	2.589.890	15.191.354	5,86
An-Patto Segni	3.846.722	9.007.733	2,34
Lista Pannella	**8.403.132**	**7.403.989**	**0,88**
I Democratici	2.895.690	6.773.956	2,34
Lega Nord	1.333.869	3.923.770	2,94
Rifondazione comunista	390.837	3.742.559	9,57
Partito popolare	1.314.824	3.712.961	2,82
Ccd	1.176.955	2.270.697	1,93
Sdi	302.523	1.891.844	6,25
Cdu	188.180	1.754.540	6,61
Pdci	265.497	1.547.935	2,13
Verdi	1.074.958	1.406.263	1,31
Fiamma tricolore	146.511	1.398.616	9,54
Lista Dini	**1.319.579**	**997.835**	**0,75**
Partito pensionati	8.618	659.436	76,51
Pri	92.961	475.444	5,11
Svp	88.839	439.874	4,95
TOTALE	**40.374.287**	**86.520.095**	**2,14**

Valori espressi in euro 2006.
Sono evidenziati i partiti che ci hanno rimesso.

Europee 2004	Spese	Rimborsi	Euro rimborsati per ogni euro speso
Forza Italia	34.414.781	53.948.401	1,56
Ulivo	10.287.174	80.101.979	7,78
An	13.912.466	29.617.490	2,12
Udeur	1.109.421	3.322.494	2,99
Alessandra Mussolini	523.589	3.175.485	6,06
Lista Pannella	**6.822.648**	**5.798.380**	**0,85**
Verdi	2.556.288	6.367.645	2,49
Lega Nord	2.160.388	12.789.147	5,91
Italia dei Valori	2.231.981	5.510.203	2,46
Fiamma tricolore	23.302	1.898.995	81,49
Pdci	528.331	6.242.864	11,81
Rifondazione comunista	1.198.390	15.613.053	13,02
Partito pensionati	16.435	2.967.155	180,53
Nuovo Psi	923.570	5.266.739	5,7
Svp	234.973	1.160.070	4,75
Udc	11.045.054	15.176.710	1,37
TOTALE	**87.988.791**	**248.956.810**	**2,83**

Valori espressi in euro 2006.
Sono evidenziati i partiti che ci hanno rimesso.

Le consulenze nella pubblica amministrazione

	2003	2004	Differenza monetaria	Differenza %
Numero di consulenti	148.449	146.518	-1.931	-1,30
Numero di incarichi	203.307	217.124	13.817	6,80
Spesa Enti locali	491.000.000	632.000.000	141.000.000	28,70
Spesa Ministeri	52.000.000	25.000.000	-27.000.000	-51,90
Spesa Sanità	135.000.000	202.000.000	67.000.000	49,60
Spesa Scuola	64.000.000	45.000.000	-19.000.000	-29,70
Spesa Università	110.000.000	115.000.000	5.000.000	4,50
Altri	67.000.000	78.000.000	11.000.000	16,40
Costo	919.000.000	1.097.000.000	178.000.000	19,40

Valori espressi in euro correnti.
Fonte: Ministero delle Riforme e Innovazione nella pubblica amministrazione.

I consigli regionali

Regioni	Consiglieri	Abitanti/consigliere	Assessori esterni	Indennità mensile	Diaria	Spesa per stipendi consiglieri	Spesa per residente
Val d'Aosta	35	3.511	–	8.704	2.685	3.665.690	30.24
Piemonte	63	68.733	14	10.569	variabile	9.765.915	2.31
Lombardia	80	117.414	3	9.947	2.602	9.668.927	1.06
Trentino Alto Adige	70	13.923	–	9.947	3.302	8.460.311	10.17
Veneto	60	78.332	2	8.082	2.602	5.916.249	1.29
Friuli-Venezia Giulia	60	20.079	10	8.704	variabile	7.311.380	6.14
Liguria	40	39.808	8	8.082	2.281	4.558.422	2.90
Emilia Romagna	50	83.028	11	8.082	2.621	4.930.207	1.47
Toscana	65	55.358	12	8.082	929	6.409.269	2.15
Marche	40	37.970	5	8.082	2.602	2.465.103	3.01
Lazio	71	74.225	6	8.082	4.033	7.415.828	1.43
Umbria	40	21.474	5	9.947	variabile	4.058.562	4.87
Abruzzo	40	30.732	6	8.082	variabile	4.267.459	3.35
Molise	30	10.732	4	8.082	2.602	3.297.582	10.27
Campania	60	96.484	12	9.947	6.465	7.251.695	1.50
Basilicata	30	19.885	2	8.082	variabile	3.103.606	5.20
Puglia	70	58.117	5	9.947	1.613	9.072.080	2.25
Calabria	50	40.186	3	9.947	variabile	6.565.321	3.27
Sicilia	90	55.701	7	12.434	4.033	13.429.066	2.70
Sardegna	85	19.413	10	9.947	3.302	10.273.234	7.07
TOTALE	**1129**	**51.728**	**125**			**131.885.906**	**2,26**

Valori espressi in euro 2006.
Fonte: Elaborazione sui dati della Ragioneria generale dello Stato e sui dati delle Regioni.

Il personale delle Regioni (2005)

Regioni	Dipendenti	Dirigenti	Numero di abitanti per ogni dipendente
Val d'Aosta	3.063	129	40,11
Piemonte	3.098	232	1.397,73
Lombardia	3.729	297	2.518,93
Trentino Alto Adige*	15.949	799	61,11
Veneto	2.811	225	1.671,98
Friuli-Venezia Giulia	3.391	135	355,27
Liguria	1.134	93	1.404,15
Emilia Romagna	2.667	221	1.556,56
Toscana	2.575	178	1.397,38
Marche	1.577	87	963,08
Lazio	3.624	453	1.454,18
Umbria	1.487	112	577,63
Abruzzo	1.699	119	764,72
Molise	901	93	357,32
Campania	6.685	432	865,96
Basilicata	1.222	89	488,17
Puglia	3.341	110	1.217,64
Calabria	4.044	164	496,85
Sicilia**	14.395	2.150	348,25
Sardegna	4.144	178	398,18
TOTALE	**81.536**	**6.296**	**717,01**

* Comprende il personale delle Province autonome di Trento e Bolzano.
** Secondo l'Arar (l'Agenzia che stipula i contratti) i dipendenti diretti compresi i precari sono saliti alla fine del 2006 a 18.239.
Fonte: Elaborazione su dati della Ragioneria generale dello Stato.

Il personale delle Province (2005)

Regioni	Dipendenti	Numero di abitanti per ogni dipendente
Val d'Aosta*	0	0
Piemonte	4.923	879,57
Lombardia	7.145	1.314,63
Trentino Alto Adige**	0	0
Veneto	3.265	1.439,39
Friuli-Venezia Giulia	987	1.220,58
Liguria	1.958	813,23
Emilia Romagna	4.545	913,39
Toscana	4.753	757,05
Marche	2.236	679,24
Lazio	4.989	1.056,32
Umbria	1.399	613,96
Abruzzo	1.807	719,02
Molise	499	645,19
Campania	4.101	1.411,61
Basilicata	1.208	493,82
Puglia	3.043	1.336,89
Calabria	2.398	837,89
Sicilia	5.885	851,84
Sardegna	1.519	1.106,02
TOTALE	**56.660**	**1.031,81**
(di cui dirigenti)	1.712	34.148,58

* Nella Regione Val d'Aosta non c'è l'Ente Provincia.
** Il personale delle Province autonome di Bolzano e Trento è calcolato fra i dipendenti regionali.
Fonte: Elaborazione su dati della Ragioneria generale dello Stato.

Il personale dei Comuni (2005)

Regioni	Dipendenti	Numero di abitanti per ogni dipendente
Val d'Aosta	1.607	76,45
Piemonte	32.781	132,09
Lombardia	63.555	147,79
Trentino Alto Adige	8.915	109,32
Veneto	27.853	168,74
Friuli-Venezia Giulia	10.787	111,68
Liguria	15.424	103,23
Emilia Romagna	33.114	125,36
Toscana	29.004	124,06
Marche	11.038	137,59
Lazio	40.526	130,04
Umbria	6.397	134,27
Abruzzo	8.348	155,63
Molise	2.209	145,74
Campania	42.046	137,68
Basilicata	4.084	146,07
Puglia	20.297	200,43
Calabria	13.142	152,89
Sicilia	45.736	109,60
Sardegna	11.418	144,51
TOTALE	**428.281**	**136,50**
(di cui dirigenti)	5.712	10.235,01

Fonte: Elaborazione su dati della Ragioneria generale dello Stato.

Lo stipendio mensile dei sindaci

Fasce di popolazione	Regioni ordinarie	Sicilia	Sardegna	Friuli-Venezia Giulia	Provincia di Trento	Província di Bolzano	Val d'Aosta
Fino a 1.000 abitanti	1.291	1.550	1.500	894	da 1.065 a 1.539	da 1.923 a 2.979	4.915
da 1.001 a 3.000 abitanti	1.446	1.550	1.500	1.333	da 1.624 a 2.893	da 2.979 a 4.212	4.915
da 3.001 a 5.000 abitanti	2.169	2.220	2.250	1.691	da 2.959 a 3.288	da 4.427 a 4.745	4.915
da 5.001 a 10.000 abitanti	2.789	2.840	2.900	2.161	da 3.287 a 3.550	da 4.568 a 4.847	4.915***
da 10.001 a 30.000 abitanti	3.099	3.610*	3.250	3.214	6.969	da 6.986 a 8.700	7.833
da 30.001 a 50.000 abitanti	3.460	3.610*	4.300	4.085	7.890	9.943	7.833****
da 50.001 a 100.000 abitanti	4.132	4.450**	4.300	4.085	7.890	12.434	–
da 100.001 a 250.000 abitanti	5.010	5.160	5.250	–	8.810	–	–
da 250.001 a 500.000 abitanti	5.784	5.784	–	–	–	–	–
oltre 500.001 abitanti	7.798	9.475	–	–	–	–	–

* Da 10.001 a 40.000 abitanti.
** Da 40.001 a 100.000 abitanti.
*** Tetto massimo fino a 15.000 abitanti.
**** Tetto massimo oltre i 15.000 abitanti.
In Val d'Aosta ogni Comune stabilisce autonomamente l'indennità del sindaco entro i tetti massimi fissati.
Valori espressi in euro correnti.

I finanziamenti pubblici alle Comunità montane (2005)

Regioni	Contributi	Euro per residente	Superficie montana regionale (ha)	Contribuiti erariali/ha	Dipendenti
Piemonte	13.917.951,30	20,76	1.098.663	12,66	556
Lombardia	17.344.554,46	14,68	967.281	17,93	404
Veneto	6.677.574,99	17,65	535.905	12,46	168
Liguria	6.629.517,02	19,23	352.811	18,79	184
Emilia Romagna	6.035.948,30	16,45	555.998	10,85	218
Toscana	7.508.154,72	16,03	577.076	13,01	529
Marche	5.566.224,76	18,16	302.183	18,38	139
Lazio	9.165.076,51	14,15	449.206	20,40	103
Umbria	6.765.103,70	16,55	247.602	27,32	729
Abruzzo	8.237.060,58	22,89	702.794	11,72	132
Molise	4.881.881,11	31,37	245.571	19,88	110
Campania	25.794.830,13	38,05	469.763	54,91	754
Puglia	5.080.814,00	21,99	28.657	177,29	199
Basilicata	8.846.179,83	27,08	468.215	18,89	65
Calabria	19.584.739,83	27,04	630.823	31,04	433
Sicilia	6.731.804,21	11,09	628.402	10,71	n.d.
Sardegna	11.407.699,27	16,76	328.683	34,71	139
TOTALE	**170.175.114,72**	**19,94**	**10.611.010**	**16,03**	**7.483**

Valori espressi in euro 2006.
I dati di Val d'Aosta, Trentino Alto Adige, Friuli-Venezia Giulia non sono disponibili.

Ringraziamenti

Grazie a Danilo Fullin e agli amici del Centro di Documentazione del «Corriere della Sera», da Cesare a Cristina, da Daniela a Paola, da Silvia a tutti gli altri che ci hanno aiutato nelle ricerche. Grazie agli archivi della Rizzoli, del «Giornale», del «Foglio», dell'«Espresso», della «Repubblica» per averci dato una mano su cose specifiche difficili da rintracciare. Grazie a Infocamere, Giuseppe Baldessarro, Alfonso Bugea, Simona Brandolini, Lino Buscemi, Filippo Ceccarelli, Roberto D'Agostino, Enrico Franco, Peter Gomez, Aldo Grasso, Emanuele Lauria, Enrico Martinet, Giovanni Mollica, Guido Quaranta, Antonio Sorbo, Luca Telese, Marco Travaglio, Toni Visentini e a quanti altri, con la memoria di chi ben conosce il tema e l'affetto degli amici, ci hanno aiutato a ricordare un'infinità di episodi, curiosità e dettagli.

Indice dei nomi

Indice

Finito di stampare
nel mese di novembre 2008 presso
Nuovo Istituto Italiano d'Arti Grafiche - Bergamo

Printed in Italy

RCS Libri

ISBN 978-88-17-02791-5